LA DIÉTÉTIQUE
DU CERVEAU

JEAN-MARIE BOURRE

LA DIÉTÉTIQUE DU CERVEAU DE L'INTELLIGENCE ET DU PLAISIR

FRANCE LOISIRS
123, boulevard de Grenelle, Paris

JML

Je tiens à remercier M. Jean-Paul Jamet pour l'appui précieux qu'il
m'a apporté, à exprimer ma reconnaissance à l'ONIDOL, qu'il dirige,
pour son aide.

Mes remerciements vont :
à tous ceux qui ont relu et commenté mon manuscrit, Georges Durand
et Daniel Dargery; Jean-Luc Fidel; André Dépaillat, Joëlle Joyeux et
Mireille Labrouche; Mireille Touratier;
à Michelle Bonneil qui a réalisé la remarquable dactylographie.
Et, bien sûr, à l'INSERM (Institut national de la Recherche médicale)
qui a initié et soutenu un grand nombre des recherches décrites dans
ce livre, et à l'INRA (Institut national de la Recherche agronomique).

La typographie de ce livre est double. Les paragraphes en petits caractères,
dont l'interligne est réduit, présentent des résultats scientifiques.

ISBN 2-7242-6144-5

Édition du Club France Loisirs, Paris
avec l'autorisation des Éditions Odile Jacob

© ÉDITIONS ODILE JACOB, AVRIL 1990

« La nouveauté se fait par arrangement
inédit de choses anciennes. »

Jacques Monod

I

En guise d'apéritif

Le cerveau ne se développe pas de façon autonome, mais en fonction des informations sensorielles qui lui viennent de l'extérieur. Il est imprégné par l'environnement qu'il habite. Son développement dépend donc du reste du corps dont il dirige et orchestre le fonctionnement et le métabolisme, directement ou indirectement, par l'intermédiaire de ses nerfs et de ses hormones. Chacun de nous reçoit ainsi une multitude de messages que centralise et traite le cerveau, et qui sont destinés à assurer son alimentation. Ils sont souvent contradictoires, et il est bien difficile de situer le mieux, sinon l'optimum, pour chaque partie du corps et de savoir comment bien nourrir le cerveau, tout en rassasiant les autres organes. Mais surtout, le cerveau permet le plaisir esthétique de la gastronomie, qui constitue, pour nous les hommes, un des éléments essentiels des mécanismes alimentaires.

Du plaisir à la biochimie

Le plaisir de l'homme, en particulier celui du gourmet, n'est pas celui de l'animal. Il n'est pas réflexe, il n'est pas immédiat et sans lendemain. Bien au contraire, avec son cerveau, son cortex surtout, l'homme prévoit, imagine, rêve et analyse. Il se souvient. Chacun, dans cette mesure, vit donc le même plaisir de mille manières différentes, distinctes de celles des autres. Mais le repas, autant qu'un acte physiologique, est un processus socialisé de communication. La nutrition nous immerge dans la communauté humaine, au point que le savoir manger est également un « savoir-vivre ». Mais le comportement alimentaire recèle également une dimension symbolique et culturelle essentielle. Ce que pense le cerveau de ce qu'il mange est fondamental. S'il n'est pas comblé, assouvi, son fonctionnement est perturbé. Il ne peut plus assurer correctement la coordination du corps ni celle de la pensée, encore moins celle des plaisirs. Le cerveau doit donc être bien nourri. Sa jouissance fonde aussi son efficacité.

Quels sont ses nutriments? Quelle est leur efficacité? Quelles joies apportent-ils? Pour le comprendre, il faut d'abord savoir comment le cerveau est constitué, et quels sont les supports anatomiques, cellulaires et biochimiques de ses plaisirs. C'est une extraordinaire construction de cellules, une mystérieuse architecture de membranes. Chaque cellule demande de l'énergie : de l'oxygène comme comburant, et du sucre en guise de carburant, dont immanquablement il nous faut, pour le seul cerveau, un morceau à l'heure. Mais cette énigmatique machinerie cellulaire, pour travailler, exige le concours d'enzymes et de protéines qui toutes remplissent une mission particulière. Elles sont constituées d'acides aminés, dérivés des protéines animales ou végétales. Certains acides aminés donnent aussi naissance aux neurotransmetteurs qui constituent les agents de communication entre les neurones, d'autres à des neuropeptides qui modulent ces échanges d'informations.

A leur tour, enzymes et protéines, pour agir, ont absolument besoin des vitamines. Les membranes cellulaires, édifices formidablement complexes, qui déterminent l'identité des cellules et assurent la transmission de l'information électrique et chimique entre cellules, ont un besoin impérieux – pour se construire et fonctionner – de métaux, d'oligo-éléments, mais surtout de lipides. Ces derniers proviennent notamment de deux acides gras alimentaires, les acides linoléique et alpha-linolénique. Sans lipides, donc sans graisse, notre alimentation serait triste, inefficace... mortelle dans tous les sens du terme.

Mais si tous les nutriments participent à la structure et au fonctionnement du cerveau, certains sont en particulier responsables de l'appréciation de la saveur. C'est le cas par exemple du zinc, sans lequel nous n'aurions point d'odorat, des acides gras dont le déséquilibre perturbe la vision. De même, sans sucre pas d'énergie, sans sel pas de sodium pour assurer la transmission nerveuse.

Un défi, le cerveau

La recherche consacrée aux effets de l'alimentation sur le cerveau est encore peu développée, mais en pleine expansion. Ce vide inquiétant s'explique d'abord par l'incommensurable complexité du tissu nerveux, qui a sans doute rebuté plus d'un esprit entreprenant et a suscité un respect tabou. Le mot de « neurochimie » vient d'ailleurs de fêter seulement ses vingt-cinq ans, et les « neurosciences » sont encore plus récentes, elles qui tentent d'allier toutes les disciplines de la chimie à la socio-psychologie. Dramatiquement et injustement impuissant, le neurologue, dans l'immense majorité des pathologies, ne peut qu'atténuer les conséquences des maladies dont il ignore les causes et les mécanismes. La tâche des chercheurs est encore gigantesque !

Le cerveau, également, donna lieu à de nombreux préjugés qui ont anesthésié les bonnes volontés. Le système nerveux, en effet, est prioritaire dans la satisfaction de ses besoins. Qu'un nutriment lui manque, il l'accapare au détriment des autres tissus, au risque de les perturber. Ce phénomène constitue sans doute un avantage sélectif : posséder un cerveau débile, mais un rein digne de la plus puissante station d'épuration ou un cœur à rendre jaloux les pompes les plus performantes, ne sert à rien. Puisque les carences nutritionnelles affectent d'abord les autres organes, on a longtemps considéré que les recherches sur le cerveau pouvaient attendre, d'autant que l'attention des chercheurs était également détournée par les défenses du cerveau contre les agressions extérieures.

Mais c'est surtout l'impossibilité absolue d'expérimenter sur l'homme vivant qui est responsable de notre peu de connaissance des effets de l'alimentation sur le système nerveux. Il a fallu se rabattre sur l'animal pour pratiquer des biopsies cérébrales. La question se pose d'ailleurs de savoir si et jusqu'où on peut légitimement extrapoler du rat, de la souris, du singe ou du lapin à l'homme. Il faut toutefois dire que la composition chimique de régions équivalentes du cerveau du rat et de l'homme sont très proches; elles ne diffèrent que par le nombre de connexions entre les neurones.

Un abîme sépare donc encore, dans nos connaissances, la structure du cerveau et les fonctions cognitives. On sait bien que la sous-nutrition (diminution quantitative de tous les aliments), et la malnutrition (réduction spécifique de certains nutriments) empêchent le développement de l'intelligence chez l'enfant. Mais entre les manifestations de la pensée et l'activité d'une enzyme s'étend encore un vide sidéral, moins décourageant qu'excitant pour le chercheur.

Or, la substance cérébrale provient de nutriments présents dans l'alimentation. La qualité de la vie dépend donc d'une meilleure adéquation entre les besoins du cerveau et l'alimentation. Mieux comprendre les premiers, mieux maîtriser la seconde ne peut que nous permettre de conserver plus longtemps des fonctions intellectuelles sinon intactes, du moins suffisantes. Il y a donc du pain sur la planche. Car, par inadaptation alimentaire, nous sommes tous plus ou moins des estropiés de la cervelle! La révolution médicale moderne a pourtant fait de nous aujourd'hui des octogénaires frétillants et sémillants. N'écoutons pas les esprits chagrins qui affirment que manger, voire se soigner, donne des rides et des rhumatismes au corps comme à l'esprit! Il suffit de mieux manger.

La nature humaine

Pour l'enfant, « manger » est le mot le plus important après « papa » et « maman ». Il détermine toute sa vie, au point que chacun finit par devenir ce qu'il mange. Bien que l'alimentation réponde d'abord à la nécessité physiologique de maintenir l'équilibre énergétique et structural de l'organisme, nous mangeons également par besoin de satisfaire nos désirs comme on comble une passion amoureuse. Manger plus que le nécessaire, trouver dans l'aliment ou la boisson le plaisir, la consolation, l'oubli, l'évasion ou la communication avec l'autre, refuser de s'alimenter pour protester contre une injustice, tous ces comportements sont des motivations affectives, psychosensorielles et symboliques. Irrationnelles, elles n'en sont pas moins adaptées. Elles contribuent à la recherche et à l'affirmation d'un soi fragile.

Mais la prise alimentaire revêt également une signification sociale et culturelle : le repas pris ensemble réunit la famille, resserre ses liens d'autorité et de dialogue. Il permet également de se surveiller. Les dîners de fête, les déjeuners d'affaires sont des prétextes pour favoriser la communication sociale. L'aliment, dans sa dimension proprement biologique, n'est plus alors que secondaire. La cuisine est d'autant plus élaborée que les significations symboliques et sociales sont valorisées. C'est sans doute une des raisons qui font qu'avec l'âge, et surtout la solitude, on mange moins et moins bien, de manière de plus en plus routinière.

Pour l'homme primitif, la quête alimentaire a constitué l'essentiel de son activité et de ses préoccupations. Il a ainsi, empiriquement, sélectionné ou éliminé, au fil du temps, les produits qui lui étaient favorables ou défavorables. Il a forgé de nombreux interdits et contracté par là même de nombreuses coutumes, érigées en rites selon les clans, les tribus et les peuples, les cieux et les climats. Mais cette démarche spontanée a fait méconnaître ce que l'alimentation humaine peut avoir de construit; elle a oblitéré sa participation à l'élaboration des organes. On supportait l'environnement plus qu'on ne l'apprivoisait. Selon les régions, on devenait pêcheur, nomade, éleveur ou agriculteur, plus tard. La consommation alimentaire dépendait avant tout des approvisionnements, sa diversité reflétait donc les différentes possibilités locales. Moins dépendants aujourd'hui de la nature la plus proche, nous pouvons mieux apprécier l'apport des différents nutriments au développement de l'organisme. Nous pouvons raisonner sur les besoins, et plus seulement sur nos possibilités immédiates de les satisfaire. Mais, par là même, nous pouvons mieux comprendre que chacun est ce qu'il mange, et que les différentes cultures se sont au moins en partie édifiées en fonction de leurs sources alimentaires.

Pourtant, depuis son apparition, l'homme a vécu près de 100 % de son temps à l'état sauvage : les nutriments qu'il utilisait dans cette condition lui sont donc adaptés. Seul un apprenti sorcier pourrait prétendre vouloir changer l'alimentation sur trois, voire dix générations, sans perturber l'équilibre subtil de l'organisme au service du cerveau. Le développement de l'enfant, l'épanouissement de l'adolescent, l'équilibre de l'adulte, la survie du vieillard, dépendent en grande partie de leur alimentation. D'une manière générale, la valeur d'un individu repose sur la qualité de ses tissus. Le cerveau n'échappe pas à cette règle, lui qui dépend en permanence de la qualité, de la quantité et de l'équilibre des aliments ingérés; la vie est un équilibre entretenu, comme le souligne Henri Bour.

Mais à son tour, le comportement alimentaire dépend de facteurs physiologiques et psychologiques, dont la finalité est d'assurer la couverture des besoins de l'organisme grâce à une ration alimentaire équilibrée. Cette notion s'est d'ailleurs développée en même temps que le degré de civilisation. L'homme primitif subissait les produits de sa chasse, de sa pêche et de sa cueillette pour survivre avec plus ou moins de fortune. Par la suite, il a cultivé, sélectionné, élevé et promu des aliments plus abondants et plus variés, il a créé une cuisine et des plats plus attrayants, aux goûts plus subtils. La faim, l'appétit et la gastronomie : trois étapes qui distinguent l'homme de l'animal, parce qu'il a un cerveau...

Le mangeur... libre et intelligent

Les étapes du développement cérébral obéissent à une chronologie précise et impérieuse. Dans son ensemble, l'élaboration du cerveau humain est génétiquement programmée, et elle se poursuit chez l'enfant pendant au moins deux ans après la naissance pour ne s'achever que vers vingt ans. Le tissu du cerveau comprend trois types principaux de cellules : les neurones, les astrocytes et les oligodendrocytes, mais d'autres, comme les cellules endothéliales des capillaires et microvaisseaux cérébraux ont également un rôle important. Nos dizaines de milliards de neurones, une fois mis en place pendant la vie intra-utérine, ne se multiplient plus et disparaissent sans être remplacés. Si le vieillissement cérébral est assimilé à la perte des neurones, alors il commence dès après la naissance. La gérontologie annexe la pédiatrie! Toutefois, les neurones ne sont pas des structures fossiles. Ce sont des constructions dont les pierres et les briques se renouvellent en permanence, mais qui restent pareilles à elles-mêmes : tout se reconstruit donc à l'identique, des combles à la cave, en passant par le chauffage, les câblages et la télévision. Ces neurones — il y en a autant dans un cerveau qu'il y a d'étoiles dans notre galaxie — communiquent entre eux par des points de jonction, des régions de contact que l'on appelle synapses. Chaque neurone en possède plusieurs dizaines de milliers!

Entre le troisième et le sixième mois de la vie fœtale, la multiplication des neurones suit un rythme effréné. Deux cent cinquante mille, à certains moments, apparaissent à la minute. L'homme naît ainsi avec un cerveau qui comporte déjà presque tout son potentiel de neurones, à l'exception de quelques millions qui participeront plus tard au développement du sens olfactif et joueront un rôle important dans la mémorisation et l'apprentissage. Le poids du cerveau humain à la naissance — environ 300 g — n'est toutefois que le cinquième de celui qu'il atteindra à l'âge adulte, alors que celui du chimpanzé nouveau-né est déjà de la moitié. Sa croissance se poursuit donc bien au-delà de la naissance. L'accroissement de son poids résulte en effet essentiellement de la poussée des axones et des dendrites, de la formation des synapses et des gaines de myéline, qui contribuent au fonctionnement des neurones et à leur communication. C'est pourquoi le déficit numérique des neurones, leur absence de reproduction au-delà de la période fœtale est peut-être moins dramatique que celui du nombre de connexions.

A partir de quarante ans, cent mille cellules nerveuses disparaissent chaque jour. Si ce rythme se maintient, vers quatre-vingts ans, subsistent encore près de 70 % de cellules vivantes. Mais si certaines parties du cerveau ne perdent que fort peu de neurones, d'autres, elles, en voient disparaître près de la moitié et deviennent plus fragiles. Dans le cortex et l'hypothalamus, la perte moyenne est d'environ 1 % par an, de sorte qu'entre trente-cinq et quatre-vingt-quinze ans la moitié des neurones se trouve donc perdue. Heureusement, ce vieillissement ne se traduit pas toujours par une altération grave des facultés supérieures. Tous les neurones, en effet, ne travaillent pas, et tout se passe comme si nous possédions une réserve que la durée normale de la vie n'épuise pas. Mais les neurones qui n'ont pas été stimulés dès les premières années, ou ceux qui, ensuite, ne le sont plus ou peu ne se différencient plus et dégénèrent les premiers. Il faut donc solliciter en permanence et faire travailler le cerveau... pour éviter de travailler du chapeau.

Le développement du cerveau est gouverné par deux types de facteurs. La formation et l'architecture des structures cérébrales sont génétiquement déterminées, c'est la dictature des gènes. Mais la différenciation des cellules du cortex et la formation des connexions entre neurones dépendent des apports nutritionnels aussi bien que de l'environnement physique et culturel. Dans le cas du cerveau aussi, « la fonction crée l'organe ». Il ne subit pas ces stimulus comme un instrument passif, mais au contraire comme un organe de plus en plus actif et particularisé à mesure qu'il réagit. Quoi qu'il en soit du débat, riche en a priori idéologiques, entre innéistes et environnementalistes, selon toute évidence, le cerveau est à la naissance une puissance potentielle qui a la capacité de s'auto-construire à partir de ses expériences. Comme le rappelle François Lhermitte, l'homme est un créateur, mais il est d'abord la créature de sa culture. Même si tout système vivant, comme dit Alain Deva-quet, ne progresse et se différencie que sous la pression de son environnement, par sa capacité à amortir les coups et lancer des ripostes. En effet, comme le pense François Jacob, l'extraordinaire liberté d'un être « programmé pour apprendre » plus que pour savoir faire, qui agit plus en fonction de programmes modifiables et per-fectibles que d'un répertoire de comportements figés, est sans égale dans le monde animal.

Comment l'empreinte culturelle se met-elle en place? Le milieu imprime-t-il son sceau comme sur un bloc de cire, image que Platon récusait déjà dans le *Théétète?* Ou, au contraire, ne fait-il que stabiliser des combinaisons de neurones et de synapses par sélection, comme l'affirment Jean-Pierre Changeux et ses élèves? En fait, comme le souligne Marc Jeannerod, ce n'est pas uniquement l'en-vironnement qui sollicite le système nerveux, qui le modèle ou le révèle, ce sont le sujet et son cerveau qui le questionnent en l'ha-bitant. Les neurones et leurs connexions se mettent en place selon un programme génétique, tandis que l'environnement joue le rôle d'un crible sélectif. Apprendre, c'est stabiliser des combinaisons synaptiques préétablies et en éliminer d'autres, selon un processus qu'on appelle épigenèse. Il est donc heureux que les neurones perdent le pouvoir de se diviser : sans cela, ils ne pourraient fonctionner.

La formation du cerveau est programmée par les gènes, mais, comme le rappelle Alain Prochiantz, dans le cas de l'homme, du jeu s'est en quelque sorte introduit dans l'exécution de ce programme. Cette forme d'épigenèse, par laquelle tout homme inscrit dans la structure même de son cerveau l'histoire qui est la sienne, apporte flexibilité et souplesse et empêche de parler de déterminisme génétique strict.

Un des fondements de ce phénomène épigenétique, c'est l'alimentation, en particulier l'apport en lipides qui autorisent la membrane des cellules à s'adapter et qui représentent la part modulable, l'acquis, tandis que la synthèse des protéines, directement sous le contrôle des gènes, représente l'inné, l'héréditaire. Même si, à juste titre, les manipulations génétiques occupent le devant de la scène, l'importance de l'épigenèse, à l'évidence, ne doit pas laisser ignorer, au-delà du problème plus immédiat de la faim, les dangers de la sous-nutrition et de la malnutrition. La recherche en matière de nutrition a donc beaucoup à faire pour soutenir et épanouir le corps, mais aussi le cerveau et l'intelligence. L'Organisation Mondiale de la Santé n'affirme-t-elle pas que la santé est le bien-être physique, mental et social complet, et non pas simplement l'absence de maladie et d'infirmité? La tâche, pour proposer une diététique du cerveau, est donc immense.

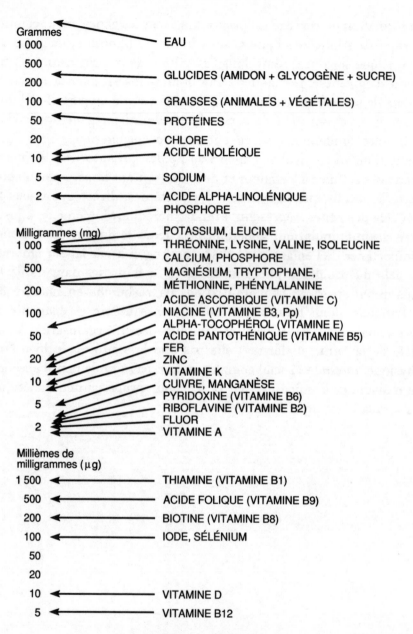

Grammes
1 000 — EAU

500
200 — GLUCIDES (AMIDON + GLYCOGÈNE + SUCRE)

100 — GRAISSES (ANIMALES + VÉGÉTALES)

50 — PROTÉINES

20 — CHLORE
10 — ACIDE LINOLÉIQUE

5 — SODIUM

2 — ACIDE ALPHA-LINOLÉNIQUE
— PHOSPHORE

Milligrammes (mg) — POTASSIUM, LEUCINE
1 000 — THRÉONINE, LYSINE, VALINE, ISOLEUCINE
— CALCIUM, PHOSPHORE

500 — MAGNÉSIUM, TRYPTOPHANE,
— MÉTHIONINE, PHÉNYLALANINE
200

— ACIDE ASCORBIQUE (VITAMINE C)
100 — NIACINE (VITAMINE B3, Pp)
— ALPHA-TOCOPHÉROL (VITAMINE E)
50 — ACIDE PANTOTHÉNIQUE (VITAMINE B5)
— FER
20 — ZINC
— VITAMINE K
10 — CUIVRE, MANGANÈSE
— PYRIDOXINE (VITAMINE B6)
5 — RIBOFLAVINE (VITAMINE B2)
— FLUOR
2 — VITAMINE A

Millièmes de
milligrammes (µg)
1 500 — THIAMINE (VITAMINE B1)

500 — ACIDE FOLIQUE (VITAMINE B9)

200 — BIOTINE (VITAMINE B8)

100 — IODE, SÉLÉNIUM

50

20

10 — VITAMINE D

5 — VITAMINE B12

BESOINS JOURNALIERS

II

Pour une « diététhique » cérébrale

La diététique, surtout celle du cerveau, celle qui œuvre pour lui dans tous les organes, n'est pas désincarnée. Esthétique et éthique s'y mêlent pour forger ensemble des préceptes qui vont de la biochimie au plaisir, au point de pouvoir presque parler de « diététhique » cérébrale.

Les aliments et les nutriments

Pour croître, subsister et fonctionner, le cerveau, comme tous les organes, doit disposer des matériaux nécessaires. Pour permettre, d'une part, la synthèse et le renouvellement des constituants cellulaires et pour couvrir, d'autre part, ses besoins énergétiques. Les nutriments sont les différentes substances chimiques qui permettent de satisfaire ces besoins. Contenus dans les aliments, parmi de nombreuses molécules dont certaines sont inutiles, parfois même toxiques, ils n'ont pas besoin de subir de transformation digestive majeure pour être assimilés. Les divers stades de la digestion les extraient des aliments pour ensuite les transformer en sous-produits, les métabolites que l'organisme utilise et élimine. C'est ainsi que l'anabolisme s'en sert pour synthétiser des molécules complexes, tandis que le catabolisme les dégrade, les détruit et les brûle, en produisant si possible de l'énergie. La nutrition est donc l'évaluation quantitative, mais aussi qualitative, de l'utilisation, par la cellule ou l'organisme entier, des différents nutriments disponibles. Et de leurs interactions. Dès lors, comme le précise Gérard Debry, la diététique doit être à la fois l'art et la science qui permettent une alimentation adaptée aux besoins nutritionnels, organiques, hédoniques et psychosensoriels. Que ce soit chez les personnes en bonne santé ou chez les sujets malades. Dans les deux cas, l'estimation des besoins en vitamines, en éléments minéraux et en molécules essentielles est donc décisive.

En dehors de l'eau et des sels minéraux, les nutriments sont des éléments organiques, produits préalablement par d'autres êtres vivants, animaux et végétaux. Les principaux sont représentés par les glucides, les lipides et les protides, mais de très nombreuses autres substances sont présentes dans l'alimentation. Et certaines, comme les vitamines, ne peuvent être synthétisées dans l'organisme, même si des apports minimes sont indispensables. D'autres, également en quantité restreinte, donnent aux aliments leur couleur, leur odeur, leur consistance, leur goût caractéristiques.

Alors que les nutriments sont des substances relativement simples dont la nature chimique peut être caractérisée, les aliments, quant à eux, sont des produits généralement complexes. Chacun est composé d'un nombre restreint de nutriments, et seule la combinaison des aliments fournit toute la variété nécessaire des nutriments. Mais en fait, la sélection des aliments se fonde en grande partie sur leur attrait et leur qualité gustative, leur signification symbolique propre à chaque société, à chaque famille même, autant que sur leur poids ou leur valeur économique. La diététique doit en tenir compte, et l'éventail de choix est d'autant plus large pour l'homme qu'il a l'avantage d'être omnivore.

Le terme d'aliment désigne les matériaux nutritifs tels que l'homme les trouve dans la nature ou les produit, et qui, au cours de l'évolution, lui ont d'abord permis de survivre grâce à la cueillette, la chasse ou la pêche. Mais à partir du néolithique, l'apparition de l'agriculture et de l'élevage ont conduit à produire d'autres aliments, comme les céréales, le lait et ses dérivés, les huiles et les vins. Plus récemment, l'industrie a multiplié les formes sous lesquelles les vivres se présentent, elle a décuplé leurs possibilités de conservation, au point de bouleverser nos habitudes et de nous obliger la plupart du temps à nous soumettre à une réglementation plus ou moins précise, pour suivre les progrès de la technologie.

Leur composition chimique est fondamentale. Mais leur structure physique joue également un rôle important puisqu'elle détermine la texture de chacun d'eux, et intervient dans leur capacité à être digérés, voire dans leurs propriétés gustatives.

Des atomes au cerveau

Avec sept notes de musique complétées de quelques bémols et dièses, Richard Wagner, Ludwig von Beethoven, Camille Saint-Saëns ont fait des chefs-d'œuvre; avec trois couleurs élémentaires, les tableaux des Maîtres sont merveilleux. De même un nombre étonnamment restreint de matériaux élémentaires suffit à l'infinie diversité du monde. Quelques dizaines d'atomes forment tous les animaux et les végétaux. Quatre d'entre eux, azote, carbone, hydrogène, oxygène, constituent 99 % de sa matière, associés à seize autres, moins abondants, mais tout aussi essentiels dans les prouesses biochimiques complexes de la vie qui se maintient et qui se crée. Les échanges permanents de ces atomes, de la matière inanimée à la matière vivante, et de la matière vivante à la matière inanimée, dénoncent les liens enchevêtrés qui unissent toutes les pièces de l'univers, comme le note Jean Hamburger. Ces atomes sont puisés dans la variété des nutriments.

Un homme de soixante-cinq kilos en bonne santé est composé de quarante-trois kilos d'eau, de dix kilos de protéines, de huit kilos de lipides, de trois kilos de minéraux et enfin de deux cents grammes de glucides. Tous ces éléments proviennent des aliments. Parmi quelques cinquante atomes, les éléments chimiques de base, l'homme n'en utilise couramment qu'une quinzaine. Le carbone donne l'architecture de toutes les molécules, le couple hydrogène-oxygène permet la chute de potentiel des électrons et génère de l'énergie. Le phosphore et le soufre participent aux constructions moléculaires capables de stocker et de distribuer l'énergie. Le calcium assure, entre autres, la stabilité des édifices moléculaires. Le sodium et le potassium règlent la conduction nerveuse. Sans fer, pas de respiration; sans oligoéléments les enzymes sont inertes et sans efficacité.

Classer les nutriments

D'autres critères pourraient être retenus, comme les modes de préparation ou de conservation, mais on a pour habitude de classer les aliments selon leur origine. Très schématiquement, on peut distinguer trois grandes catégories. La première est formée de ceux qui apportent de l'énergie chimique. Ils sont dits banals. On doit en consommer plusieurs grammes par jour pour chaque kilo de poids corporel. La deuxième contient des molécules, comme les acides aminés ou certains acides gras, qui sont nécessaires en petite quantité pour fournir le squelette carboné que les cellules ne peuvent synthétiser elles-mêmes (les besoins sont de l'ordre du milligramme par kilo et par jour) et divers co-enzymes et vitamines nécessaires au bon fonctionnement des cellules. Les besoins sont parfois de l'ordre du millième de milligramme par kilo et par jour, ce sont les nutriments essentiels. Enfin, troisième catégorie, les nutriments accessoires ou secondaires, dont le besoin se réveille lors de certaines conditions physiologiques ou pathologiques.

Les nutriments indispensables ou essentiels n'ont aucune possibilité d'être élaborés par l'organisme et doivent donc absolument être apportés en totalité par l'alimentation. En l'absence d'un seul, la survie est irrémédiablement compromise. Si son apport est insuffisant, une carence ou une déficience nutritionnelle se manifeste. La liste des nutriments essentiels est propre à chaque espèce. En ce qui concerne l'homme et son cerveau, elle est très étendue en raison de ses faibles capacités de synthèse. (Elle comprend huit acides aminés : isoleucine, leucine, lysine, méthionine, tryptophane, valine, thréonine et phénylanine; deux acides gras à structure particulière, portant plusieurs doubles liaisons, les acides gras polyinsaturés appelés acide linoléique et acide alpha-linolénique. A ces acides aminés et acides gras s'ajoutent les vitamines solubles dans les graisses, liposolubles : vitamine A, vitamine E, vitamine K (bien que cette dernière peut être partiellement fournie par les synthèses de la flore intestinale); la totalité des vitamines hydrosolubles : vitamine C (acide ascorbique) et l'ensemble des vitamines du groupe B, vitamine B1 ou thiamine, vitamine B2 ou riboflavine, vitamine B6 ou pyridoxine, vitamine B3 ou PP ou niacine ou acide nicotinique, acide pantothénique, biotine, acide folique ou vitamine B9, vitamine B12.)

Les éléments minéraux à fonction biologique sont évidemment essentiels. On distingue habituellement les macro-éléments, qui sont nécessaires à des taux élevés, et les oligo-éléments, dont une quantité minime suffit pour satisfaire les besoins. Les premiers comprennent le calcium, le phosphore, le magnésium, le sodium, le potassium, le chlore et le soufre. Les seconds se composent du fer, de l'iode, du cuivre, du manganèse, du zinc, du cobalt, du molybdène, du sélénium, du chrome, du fluor, du silicium et du nickel. Mais cette liste n'est sans doute pas complète.

Les nutriments accessoires ou secondaires dépendent de l'espèce mais aussi de l'état physiologique de l'individu. Ce sont des substances synthétisées lentement par le corps. Si le besoin augmente trop, l'alimentation doit alors apporter un complément à la quantité fabriquée par l'organisme lui-même. C'est pourquoi les enfants en croissance, les femmes enceintes et celles qui allaitent en ont particulièrement besoin. Les plus connus sont deux acides aminés, l'arginine et l'histidine, ainsi que la vitamine D, qui se forme lentement dans le tissu cutané sous l'effet des rayons ultraviolets. Par extension, on pourrait ranger dans cette catégorie la vitamine K, synthétisée par la flore intestinale.

Enfin certains nutriments sont dits banals lorsque l'organisme les élabore à un taux qui permet toujours de satisfaire ses besoins. Leur présence ou leur absence dans l'alimentation est indifférente au cerveau, à condition que les autres organes soient repus.

On est souvent étonné par l'habileté avec laquelle, par le goût et l'expérience, toutes les civilisations ont su recourir, pour équilibrer leur alimentation, à des denrées bizarres, et utiliser des techniques de préparation efficaces dont cependant elles ignoraient complètement le sens biologique. Sans le savoir, pour obtenir leur vitamine B1, les esquimaux recherchent ainsi les lichens de l'estomac du renne ou des boules végétales stockées pour l'hiver par certains rongeurs, tandis que les habitants de Fidji font fermenter la noix de coco. Les indiens du Mexique rendent le tryptophane disponible en traitant le maïs dans de l'eau de chaux. Nombreux sont ceux qui apprécient les compléments protéiques apportés par des insectes, qui utilisent le pouvoir bactéricide des fermentations lactiques.

Ces aliments, ces nutriments construisent l'organisme et lui fournissent son énergie. Sans eux, pas de vie, pas de perpétuation de l'espèce. Pour qu'ils ne soient pas oubliés, pour qu'ils soient choisis avec soin, et de manière renouvelée, le Créateur accompagna leur prise des plaisirs de la bouche...

Les plaisirs des aliments

En fait, la véritable science ne serait-elle pas celle qui voudrait assurer notre équilibre physiologique, mais aussi augmenter notre bien-être et nos plaisirs en tirant le meilleur parti des productions de la nature... pour ne penser qu'en termes de matérialisme et d'épicurisme. Au XVIᵉ siècle, Ambroise Paré disait de la diététique (la « Dieta ») qu'elle était « la seconde partie de la médecine, laquelle donne secours aux maladies par bonne manière de vivre ». Cette conception allait dans le droit fil et dans la logique de la « diaita » d'Hippocrate.

Le plaisir de manger est la sensation instantanée et directe d'un besoin qui se satisfait; le plaisir de la table est la sensation réfléchie qui naît des circonstances, des faits, des lieux, des choses et des personnes qui accompagnent le repas. Le plaisir de manger nous est commun avec les animaux : il ne suppose que la faim et ce qu'il faut pour la satisfaire. Le plaisir de la table, au contraire, est particulier à l'espèce humaine : il nécessite des soins préalables pour les apprêts du repas, pour le choix du lieu et le rassemblement des convives. L'un exige, sinon la faim, au moins de l'appétit. L'autre peut s'en passer. Ces deux états peuvent toujours s'observer dans nos festins. D'après Jean-Didier Vincent, la faim et la soif sont les plus élémentaires des passions : elles ont pour objet le corps, dont elles assurent la maintenance. Le Créateur, en obligeant l'homme à manger pour vivre, l'y invite par l'appétit et l'en récompense par le plaisir, affirme Brillat-Savarin. Un jésuite ne refuserait pas de dire qu'il ne faut ni fuir ni suivre les voluptés humaines voulues par Dieu. Il les faut recevoir, comme l'enseignait Michel Montaigne.

Le quotidien garanti, le consommateur rassuré se préoccupe de la qualité de la vie. Les aliments de plaisir, par lesquels on célèbre la convivialité resteront, en quelque sorte, le refuge du rêve dans notre univers conditionné. La Gastronomie se veut toujours la gardienne de traditions codifiées et ritualisées. Chez elle point de révolution, elle évolue lentement, majestueusement. Pour rassurer les révolutionnaires en herbes (fines), je rappellerai simplement que les traditions sont les réformes qui ont réussi. Et il n'y a pas de raison que cela change avant bien longtemps, car afficher des compétences de gastronome averti fait partie des signes d'amélioration du niveau de vie, du rang social. Le négoce et la publicité saisissent toutes les occasions pour réveiller les souvenirs, les rêves, pour ne pas dire les phantasmes d'un âge qui ne fut d'or que pour certains. Surtout, il y a en chacun de nous un amateur éclairé qui sommeille et, si les produits sélectionnés ou de prestige veulent conserver leur « créneau », ils devront plus que jamais maintenir leurs qualités et leur authenticité.

Les aliments bonifiés par la cuisine

La cuisine est la résultante d'un grand nombre de facteurs géographiques, sociaux, économiques, religieux, traditionnels. Dans certaines cultures, la française par exemple, c'est le goût final qui est le but essentiel recherché. Dans d'autres il importe que les mets, outre leur finesse, apportent certains principes favorables aux différentes fonctions du corps et de l'esprit, c'est le cas de la cuisine chinoise. La cuisine combine généralement la cuisson des aliments, le mélange de plusieurs d'entre eux et l'adjonction d'épices et de condiments. Respecter le goût propre de chaque aliment implique un choix plus exigeant. Alors qu'au Moyen Age, les livres de cuisine aristocratiques parlaient vaguement de chair de bœuf, chair de veau, chair de porc, ceux des XVIIᵉ et XVIIIᵉ siècles ont distingué de plus en plus soigneusement les morceaux de ces viandes.

On ne vit pas de ce que l'on mange, mais de ce que l'on digère. Et la digestion est de toutes les opérations corporelles – hormis celle de l'esprit? – celle qui influe le plus sur l'état moral de l'individu. Les aliments, éventuellement améliorés par la cuisine, lui apportent énergie, mais aussi structure cellulaire. Ils contrôlent son activité à court, moyen, et long terme. En fait, la cuisine est un perfectionnement de l'alimentation, et la gastronomie un perfectionnement de la cuisine elle-même. La cuisine, au lieu d'aider et de compléter la nature, l'efface mais ne la remplace pas, ainsi que l'a brillamment remarqué Jean-François Revel.

Les talents des cuisiniers ont un autre avantage, ils ne stimulent pas seulement les appétits satisfaits des gourmands, mais ils permettent aussi l'invention et l'élaboration d'une variété infinie de plats toujours plus délicats et raffinés. S'il n'est plus possible d'exprimer la supériorité sociale en augmentant la quantité de nourriture ingérée, les améliorations qualitatives offrent, elles, des ressources inépuisables.

D'ailleurs, les grands écrivains n'ont pas manqué de décrire en détail un banquet dans leurs œuvres. François Rabelais a immortalisé Pantagruel, précurseur de la « grande bouffe ». L'appétit de Gustave Flaubert est entrevu dans le repas de noces d'Emma Bovary et dans le festin des mercenaires de Carthage. Nana, d'Émile Zola, offre un banquet extraordinaire dont la description dure une vingtaine de pages. Honoré de Balzac est à l'origine de la légende de la concierge bonne cuisinière, l'ascension sociale de Lucien de Rubempré se traduit par un changement radical de ses habitudes alimentaires. Alexandre Dumas se voulait cuisinier autant qu'écrivain. Le commissaire Maigret, de Georges Simenon, promène avec délectation dans les bistrots de l'Est parisien un appétit gourmand de choses simples. La rôtisserie de Raguenau est célèbre depuis Cyrano de Bergerac.

Le rythme et la composition des repas devraient être conditionnés par la notion d'équilibre alimentaire. Malheureusement, l'ignorance de ces questions par la grande majorité des consommateurs, les traditions, les impératifs économiques, et maintenant la pression des médias, font que la consommation échappe souvent aux règles de base de la physiologie. Fort heureusement, le cerveau n'est pas sensible aux à-coups alimentaires, s'ils ne sont pas toxiques. Il faut plusieurs jours, voire plusieurs semaines pour qu'une carence alimentaire totale d'un nutriment se traduise par un déficit nerveux.

Mais les choix alimentaires répondent chez l'homme à une triple demande : énergétique, hédonique, symbolique. La première est biologique, la deuxième émotionnelle et affective, la troisième sociale, culturelle et ethnique. Le contrôle des entrées se fait, chez la plupart des animaux, sur vingt-quatre heures, tandis que chez l'homme on pense qu'il s'étend sur une semaine. Il repose sur des stimulus métaboliques, psychosensoriels et pharmacologiques, que contrôlent un certain nombre de structures nerveuses. Les différents stimulus s'élaborent progressivement et peuvent s'adapter.

C'est ainsi que se constitue, en particulier pendant la petite enfance, tout un conditionnement qu'on pourrait appeler la mémoire alimentaire.

Le comportement alimentaire

S'alimenter remplit deux fonctions principales, qui sont contrôlées par le cerveau : le maintien de l'équilibre énergétique et les relations avec l'environnement. Le maintien et le développement de la vie impliquent la satisfaction de besoins énergétiques, matériels, affectifs et moraux, dont le plaisir de la gastronomie. Ce sont les nutriments qui fournissent un apport constant d'énergie et de matière à la cellule vivante, aux neurones.

Le mangeur de Pavlov ?

L'équilibre énergétique vise à maintenir la stabilité du poids corporel, moyennant des variations physiologiques qui peuvent être dues à l'âge ou à des circonstances extérieures. On considère ainsi qu'une augmentation de la masse grasse avec l'âge est un processus programmé génétiquement. D'autre part, on connaît dans le règne animal des exemples de variations importantes du poids : animaux hibernants, oiseaux migrateurs. Un mécanisme de pondérostat – appelé aussi adipostat – assure le maintien du bilan d'énergie à une valeur donnée, variable d'un sujet à l'autre, et peut varier chez un même sujet au cours du temps. Les variations de poids sont donc assimilées, peut-être de manière trop simpliste, aux modifications du tissu adipeux. Ce qui expliquerait peut-être la difficulté qu'il y a à réduire le poids de certains obèses malgré les régimes hypocaloriques sévères.

Les signaux qui déclenchent ou accompagnent la prise alimentaire, la sensation de faim, et ceux qui la terminent, la sensation de satiété, sont d'abord d'ordre métabolique. Leur nombre n'a d'égal que leur imprécision, et chaque chapelle de biochimistes prétend que son poulain contrôle les autres. Plusieurs types de stimulus métaboliques ont été ainsi promus.

On a longtemps pensé que le signal d'alarme était un faible taux de sucre dans le sang. En réalité, le stimulus est plutôt lié au degré d'utilisation du glucose, mesuré par sa différence de concentration entre les artères et les veines. Lorsque cette différence est forte, la faim apparaît. Il existe ainsi des récepteurs glucidiques au niveau du foie et du cerveau, plus précisément dans l'hypothalamus.

Il semble également que la faim et la satiété soient déclenchées par un mécanisme lié aux lipides, qui n'est pas clairement compris car il est très complexe et particulièrement fin. En effet, on sait maintenant que la dégradation des lipides, des graisses, ainsi que l'élévation de la concentration des acides gras libres plasmatiques réduisent la prise alimentaire. En revanche le jeûne, avec sensation de faim intense, s'accompagne aussi d'une lipolyse accrue.

Les contrôleurs sont aussi les acides aminés, car les protéines ont un pouvoir rassasiant élevé. Bien plus, un seul acide aminé, la sérotonine, est l'un des neuromédiateurs de la satiété.

Enfin, l'hypothermie et l'hyperthermie observées respectivement avant et après le repas jouent le rôle de stimulus de la prise alimentaire ou d'arrêt du repas.

Accompagnant et parfois devançant les stimulus métaboliques, les excitants psychosensoriels, quant à eux, sont nombreux, subtils et raffinés. Les qualités comme la couleur, l'odeur, le goût, la consistance constituent ce que l'on appelle la palatabilité d'un aliment. Celle-ci joue un rôle considérable comme stimulus du début de repas, de sa prolongation et de sa terminaison, ainsi bien sûr que dans la détection, l'identification et le choix de la nourriture. Lorsqu'elle diminue au cours du repas, elle peut être réveillée par certains aliments : c'est précisément le rôle des desserts sucrés. Elle peut aussi s'inverser en fin de repas, avec même l'apparition d'une sensation de dégoût. Elle peut également être responsable d'anomalies des ingestions, augmentées lorsque les qualités sensibles des aliments sont grandes, ou diminuées dans le cas inverse. Cette situation aboutit à des perturbations du bilan d'énergie, seulement durant des périodes brèves chez l'animal, mais peut-être plus durablement chez l'homme. On s'interroge sur son rôle à long terme dans le déclenchement de certaines obésités.

Les sensations gastriques ont toujours été populaires. Le rôle de la sensation de vacuité ou de plénitude gastrique est maintenant considéré comme accessoire, bien que le fameux « creux à l'estomac » ait la vie dure, voire la dent longue!

L'intestin alerte lui aussi, à l'aide de récepteurs à diverses molécules chimiques (appelés chémorécepteurs intestinaux), qui sont sensibles aux concentrations en acides aminés ou en glucides. Les récepteurs gastriques et intestinaux participent sûrement au contrôle du volume des repas, en informant les centres cérébraux sur la quantité et la nature des aliments ingérés.

L'hypothalamus – dont je parlerai dans quelques pages – joue un rôle dans la faim et la satiété. Mais de nombreuses autres structures cérébrales contribuent également au contrôle et à la régulation de ces centres (la plus importante est limbique). Elle met la prise alimentaire en connexion avec les autres influences comportementales, la sexualité, mais aussi la mémoire, l'apprentissage. Enfin, le comportement alimentaire peut être modulé par des neurotransmetteurs regroupés sous le terme générique de catécholamines. Ils ont une influence sur la faim et certains stimulent la prise alimentaire, tandis que d'autres l'inhibent. La sérotonine serait active sur les centres de la satiété. Des neuropeptides (les enképhalines) ont probablement aussi un effet qui n'est pas encore élucidé. Certaines substances pharmacologiques ont été très utilisées pour leur action anorexigène, c'est-à-dire coupe-faim, de même qu'un grand nombre de dérivés d'amphétamines qui donnent une sensation euphorique. Mais leur emploi n'est pas sans danger, puisqu'ils risquent de produire des effets secondaires : accélération du rythme cardiaque, élévation de la pression artérielle, insomnie, phénomène d'accoutumance qui peut entraîner l'augmentation progressive des doses, et à l'arrêt du traitement, un état dépressif. Les produits actuellement vendus en France ont un faible effet excitant, mais restent contre-indiqués en cas de tendance dépressive. Certaines autres substances pharmacologiques ont d'ailleurs également des effets anorexigènes : c'est le cas des antidépresseurs!

L'opium du gourmand

L'opium, la morphine, les opiacés diminuent la douleur. Par contrecoup, ils augmentent le plaisir, la sensation de bien-être. Or, notre cerveau peut fabriquer des opiacés qu'on appelle endogènes. Ils pourraient ainsi donner une assise biochimique à l'hédonisme, cette doctrine qui prend pour principe moral la recherche du plaisir. Quoi qu'il en soit, la prise alimentaire n'est pas sous leur contrôle direct. Ils agissent peu sur la faim, et donnent seulement au repas sa touche libidinale, qui distingue la bonne de la mauvaise nourriture. D'ailleurs, le stress chronique pourrait induire une surproduction d'opiacés endogènes qui expliquerait la boulimie. Ces opiacés ne proviennent pas directement de la prise alimentaire. On sait en effet qu'ils doivent être injectés dans le sang ou le cerveau pour conserver leur potentiel actif. Toutefois, dans l'estomac certaines protéines alimentaires, comme la caséine ou le gluten, peuvent donner naissance à des fragments dotés, dans le tube à essai du laboratoire, d'activité opioïde. On a pu voir là une cause de la somnolence qui suit le repas, mais il est vraisemblable que le retentissement physiologique de ce processus soit faible. En effet, ces protéines, pour être absorbées, doivent être totalement dégradées. En revanche, le métabolisme de l'éthanol peut donner naissance à des dérivés dont la formule chimique est proche de celle de la morphine et qui jouent un rôle dans la genèse de l'intoxication éthylique aiguë.

L'hypothèse de l'influence de molécules à activité opioïde sur le contrôle, à court terme, de la prise alimentaire repose sur plusieurs arguments. Leur administration intraveineuse ou intracérébrale peut en effet stimuler la prise alimentaire d'animaux pourtant rassasiés. L'administration d'antagonistes peut réduire la prise alimentaire dans de très nombreuses espèces animales, y compris chez l'homme : plus les aliments sont agréables, moins ils sont alors consommés! L'hyperactivité opioïde et l'hyperphagie sont souvent associées chez des animaux génétiquement obèses et chez l'homme. Inversement, il a été observé que la consommation alimentaire, sa suppression par privation, l'administration de molécules coupant la faim ou la réduction de la masse corporelle entraînent des variations du taux cérébral d'opioïdes.

Il reste à trouver de nouvelles molécules à activité opioïde dépourvues d'effets narcotiques et d'effets secondaires néfastes, en particulier sur le foie, ce qui est le plus difficile sans doute. La question reste posée de savoir si la prise alimentaire peut influer sur l'activité des opioïdes et par là même, modifier le seuil de douleur. Les réponses restent contradictoires pour le moment.

Les conduites alimentaires

Les grandes fonctions, comme la nutrition, qui assurent la continuité de l'individu, s'accomplissent dans des conditions particulières, les conduites. Les manifestations les plus apparentes des conduites sont la recherche, la sélection et enfin l'ingestion de nourriture. Leur régulation suppose le besoin, la faim et la satiété.

Le besoin est l'état organique correspondant au manque quantitatif – et qualitatif – de nourriture. L'amaigrissement en est le symptôme majeur. Le besoin appelle le désir. Le désir se situe entre la recherche de la jouissance et la satisfaction du besoin, le profit et la perte. La satisfaction d'un besoin conduit au renforcement, base des théories de l'apprentissage. Le désir tient également la place centrale dans la psychologie freudienne fondée sur le besoin et l'expérience de satisfaction. Mais, plus que le besoin c'est peut-être le manque, anticipation ou simulation du besoin construits par la mémoire, qui est à l'œuvre dans le désir et le place dans la durée, le permanent, le perpétuel.

La faim est précisément la perception de l'état de besoin, les stimulus provenant de nombreuses régions de notre corps la provoquent. L'état de malaise ou même de souffrance qu'elle engendre est supprimé par l'ingestion de nourriture. La faim exclut la gastronomie : qui a faim ne peut manger vraiment bien; comme dit un proverbe suisse « A qui a faim, tout est pain ».

La satiété est la perception, par avance, de la satisfaction du besoin organique. Par avance, car le cerveau est informé de la satisfaction des besoins avant que les tissus ne soient effectivement repus. La machinerie des cellules et des organes met en effet du

temps pour capter, transformer et utiliser les aliments et les nutriments. S'il fallait attendre l'équilibre biochimique des cellules pour
arrêter le repas, la prise alimentaire serait longue et gigantesque.
La satiété, sensation de rassasiement, de bien-être, est atteinte à
condition que le réflexe initiateur de la faim soit inhibé par des
stimulations dues à l'entrée des nutriments dans la circulation
générale, et que les qualités sensorielles (que l'on appelle la palatabilité) des aliments s'annule. Mais chez l'Homme, elle dépend
davantage des propriétés sensibles et des variations de palatabilité
que de la satisfaction des besoins nutritionnels au niveau métabolique.

« L'art de la table » accroît le goût des aliments et repousse les
limites de la satiété. La sensation de faim – ou d'appétit – ne
correspond que partiellement au remplacement des réserves et aux
besoins nutritionnels spécifiques. Néanmoins, dans les conditions
normales, l'organisme maintient son poids constant et son équilibre
énergétique.

L'appétit résulte de l'association de stimulus externes et internes
qui accompagnent l'acte de prise alimentaire : goût et dégoût, odeurs
et saveurs; il tient du rêve, car il est à la fois mémoire et hallucination, expérience et nouveauté.

En psychologie, le mot « comportement » peut être pris en référence au behaviorisme. Cette théorie anglo-saxonne confine la psychologie dans l'étude expérimentale, sans faire appel aux explications physiologiques ou psychologiques profondes, ni à l'introspection.
En d'autres termes avec un muscle et un nerf, le behavioriste
fabrique une pensée. Cela laisse rêveur... Le comportement caractérise donc l'ensemble des réactions adaptatives, objectivement
observables, que l'organisme, pris comme un tout, produit en réponse
aux stimulus provenant du milieu intérieur ou extérieur. Il apparaît
donc comme essentiellement réactif et néglige tout ce qui est de
l'ordre de la dynamique de l'organisme, qui amène l'homme à
anticiper en dehors de toute sollicitation du milieu. La psychologie,
celle de l'alimentation en particulier, essaie de saisir l'homme dans
son intégralité; elle ne saurait donc se limiter à l'étude des seuls
comportements, mais doit appréhender une notion plus large : celle
de conduite. On peut dire que le comportement alimentaire constitue une sorte d'écran entre, d'une part, l'individu qui a des besoins

précis et, d'autre part, l'aliment, caractérisé par sa composition en principes nutritifs. De ce fait, l'ajustement entre les besoins et les apports n'est pas nécessairement équilibré.

Les habitudes alimentaires se créent tout au long de la vie. Dès l'enfance, un aliment acquiert une connotation positive ou négative. Et sa perception s'enrichit, au fil des années, des circonstances dans lesquelles il est consommé, de sa valeur de prestige social et du confort digestif qui accompagne sa consommation. Il faut en tenir compte lors de la prescription d'un régime, car un repas de même valeur nutritionnelle est très différent selon les habitudes du sujet.

L'affirmation « nous sommes ce que nous mangeons » recouvre, et cache une multitude de thèses et d'interprétations. Mais elle signifie d'abord que la nourriture est consubstantielle à l'individu : « l'homme est ce qu'il mange ». Cette idée simple a prédominé pendant des millénaires et n'a pas disparu de notre esprit. Elle nous pousse à veiller sur la pureté physique autant que sur la pureté morale de ce que nous mangeons. C'est ainsi, par exemple, que Jean Trémolières disait « à travers ce qu'il mange, l'homme choisit ce qu'il est ». Il faisait référence à son identité physique, morale et culturelle.

C'est pourquoi nous valorisons la viande, nous célébrons le fruit en mémoire de l'âge d'or. La mode des fibres et le fanatisme des vitamines dérivent également du mythe du naturel. Évidemment, la viande est la nourriture la plus adaptée pour faire du muscle d'homme, la cervelle pour faire du cerveau, le rognon du rein, car les molécules, chez l'animal et chez l'homme sont les mêmes. Mais il ne faut pas pousser trop loin la croyance. Comme en Inde où manger l'œil du hibou pouvait conférer le don de voir dans l'obscurité, comme en Afrique, où il est défendu à la femme enceinte de manger de l'antilope de peur que l'enfant ne naisse le pied équin. Les jeunes hommes ne doivent pas manger de la tortue dans la crainte de perdre leur célérité. Tandis que les vieux, par contre, peuvent évidemment en consommer... L'histoire ne dit pas s'il leur est interdit de déguster un écureuil avant de monter au cocotier !

Le symbolisme personnel

L'homme a autant besoin de symboles que de nutriments et tous deux sont simplement chargés de sens. Manger n'est pas simplement se nourrir : c'est aussi participer à un groupe et communiquer à travers un langage. Ce faisant, la conduite alimentaire peut être le support de finalités bien étrangères à la nutrition. Bien plus, l'alimentation présente un certain caractère héréditaire : il y a, en tout cas, une hérédité sociale et culturelle dans les familles où l'aliment est transmis comme un langage. Ce sont donc des causes bien profondes qu'il faut souvent évoquer en présence d'une conduite alimentaire restrictive ou d'un excès.

La sensation fait partie du domaine privé, du domaine de la pensée, souligne Dominique Laplane. Que représente le plaisir de la table? Si l'on suit Jean-Paul Sartre, l'émotion serait un mode d'existence de la conscience... un état de conscience. De fait, les émotions sont perçues intérieurement par le sujet conscient. Un va-et-vient incessant s'instaure entre le cortex cérébral et le palais qui déguste. La conscience du soi et du non-soi, du milieu intérieur et extérieur, social, passe par l'alimentation, et mieux, par la gastronomie. Bien mieux, ou bien pire pour les esprits chagrins : la gourmandise est une mutation, une aberration du besoin qu'elle finit par gouverner complètement. Mais le bon Dieu ne peut pas s'offenser de ce petit raffinement, car Il est lui-même tout excellence, aurait dit un autre Père Jésuite. Le temps comme d'heureux hasards ont perfectionné les arts et les sciences, disait Voltaire, plus sagement. Enfin, s'écria bêtement James Joyce, « Dieu a fait l'aliment, le diable l'assaisonnement », une plaisanterie aussi sotte que redoutable. Elle a fait considérer les aliments avec méfiance, et prétendre le plaisir illicite.

En effet, aujourd'hui, notre comportement alimentaire est caractérisé par l'angoisse et l'ambiguïté alors que les civilisations qui nous ont précédées ne remettaient jamais en cause la légitimité de leurs modes alimentaires. Notre angoisse exprime, entre autres, la volonté d'une alimentation rationnelle, mais aussi l'ignorance que nous avons de la provenance de nos aliments, de leur utilité, de leur rôle, de leur mode de fabrication, parfois de leur nature même. L'ambiguïté de notre comportement alimentaire tient à la coexistence de ces deux rêves, ou de ces deux cauchemars : celui de manger la nourriture naturelle du bon sauvage, et celui de manger la nourriture, bonne pour la santé de l'homme de demain. Malheureusement les deux désirs ne sont pas toujours équivalents, ni même synonymes... Les techniques nouvelles, par exemple, sont présentées, sinon perçues, comme un moyen de revaloriser les produits naturels (lyophilisation, surgélation, micro-ondes). Inconsciemment, on cherche l'hypernaturel, comme on parle d'hyper-réalisme en peinture, comme si une nouvelle nourriture pouvait devenir meilleure pour le corps humain que la simple production de la nature. C'est l'éclosion d'une nouvelle culture alimentaire comme en témoignent la publicité, la presse, la télévision. Mais l'ignorance engendre la peur : les journaux et les revues, en écho à cette grande angoisse, titrent parfois : « Alimentation : danger ». Les végétariens risquent fort d'être carencés en acides aminés tandis que les carnivores peuvent se boucher les artères avec les graisses, quand ils ne sont pas les innocentes victimes de fraudeurs gavant leurs animaux d'hormones ou d'antibiotiques. Nos assiettes, des croque-morts, sont pleines de dangers; qui ignore aujourd'hui que la tombe est creusée avec les dents? Les acides gras saturés menacent nos cœurs et nos artères et les polyinsaturés pourraient bien favoriser le développement de cancers du sein ou du côlon. Les fromages sont trop gras quand ils sont bons, mais quelle affligeante tristesse lorsqu'ils sont allégés. Tandis que les huiles dégradées par trop de chauffage pourraient provoquer de sérieuses maladies de foie, qui n'existent qu'en France! Les additifs restent une préoccupation, quand il ne s'agit pas d'obsession! Les anti-oxygènes ne semblent pas anodins, les nitrates provoquent des troubles multiples. Les légumes et les fruits sont trop souvent pleins de pesticides, pauvres en minéraux et en vitamines. Les surgelés ne sont pas toujours aussi constamment froids qu'il convient. L'irradiation des aliments, peste de la radioactivité, de contrôle difficile, n'a pas que des avantages. Enfin, les faux sucres sur lesquels les gourmands, les gros, les diabétiques et les victimes de caries comptaient pour leur bien-être se révèlent de simples alibis, parfois de bonnes escroqueries.

Bref, on se demande un peu s'il n'y a pas, outre le danger d'avoir trop à « bouffer », un danger tout simplement à manger!

Pire, le plaisir est considéré comme illicite. Notre civilisation vit intensément le plaisir oral comme une punition, car la maladie, punition du plaisir, est un leitmotiv qui habite au plus profond de nous-mêmes. La flagellation de l'alimentation a suivi celle du sexe : la syphilis fut la punition de Vénus, l'obésité est celle de l'embonpoint. Le SIDA ferait-il tourner la roue? La levée des interdits séculaires, religieux et sexuels, a laissé un vide rapidement comblé par les interdits alimentaires, tout aussi perfides et anxiogènes. Sous la houlette et le bâton de terroristes de la « scientificité alimentaire », tristes, austères, raides et secs, puritains et rigides, prétendus rigoureux mais sûrement sévères, qui nous oppriment au nom de notre bien. Il faut cesser de pourchasser l'onctueux qui est le socle du plaisir de la bonne chère; d'exiler le raffinement de l'huile, du sucre et du culturel.

Chez l'homme, la conduite alimentaire ne peut en effet être réduite à une recherche de nutriments. On retrouve chez Friedrich Nietzsche cette vérité : « Le protoplasme étend ses pseudopodes pour chercher qui lui résiste, poussé non par la faim, mais par la volonté de puissance. Là-dessus il tente de vaincre cet être, de se l'approprier, de se l'incorporer : ce que l'on appelle la nutrition n'est qu'un phénomène consécutif, une application de cette volonté originelle de devenir plus fort. » La fonction physiologique et le sens de la conduite alimentaire ne doivent pas être confondus. L'aliment n'est pas seulement une source de nutriments, mais un objet du monde extérieur que l'organisme cherche à s'approprier.

Ainsi, l'aliment reste imprégné du plaisir et de l'agressivité originelle. Dans la relation avec la mère, le plaisir de sucer est associé à celui d'incorporer un objet qui vient de la mère. Dans sa forme auto-érotique, le plaisir devient ainsi indépendant de l'acte nutritionnel. La bouche érotisée est source de satisfactions autres qu'alimentaires.

Mais la conduite alimentaire peut prendre un sens purement sexuel. La pathologie donne suffisamment d'exemples au cours desquels le corps est utilisé comme moyen d'incorporation et d'appropriation au service de buts sexuels : la faim n'est pas toujours, dans l'obésité, par exemple, la seule motivation de la conduite alimentaire. Quant à l'agressivité, elle trouve dans les morsures un moyen d'expression privilégié. L'enfant qui mord, ou l'adulte végétarien, expriment d'emblée dans leur conduite toute une partie de leur dynamique existentielle.

Chaque homme, chaque société ont donc leur type alimentaire. Entre ce que l'homme mange et ce qu'il est, il existe une relation dynamique qui puise au plus profond de ce qu'il désire être, et de ce que les aliments lui permettent d'être. Ces derniers revêtent donc un symbolisme à la fois personnel et collectif qui constitue une sorte d'écran à la perception de leurs propriétés nutritionnelles. Bien mieux, comme disait Ivan Tourgueniev : « Le génie de l'amour et le génie de la faim, ces deux frères jumeaux, sont les deux moteurs de tout ce qui vit. Tout ce qui vit se met en mouvement pour se nourrir, pour se reproduire. L'amour et la faim... Leur but est le même. Il faut que la vie ne cesse jamais; il faut qu'elle soutienne et qu'elle crée. »

Le symbolisme social et culturel

La conduite alimentaire n'engage pas seulement la personnalité individuelle avec ses besoins et ses motivations propres. La conduite alimentaire de l'homme, être social, ne peut être comprise que replacée dans sa dimension collective. Le repas n'est pas une jouissance solitaire. Dans toutes les civilisations, il occupe une place considérable, dans les rites, les coutumes et les habitudes de l'amitié, de l'hospitalité, à l'occasion des fêtes; le repas favorise la communion du groupe, il est prétexte au rassemblement. Il est d'ailleurs difficile de savoir si c'est le besoin de se nourrir ou celui de communiquer qui a présidé à la décision du groupe d'organiser un repas.

Le repas, moment privilégié pour se rassembler, permet aussi à l'organisateur, à l'hôte et aux commensaux de se surveiller les uns les autres. Cette notion, souvent perdue de vue, n'est pourtant pas négligeable. Pour certaines populations, le rassemblement pour le dîner, autour de la cheminée, a même été un frein considérable au progrès technique et social. Ceux qui avaient des idées trop avancées étaient « châtrés », ou bien le récalcitrant était exclu. Plus encore, les aliments acquièrent, au sein même du repas commun, une mystérieuse valeur symbolique. L'homme biologique et l'homme social sont donc très étroitement concernés par leurs aliments, les façons de les obtenir, de les préparer, de les apprêter et de les consommer. Ils ne sont pas seulement bons à manger, ils sont aussi « bons à penser ». L'extraordinaire dimension alimentaire des attitudes et des aspirations humaines est appréciée en mesurant la place tenue par certains aliments dans la symbolique religieuse, le rôle des règles de comportements alimentaires dans l'affirmation des personnalités culturelles, l'importance de la convivialité dans la vie sociale et, plus généralement, la signification des aliments comme critères des hiérarchies sociales.

L'exemple du peuple juif (et musulman) est significatif. Il possède une loi alimentaire très précise. La différence introduite entre juifs et non-juifs est marquée par une cassure entre les animaux dont il peut se nourrir, et les autres. La nourriture de Moïse est une coupure dans le vaste monde des animaux symbolisant la différence entre les Hébreux, peuple de Dieu, et les autres peuples. Mais le christianisme a donné à l'aliment une valeur symbolique beaucoup plus puissante, notamment par l'ingestion de l'hostie lors de la communion. Selon saint Jean, « En vérité, en vérité, je vous le dis, si vous ne mangez pas la chair du fils de l'homme et si vous ne buvez pas son sang, vous n'aurez pas la vie en vous. Celui qui mange ma chair et boit mon sang a la vie éternelle, et moi, je le ressusciterai au dernier jour. Car ma chair est vraie nourriture et mon sang vraie boisson. Celui qui mange ma chair et boit mon sang demeure en moi et moi en lui. »

Les sociétés elles-mêmes changent pourtant de rythme de vie, d'intérêt et d'idéologie. Le langage des aliments suit cette fluctuation et reflète la mouvance des idées. Le pain, autrefois symbole à la fois du travail, de la peine de l'homme et de la récompense qui le nourrit, a perdu cette valeur sacrée pour devenir synonyme d'aliment inutile, voire dangereux sur le plan esthétique.

Le repas familial gagné par le père, préparé par la mère, reste le lien essentiel où se matérialisent pour l'enfant ces images du père et de la mère sans lesquelles un être n'a pas de solidité intérieure; en leur absence une société cesse de bâtir une civilisation.

« Au nom d'une science parfois douteuse et fluctuante... il ne faut pas supprimer le long et prestigieux passé d'un artisanat qui créa nos fromages, nos vins, nos charcuteries... », professait Jean Trémolières. L'invention de la cuisine pourrait bien avoir été le facteur décisif qui fit passer l'homme d'une existence essentiellement animale à une existence vraiment humaine. Et l'on peut s'interroger sur l'importance et la signification de la maîtrise du feu, et de l'élaboration culinaire dans l'histoire des hommes.

Dès que le bipède Homo erectus, rendu sapiens par des siècles d'ingéniosité dans la recherche de sa nourriture préférée, sut se servir du feu sans crainte, il trouva meilleur de cuire ses aliments. D'autant qu'avec l'élargissement de sa pensée, ses possibilités digestives s'étaient modifiées en se restreignant. La mâchoire aussi avait perdu de son efficacité au profit de son cerveau. Il digérait mieux le cuit que le cru. En même temps, il administrait mieux ses provisions. Avec la civilisation organisée, apparut la notion de « cuisine », préparation raisonnée de denrées comestibles, selon un mode traditionnel propre à chaque groupe social ou ethnique. Cette tradition procédait à la fois des ressources locales tributaires du climat, du sol et de la faune, mais aussi des tabous religieux résultant de préoccupations de salubrité ou source de sauvegarde comme de cohésion de société. Plus les civilisations à travers le monde se raffinèrent, plus les échanges commerciaux et culturels se multiplièrent, plus l'alimentation se montra élaborée et variée. La civilisation a transformé en nécessaire ce qui n'était pas un besoin. La nourriture s'est transformée en un facteur social, parfois même en une identité.

Étant donné l'importance sociale accordée à la nourriture, il peut paraître pour le moins étrange d'apprendre que les membres de certaines tribus mangent seuls, se tournant le dos, rapidement, par peur d'être observés. Alors que les relations sexuelles avant le mariage sont un fait courant et accepté de leur vie sociale, il est interdit aux fiancés de manger ensemble tant que la cérémonie n'a pas eu lieu. Le tabou du repas pris en commun peut être plus fort que le tabou sexuel ! De même, lors de nos mariages, la coutume veut que tout le monde ait les yeux fixés sur les nouveaux époux au moment où ils partagent la première tranche du gâteau de mariage. Il s'agit sûrement de réminiscences du Moyen Age, et d'avant. On estimait alors que le moment où le couple mangeait ensemble était une partie fondamentale de la cérémonie.

Les goûts culinaires, comme ceux qui touchent à la musique, à la littérature ou aux arts visuels et plastiques, sont pour une bonne partie socialement déterminés. Les principales forces à l'œuvre sont les religions, les classes sociales et les nations. Le rapprochement entre la nourriture et le comportement humain a servi à renforcer les idées reçues sur des nations entières : certains ont cru déterminer un rapport entre la subtilité de penser ou le raffinement des manières des Français et la grande élaboration de leur cuisine. Ils ont trouvé une relation entre le flegme des Britanniques et le manque d'imagination de leurs repas. Ils ont associé l'impassibilité des Allemands aux quantités considérables d'aliments lourds qu'ils consomment; la versatilité des Italiens est due, pense-t-on, au volume de vin qu'ils ingurgitent... Même Jean-Jacques Rousseau, entre diverses inepties, a affirmé dans *la Nouvelle Héloïse :* « Je pense qu'on pourrait souvent trouver quelque indice du caractère des gens dans le choix des aliments qu'ils préfèrent. Les Italiens, qui sucent beaucoup d'herbages, sont efféminés, et vous autres Anglais, grands mangeurs de viande avez dans vos inflexibles vertus quelque chose de dur et qui tient de la barbarie. Le Suisse, naturellement froid, paisible et simple, mais violent et emporté dans sa colère, avec à la fois l'un et l'autre aliment et le goût du laitage, et du vin de Français, souple et changeant, vit de tous les mets et se plie à tous les caractères, comme quand la nourriture, comme le vin, monte à la tête! » Comme il affirmait, par ailleurs, que le lait est une substance douce, saine et bénéfique, donc végétale, on peut tempérer son ardeur d'avocat lyrique et zélé de la consubstantialité. La théorie végétarienne de Jean-Jacques Rousseau est en fait celle du renoncement et du mépris du corps, que partagent quelques diététiciens fanatiques de tous les hypo (hypocholestérol, hypolipide, hyposucre), voulant régimenter l'anorexie plutôt que de promouvoir une gastronomie légère, agréable et efficace. D'ailleurs, parmi les végétariens, tristement célèbres, citons Louis de Saint-Just et Adolf Hitler... Friedrich Nietzsche lui-même s'est interrogé : « Connaît-on les effets moraux des aliments? Existe-t-il une philosophie de la nutrition? Rien que l'agitation qui éclate sans cesse pour ou contre le végétarisme prouve assez que pareille philosophie n'existe pas. » Il déplore que l'étude de la diététique ne fasse pas partie des matières obligatoires dans toutes les écoles primaires et supérieures. Son vœu n'est toujours pas exaucé!

Mais, bien sûr, un anthropologue au fait des coutumes alimentaires des membres d'un groupe social en sait déjà beaucoup sur eux. Apprendre comment on se procure les aliments et qui les prépare, apporte une masse considérable d'informations sur le fonctionnement d'une société. Car, pour l'essentiel, l'évolution du comportement humain s'est faite par interactions entre les comportements alimentaires et les institutions culturelles, et parce que, en retour, le comportement influence l'anatomie, la physiologie, et jusqu'à l'évolution de l'organisme de l'homme. Le goût a profondément évolué depuis le Moyen Age. A chaque changement des pratiques culinaires correspond un renouvellement du goût alimentaire. Manger est indissociablement lié au comportement et à la biologie de l'espèce humaine, ainsi qu'aux procédés adaptatifs employés par les humains en fonction de leurs conditions d'existence sur leur écosystème. Peter Farb souligne que les caractéristiques culturelles, les institutions sociales, les histoires nationales et les attitudes individuelles ne peuvent être parfaitement comprises si elles ne sont pas reliées aux différentes coutumes alimentaires et à leurs particularités. La cuisine d'un peuple est le témoin le plus exact, sinon unique, de sa civilisation. Derrière le « manger », il y a ce que devient l'homme qui mange, le plus important.

Les goûts et le savoir-faire culinaire donnent, en effet, un reflet de la mentalité des individus. Dis-moi ce que tu manges, je te dirai qui tu es. En dépit du progrès, un peuple à la morale sévère se contentera toujours d'une morne pitance. On l'a vu avec le fameux brouet spartiate, et lorsque la théologie se mêla avidement de diététique au moment de la Contre-Réforme; avec les habitudes frugales des communautés mormones américaines d'aujourd'hui.

Si les particularismes régionaux, nationaux ou religieux portent principalement sur les recettes traditionnelles et les rites de festivités, ils sont aussi la conséquence d'une attirance générale de groupes de population pour certaines denrées de base ou certains aromates. Il y a les pays de froment, de seigle, de maïs, de pommes de terre, de pâtes, de riz, de vin, de bière, d'huile, de beurre, de laitage, d'ail, d'oignon, de porc... goûts qui sont liés à la production locale. Curieusement les frontières de ces préférences coïncident avec des frontières linguistiques dans les plus vastes ensembles.

En fait, comme le disait Grimod de la Reynière, il n'y a de géographie sans ennui que gourmande.

En histoire économique, l'économie de l'alimentation étudie les régimes alimentaires et calcule la consommation calorique. En histoire sociale, la cuisine et la table sont les indicateurs de niveau social, des conflits géographiques, économiques et culturels des espaces sociaux de convivialité ou de haine. Les Germains du Bas-Empire ont apporté un mot qui a donné en latin médiéval *companio* (celui qui partage le pain avec vous), le compagnon de la solidarité guerrière, mot clé du vocabulaire féodal. En histoire politique, l'alimentation collective risque de réserver peut-être de mauvaises surprises aux politiciens sinon aux sociologues, car l'homogénéisation sociale, culturelle et gastronomique conduit vers l'incolore, l'inodore et l'insipide international.

Après trente ans de guerre et d'occupation, nos coutumes alimentaires sont les seuls signes tangibles qui nous font exister comme peuple, disent les Vietnamiens. L'étude de la nourriture relève tout autant des sciences humaines, ethnologie, ethnographie, sociologie, médecine, histoire, que de l'analyse des milieux, géographie, climatologie, botanique, agronomie. Sans oublier que les besoins alimentaires sont le germe et la finalité de l'économie. Mais il faut y voir aussi une démarche de la philosophie et une forme élaborée de l'art lorsqu'on pénètre dans le domaine de la gastronomie, « l'art de faire bonne chère », spécifie le Littré.

A l'instar du politicien, de l'écrivain, du musicien et du plasticien, le cuisinier au XXᵉ siècle subit la loi de l'offre et de la demande, le suffrage universel, la liberté de la presse. Ajoutons à cette trinité démocratique et tutélaire, une alliée, bienfaisante et généreuse, trop discrète et insuffisamment efficace, la science... Les travaux d'une prodigieuse floraison de chimistes et de physiciens ont donné à la nourriture, non pas ses lettres de noblesse – elle les a déjà, authentiques et remontant aux origines de cette humanité qu'elle a pourvue sans jamais faillir –, mais ses titres de garantie : avec le XXᵉ siècle, apparaît la Science de la Nutrition.

Dans les sociétés occidentales, un phénomène nouveau se fait jour : le consommateur se trouve de plus en plus éloigné de la source des produits, du lieu de fabrication. Il ne sait plus comment ils sont faits, quelle est leur origine. Cette méconnaissance favorise l'émergence de peurs et de craintes qui expliqueraient l'apparition de deux phénomènes de société : le premier est le mouvement consumériste, regroupant toutes ces associations qui prétendent protéger les consommateurs et demandent avant tout une information détaillée et un contrôle sévère des produits consommables. Le deuxième est la recherche renouvelée de la « tradition », même s'il ne s'agit souvent que d'une tradition illusoire, ou récente, retour aux sources et nostalgie du temps jadis. La baguette paysanne, les confitures « Bonne Maman » et autres produits « grand-mères », sont un excellent exemple de ce néo-traditionalisme. Donc, dans nos sociétés occidentales, après la vogue de la modernité, au niveau des modèles sociaux déterminant les choix alimentaires et de consommation, on constate une recherche de la « tradition ». Dans ce domaine et seulement dans ce domaine, car dans d'autres cette recherche est jugée désuète, dangereuse ou plutôt iconoclaste. Ces traditions sont parfois entièrement inventées par d'habiles industriels, d'autres sont récentes, mais nous n'en sommes pas vraiment conscients. Qui, par exemple, peut imaginer la cuisine italienne en l'absence de la tomate ? Pourtant il s'agit d'une plante américaine, arrivée par conséquent récemment sur le continent européen. On pourrait en dire la même chose à propos du piment, de la pomme de terre. Dans le même esprit, et sans qu'il y ait « importation » de produits nouveaux, certaines denrées sont plus valorisées que d'autres à des moments différents. Ainsi, par exemple, la viande de bœuf, actuellement très prisée dans la société occidentale, était jadis considérée comme inférieure. On pourrait encore citer le beurre, le lard, la poule au pot.

L'évolution du comportement alimentaire repose donc d'une part sur la glorification des aliments traditionnels porteurs des symboles du passé; d'autre part, sur une diététique scientifique ou pseudo-scientifique. L'expérience est passionnante, et, souligne Marian Apfelbaum, inquiétante car, pour la première fois dans l'histoire, une civilisation abandonne consciemment son mode alimentaire. Les mots (les maux?) clés sont désormais sécurité-santé-saveurservice. Nos choix sont dictés par la qualité, mais aussi par le prix; selon le jour, l'un ou l'autre prime. La variété nous attire, les publicistes savent bien que nous sommes passés de mécanismes de fidélité par habitude à d'autres, de fidélité par attirance renouvelée.

Car maintenant que l'on croit être revenu de toutes les gourmandises, le grand plaisir de prétendus esthètes consiste à se remplir le ventre scientifiquement. Notre époque pléthorique, du moins pour certains, s'enorgueillit d'une nouvelle métaphysique alimentaire : la diététique mondaine. L'ingurgitation consciencieuse et besogneuse de régimes scientifiquement absurdes peut provoquer chez leurs adeptes des satisfactions plus psychologiques que gustatives... La hantise de la maladie chez ceux qui ont trop de bonnes choses à manger leur en fait mettre de moins en moins dans leur assiette. Bien entendu, il faut manger pour vivre mais il faut aussi préserver le plaisir de manger. Il y a les « repas de services » et les « repas festifs ».

L'homme de l'an 2000 se trouve dans une curieuse position : il connaît plus ou moins scientifiquement ses besoins et il connaît de mieux en mieux les dangers des excès ou des carences relatives. La science n'est pas loin d'être suffisante pour dire ce qu'il faut faire pour être en bonne santé et donc pour qu'il n'y ait plus qu'à s'y conformer. Mais la science ne donne pas les motivations profondes, sans lesquelles manger ne mène à rien. L'expérience de l'alimentation « scientifiquement rationalisée » fait dire que le jour où la science organisera le repas, le monde cessera de tourner car il aura perdu le désir de vivre. N'étant plus capable de contentement, il ne sera jamais satisfait. Les désirs inassouvis en nous se trouveront reportés non plus sur des biens primaires et évidents, mais vers la quête de plus en plus angoissée, car moins tangible, des richesses qui peuvent donner son sens à la vie, à sa fonction. Lesquels?

Brillat-Savarin s'en doutait déjà en 1825 :

« L'univers n'est rien que par la vie, et tout ce qui vit se nourrit. Les animaux se repaissent; l'homme mange; l'homme d'esprit seul sait manger. La destinée des nations dépend de la manière dont elles se nourrissent. Dis-moi ce que tu manges, je te dirai ce que tu es. Le Créateur, en obligeant l'homme à manger pour vivre, l'y invite par l'appétit, et l'en récompense par le plaisir. La gourmandise est un acte de notre jugement, par lequel nous accordons la préférence aux choses qui sont agréables au goût sur celles qui n'ont pas cette qualité... »

Et puisque tout Français est un gastronome qui ne s'ignore pas, souhaitons que cela dure...

III

La construction
la plus complexe de la création

Le cerveau : centrale électrique,
ordinateur, pompe hydraulique ou horloge ?

Parmi tout ce que la nature a différencié et l'homme élaboré, notre cerveau et ses mille quatre cents grammes constituent de loin la structure la plus complexe et la plus organisée. « Avec le cerveau de l'Homme apparaît un troisième infini, l'infini de complexité », affirmait Pierre Teilhard de Chardin en 1954. Même si, comme le pensait Jacques Monod, l'organisme est bien un flux de matière, d'énergie et d'information, même si nous connaissons assez bien les différentes régions associées à la vision, au langage, à la motricité, aux sens, le cerveau conserve quelque chose de mystérieux, qui tient à l'impossibilité de situer la pensée.

Les neurones en font le moyen de communication le plus efficace et le plus rapide entre les diverses cellules du corps. Il assure ainsi l'intégration des informations venues de l'extérieur ou du corps lui-même. Après sélection, traitement, interprétation, il adresse aux organes, de façon ordonnée et cohérente, les ordres nécessaires à leur fonctionnement. A quoi pourrait-on le comparer ?

Quoi qu'ils en disent, les scientifiques ont coutume de décrire les systèmes qu'ils étudient grâce à des analogies avec les connaissances du moment. Les conceptions, les interprétations, les explications sur les mécanismes de fonctionnement du cerveau ont donc été généralement le reflet de la vision de l'univers qui caractérisait leur époque. Au XVIIᵉ siècle, Descartes, probablement influencé par la conception millénaire de la localisation de l'esprit dans les ventricules, comparait le cerveau et les nerfs à un système hydraulique fait de canaux, de pompes et de pistons où passeraient les esprits vitaux qui fourniraient leur vigueur aux muscles et aux tissus. Au XVIIIᵉ siècle, le cerveau fut comparé à une horloge débordante de poulies, de roues dentées, sans doute par analogie avec la conception mécaniste que Newton proposait de l'univers. Au XIXᵉ siècle, alors que le rationalisme paraissait dominer la plupart des sciences, le fonctionnement du cerveau fut encore l'objet d'hypothèses souvent farfelues. Puis la découverte de l'électricité conduisit à comparer la fibre nerveuse à un fil électrique, le faisceau de fibres et le nerf à un câble et l'influx nerveux aux attractions et répulsions électriques. Luigi Galvani constata qu'une cuisse de grenouille se contractait quand elle était reliée à une pile. Il en déduisit qu'une électricité animale, ou bio-électricité, sécrétée par le cerveau, était à l'origine de la contraction musculaire. Le cerveau fut donc comparé à une machine électrique sophistiquée. Mais cette époque vit aussi fleurir les théories qui prétendaient s'appuyer sur les dérivés et les sous-produits de l'électricité : l'hypnotisme et le magnétisme. Puis, ce fut au tour du téléphone d'être érigé en modèle, lui qui convertit les paroles en flux électrique pour les transporter le long d'un fil et les retraduire plus loin. Cette nouvelle analogie parut d'ailleurs encore plus évidente lorsque, vers 1920, on découvrit que des électrodes placées sur le cuir chevelu enregistrent une incessante activité électrique.

De nos jours, c'est l'analogie électronique qui domine, elle fait couramment comparer le cerveau à une sorte de super-ordinateur. Mais il ne faut pas assimiler l'informatique à l'électronique, sous le mauvais prétexte, simpliste et réducteur, que la première suppose la seconde. Et si le cerveau fonctionne à l'électricité, de simples câblages n'ont pas d'esprit ni d'intelligence. Malebranche écrivait déjà au XVIIᵉ siècle : « Supposons le cerveau agrandi à la dimension d'une horloge, de manière à ce que nous puissions nous promener dans les rouages. Nous y verrions des roues qui s'entraînent les unes les autres. Nous n'y verrions rien qui nous explique la pensée se pensant elle-même, autrement dit la conscience. » Même les ordinateurs qui ont aujourd'hui le nom prétentieux de « réseaux neuronaux » ne sont que de pâles copies du cerveau. Car le système nerveux et l'ordinateur ont un mode de fonctionnement radicalement différent. Dans ce dernier, l'information est transmise entre les unités qui le composent par le mouvement d'électrons qui se déplacent à une vitesse proche de celle de la lumière. Elle est traitée séquentiellement à une cadence très rapide. Le cerveau au contraire est une machine chimique : des commutateurs ouvrent et ferment les circuits neuronaux où circule l'énergie chimique. Le traitement est donc beaucoup plus long, puisque l'influx se propage à une vitesse ridiculement faible comparée aux 300 000 km/s de la lumière. De plus, le fonctionnement de l'ordinateur est répétitif et déterminé à l'avance, alors que celui du cerveau peut se modifier de lui-même : la répétition des expériences change les performances. Quel programme informatique, quel logiciel pourrait prétendre représenter les arts, la culture, le génie, l'amour ou la haine? Car la force d'un ordinateur, c'est son logiciel. Pratiquement inexistant dans les machines de première génération, il représentait le cinquième de la valeur de ceux de la deuxième, et la moitié de ceux de la troisième. Grâce à cela, la machine fait aujourd'hui en une seconde ce qu'une vie humaine ferait difficilement. En 1865, Charles Delaunay publiait les lois de variation de la trajectoire de la lune, après vingt ans de travail, dont dix de calcul. Le même problème est désormais résolu en quelques minutes par la machine, pour calculer, modifier et prévoir la trajectoire des satellites artificiels. Mais cette puissance de calcul ne fait pas de l'ordinateur une machine qui pense. Il ne possède pas véritablement l'intelligence que Paul Valéry définissait comme « la capacité de trouver des solutions à des problèmes nouveaux » et qui ne consiste sûrement pas à agiter des neurones par des exercices stéréotypés. Il assiste l'homme, mais c'est ce dernier, seul, qui est intelligent. Gardons-nous donc des comparaisons entre l'homme et la machine, de cette nouvelle forme d'anthropomorphisme qui ne jure que par les « cerveaux électroniques », les « réseaux neuronaux » et « l'intelligence artificielle ». C'est glorifier la machine, c'est avilir l'homme, c'est également exorciser notre peur de la machine en feignant de la rendre plus humaine.

De la forme à l'esprit

Si malgré tout, on veut user, mais avec précautions, d'un modèle en guise d'artifice méthodologique et pédagogique, on peut dire que, comme un ordinateur, le système nerveux se divise en trois parties. La première reçoit les informations, les entrées, que l'on appelle afférences. La partie effectrice envoie les ordres, les sorties, que l'on nomme efférences. Entre elles, s'accomplissent le traitement de l'information et la connexion entre entrées et sorties. A cette division fonctionnelle correspond la répartition anatomique du système nerveux central, concentré à l'intérieur du crâne et de la colonne vertébrale, qui le protègent, et du système nerveux périphérique, essentiellement formé par les nerfs, qui irradie vers tous les points de l'organisme, qui assure l'acheminement des informations vers le système nerveux central et, en retour, celui des ordres vers les effecteurs.

Les entrées proviennent de l'extérieur et correspondent à la sensibilité superficielle (ou extéroceptive), ou de l'intérieur du corps. Elles composent alors la sensibilité profonde (ou proprioceptive) lorsqu'elles ont pour origine les muscles, les tendons ou les articulations, et la sensibilité viscérale (ou intéroceptive). Bien évidemment, les sensations olfactives, gustatives, oculaires ou auditives, ainsi que celles qui concernent l'équilibre sont les plus variées, les plus riches et les plus influentes. Les stimulus s'appliquent directement sur les terminaisons nerveuses et les cellules neurosensorielles, ou par l'intermédiaire des cellules épithéliales spécialisées, les cellules sensorielles.

Les sorties correspondent aux ordres donnés aux muscles qui permettent de se mouvoir ou à ceux des parois viscérales ou vasculaires. Mais outre le système nerveux, l'organisme comporte également un autre réseau de transmission de l'information : celui des glandes dites endocrines qui sécrètent des hormones dans le sang. Tous les organes reçoivent ainsi des messages grâce à des cellules sensibles envers des hormones bien déterminées.

Les hémisphères du cerveau constituent donc les centres où s'élaborent les grandes fonctions motrices, sensitives et associatives. Ils sont partiellement libérés des fonctions de régulation viscérale qui dépendent du tronc cérébral et de la moelle.

Poids et performances : méditations anatomiques, contemplation de l'âme

La forme du cerveau varie avec le type crânien : c'est un ovoïde allongé chez les dolichocéphales, rond chez les brachycéphales. On a souvent utilisé la circonférence de la tête comme mesure de la taille du cerveau. Il existe en effet une association étroite entre cette circonférence et le contenu en ADN du cerveau humain dans la première année de la vie. Or, l'ADN, qui porte le matériel héréditaire, détermine le nombre de cellules. Cette mesure fait d'ailleurs partie de l'évaluation de l'état nutritionnel de l'enfant. Toutefois, le degré d'intelligence ne dépend pas de la taille du cerveau. Il suffit de rappeler que celui de l'homme de Cro-Magnon était presque aussi gros que le nôtre...

Les mammifères, compte tenu de la masse de leur corps, sont de tous les vertébrés ceux dont le cerveau est le plus volumineux et le plus lourd, mais les différences sont grandes entre les espèces. En fait, à la mesure du poids brut du cerveau, on préfère des quotients comme celui du poids cérébral sur celui du corps. On n'a pas manqué d'observer, en anatomie comparée, que si l'on évalue le cerveau du macaque et celui de l'éléphant, il faut distinguer les structures qui commandent la masse du corps et les autres. Ce sont les premières qui augmentent avec le poids de l'organisme. Mais ce sont les secondes qui sont corrélées avec l'intelligence. Le cerveau du rorqual bleu, sorte de baleine qui n'a pas la réputation d'être idiote, représente ainsi un dix-millième du poids total du « corps », mais ce ratio passe à un six-centième chez l'éléphant, beaucoup moins intelligent. L'homme, à cet égard, est même battu par le furet et le ouistiti, chez lesquels le poids cérébral atteint le douzième du poids corporel.

Le cerveau des hommes fossiles avait probablement un poids intermédiaire entre celui des singes anthropoïdes et celui de l'homme actuel, si on en juge par la capacité de leur boîte crânienne. Le Pithécanthrope de Java, et le Sinanthrope de Pékin, avaient un crâne simiesque plus volumineux que celui des singes, qui contenait un cerveau de neuf cent cinquante grammes en moyenne. L'homme de Néandertal, par contre, avait un cerveau de mille cinq cents grammes, donc plus lourd que le nôtre actuellement! Pour quoi faire?

L'étude du rapport entre le poids cérébral et l'intelligence a connu une grande vogue en paléontologie humaine : quel poids minimal un cerveau doit-il atteindre pour que son porteur puisse appartenir à l'espèce humaine, même fossile ? Après en avoir longuement bataillé, discuté et débattu, il semble qu'on ait renoncé à fixer un seuil pondéral, d'autant plus que les pièces effectivement découvertes sont trop peu nombreuses pour permettre un calcul statistique valable. Depuis la découverte de l'australopithèque, on a adopté un tout autre critère d'inclusion que le poids ou le volume : un crâne appartient à l'humanité, même si la capacité crânienne paraît faible, pourvu qu'il ait été trouvé avec des outils.

En fait, toutes les civilisations, toutes les religions ont considéré que la quintessence de l'hominisation est le langage. Ironique et sarcastique, Denis Diderot a immortalisé, dans ses œuvres philosophiques, le précepte « si loqueris, te baptiso » que l'on peut proposer à un singe, pourvu qu'il soit assez grand, manifestement bipède, pas trop velu, au postérieur discret et monochrome et, bien sûr, à l'œil vif.

A vrai dire, l'hypothèse d'une relation simple entre la masse du cerveau et le niveau des performances est tout à fait rudimentaire et simpliste, pour au moins deux raisons. D'une part, la matière cérébrale est extraordinairement hétérogène, alors que l'idée de considérer son poids comme un index valable de son fonctionnement suppose, au contraire, son homogénéité. Il est légitime de calculer le poids total des muscles, du foie, du poumon, ou du tissu adipeux, car leur organisation histologique est simple et partout la même. Mais c'est tout le contraire pour le système nerveux central. D'autre part, ce que nous savons de son fonctionnement, aussi bien du point de vue électrique que du point de vue neurochimique, montre l'importance majeure du nombre de connexions synaptiques d'un neurone avec tous les autres. Or, la relation entre la masse membranaire et le nombre de synapses n'est pas directe.

Notre histoire biologique couvre seulement quelques millions d'années; elle est très brève, comparée à l'évolution animale : insectes, poissons, animaux ont des centaines de millions d'années. Mais notre histoire culturelle, qui naquit avec l'homme préhistorique, est plus brève encore. Il y a moins d'un million d'années que le premier outil fut fabriqué. En fait, comme le souligne Robert

Clarke, l'évolution culturelle a depuis longtemps pris le pas sur l'évolution biologique. Depuis Cro-Magnon, notre cerveau n'a physiquement pas changé, mais les civilisations par milliers l'ont façonné, comme il les a créées.

Pour des durées de gestation respectives de deux cent vingt-quatre et deux cent soixante-dix jours, donc très voisines, le poids cérébral atteint 70 % de sa valeur adulte au cours de la première année chez le chimpanzé, alors qu'il faut attendre trois ans pour obtenir le même résultat chez l'homme. L'accroissement du poids cérébral se poursuit chez l'homme très longtemps après la naissance. L'alimentation de la mère enceinte, mais aussi celle de nouveau-né sont très importantes.

Ses structures se mettent en place selon une chronologie extrêmement précise, génétiquement programmée. C'est pourquoi apporter certains nutriments trop tôt est inutile et les fournir trop tard ne permet pas de rattraper le temps perdu. C'est au milieu de la troisième semaine du développement de l'œuf fécondé qu'apparaît la première ébauche du système nerveux. En quelques mois, plusieurs dizaines de milliards de cellules sont créées. A certains moments, leur rythme de production atteint même jusqu'à deux cent cinquante mille cellules par minute! Seize semaines après la fécondation, les divisions des neurones s'arrêtent, de sorte que bien avant la naissance le nombre maximal et définitif de neurones du cortex cérébral est atteint. L'homme naît donc avec un cerveau dont le nombre de neurones ne fera ensuite que diminuer.

A la naissance, le cerveau pèse environ trois cents grammes, et à un an environ huit cents grammes. En fait, il double de poids en six mois, alors que la taille de l'enfant n'atteint le double de sa valeur à la naissance, c'est-à-dire un mètre, qu'à l'âge de quatre ans. Durant les premiers mois de la vie, le poids du nourrisson augmente d'environ vingt-cinq grammes par jour. Le poids du cerveau est majoré, lui, de deux grammes par jour. L'accroissement du poids du cerveau est très rapide jusqu'à deux ans; il progresse ensuite plus lentement jusqu'à vingt ans. Il reste stationnaire jusqu'à soixante-cinq ans et baisse ensuite progressivement, principalement par perte d'eau, comme c'est le cas pour tous les organes. A quatre-vingt-dix ans, il a perdu au moins cent grammes.

Le cerveau du bébé humain se construit lentement. Il dispose donc, par là même, de plus de temps pour apprendre, pour s'ouvrir au monde.

Le poids du cerveau est variable. Son étude a donné lieu à des discussions anatomiques, anthropologiques, ethnologiques, juridiques et même philosophiques. Le poids moyen statistique de différents groupes humains varie au plus de 10 %, non seulement parmi des races différentes, mais aussi parmi des sujets d'une même race. Le poids moyen du cerveau humain est de mille trois cent soixante-dix grammes. Les variations peuvent cependant atteindre cinq cents grammes. On parle de macrocéphalie au-dessus de mille sept cents grammes et de microcéphalie au-dessous de onze cents grammes. L'hémisphère gauche serait plus lourd que le droit de quelques grammes. L'idée selon laquelle l'intelligence est proportionnelle au poids du cerveau repose sur une extrapolation abusive : les cerveaux des débiles d'asiles pèseraient en moyenne mille deux cents grammes, tandis que les cerveaux d'hommes célèbres seraient au contraire plus lourds que la moyenne! Si on s'en tenait à leur poids de cerveau, certains hommes célèbres auraient dû être idiots, d'autres ne se sont montrés que trop modestement géniaux! Oliver Cromwell et George Byron : deux mille deux cents grammes. Ivan Sergueïevitch Tourgueniev : deux mille douze grammes. Otto Bismarck : mille neuf cents grammes. Georges Cuvier : mille huit cent trente grammes. Alighieri Dante : mille quatre cent vingt grammes. Emmanuel Kant : mille six cents grammes. Le duc de Morny (ministre et demi-frère de Napoléon III) : mille cinq cent vingt grammes. Albert Einstein : mille quatre cents grammes seulement. Le cerveau de Pierre-Paul Broca lui-même pesait mille quatre cent quatre-vingt-cinq grammes. Pourtant le cerveau de Léon Gambetta ne pesait que mille deux cent quatre-vingt-quatorze grammes, et celui d'Anatole France, paraît-il, trois mille cent grammes.

L'augmentation du poids du cerveau serait de cinquante grammes par vingt centimètres de taille, d'après Broca. Mais cet accroissement n'est pas automatique. Des géants peuvent être microcéphales et les nains sont parfois macrocéphales. Le poids moyen du cerveau de la femme est inférieur à celui de l'homme de cinquante grammes en moyenne. Cette différence a donné lieu à des discussions, des interprétations, des préceptes dont certains étaient pour le moins tendancieux. Elle n'est pas uniquement due à la taille plus faible des femmes. En effet, les hommes adultes ont en moyenne huit grammes trois dixièmes d'encéphale par centimètre de stature, alors que les femmes n'en ont que huit grammes, soit un léger bonus en faveur des hommes, de quarante-cinq grammes en moyenne pour une taille de un mètre soixante-cinq. Ce dimorphisme sexuel, qui se retrouve dans les mesures de capacité crânienne, existe aussi chez les primates anthropoïdes. Il est plus marqué chez le gorille. L'homme se situe, à cet égard, entre le chimpanzé et l'orang-outan. Les brachycéphales ont un cerveau plus lourd que les dolichocéphales. La brachycéphalie paraît d'ailleurs d'apparition secondaire, en effet les crânes fossiles sont généralement dolichocéphales. Certains esprits obtus n'ont donc pas manqué de professer que les brachycéphales étaient plus évolués, plus humains que les autres...

Le cerveau « sapiens » a-t-il donc un sexe? Certains ont cru déterminer que le cerveau féminin était de gauche, parce que plus verbal, et le cerveau masculin de droite, parce que plus apte à évaluer l'espace. La femme primitive, immobilisée près des cavernes pendant que l'homme partait pour la chasse, a eu le temps d'affiner ses systèmes de communication avec ses enfants. La sélection naturelle aurait donc doté le patrimoine féminin de l'habileté verbale. Les temps ont changé et la pureté de ce patrimoine « sexualisé » s'est quelque peu altérée au cours des siècles récents. Les hommes, chassant dans les grands espaces, auraient été obligés de scruter l'horizon, de détecter l'origine d'un bruit et de lancer leurs armes avec précision. Les plus doués auraient survécu et transmis leurs dons à leurs fils, ce qui aurait laissé subsister des individus mâles à hémisphère droit particulièrement développé. Hors de toute explication à caractère idéologique ou sexiste, comment expliquer, et peut-être comprendre, pourquoi seule l'humanité masculine a produit des ingénieurs du son et des compositeurs de musique? Le cerveau n'est pas complètement affranchi des chromosomes, fussent-ils sexuels.

L'aspect extérieur, l'anatomie, révèle déjà les particularités de chaque région cérébrale. Bien mieux, « l'anatomie n'est pas seulement la servante de la médecine, elle doit amener à la contemplation de l'âme ». Celui qui disait cela était-il un précurseur de ceux qui ont proposé que l'homme soit neuronal, avec une âme qui fonctionne à l'électricité! Était-il athée, agnostique? Non, il s'agit de Nicolas Stenon, béatifié en 1989 à Saint-Pierre de Rome. Celui-là même qui a découvert le fameux canal qui porte son nom, et que toutes les mères de famille connaissent, car son inflammation sur la gencive signe la rougeole. Il a aussi révélé l'existence de vaisseaux lacrymaux : il a été le premier à soutenir que les larmes n'étaient pas produites par... la contraction du cerveau sous l'effet de la douleur! Pour Nicolas Stenon, la science qui passe par l'anatomie, et qui alla pour lui jusqu'à la cristallographie, était la voie royale en direction de l'absolu, il n'a jamais vu de contradiction entre les sciences et la foi, bien au contraire!

Les deux hémisphères cérébraux sont spécialisés dans un style différent de connaissances. Chez les droitiers, les plus nombreux, l'hémisphère gauche travaille sur un mode logique et analytique pour lequel les mots sont un outil précieux. Cet hémisphère contient d'ailleurs les zones du langage. L'hémisphère droit fonctionne sur un mode global, comportemental, particulièrement efficace dans les relations spatiales et musicales. L'hémisphère droit utiliserait donc un mode non verbal de représentation, images visuelles, tactiles ou auditives, perception des mouvements; il procéderait par des associations non linéaires. Il résout les problèmes par convergence de facteurs multiples, non par chaîne causale. Il travaille globalement, et s'intéresse peu au détail. Il envisage les concepts dans leur ensemble, non analytiquement. Il n'utilise pas les mots pour construire des propositions, alors que l'hémisphère gauche est celui du langage, des mathématiques, de l'analyse. C'est l'hémisphère cartésien, pourrait-on dire, le droit étant alors l'hémisphère mystique. Henri Laborit affirme que ce dernier serait celui du volume, l'autre celui du plan.

Parallèlement au développement asymétrique du cerveau humain, l'interaction entre les deux hémisphères cérébraux est devenue, au cours de l'évolution, de plus en plus complexe. En effet, chez l'homme, on trouve deux cents millions de connexions interhémisphériques, soit six à sept fois plus que chez les singes supérieurs. Le rôle de ces liaisons serait, entre autres, de conserver les deux hémisphères en parfait synchronisme. Ceci est prouvé au niveau du langage et de la perception. Les rôles de chaque hémisphère étant différenciés, ces connexions ont pour but de distribuer les informations aux deux hémisphères, de les faire travailler de concert, en bonne harmonie. Cette coopération est restreinte de manière surprenante chez le dauphin qui ne dort que d'un hémisphère à la fois. S'il dormait des deux, il se noierait, oubliant de respirer : il lui faut donc un minimum d'activité en permanence.

Comme les autres organes, le cerveau possède des fonctions et des possibilités proportionnelles à ses dimensions : il ne faut pas oublier qu'il n'est pas seulement un organe d'intelligence, mais qu'il a aussi des fonctions motrices, sensitives, sensorielles. Certaines régions du cerveau sont développées proportionnellement à l'importance de la musculature et de la surface cutanée. Les messages issus de la langue occupent une place importante, ceux de l'œil nécessitent un volume très grand, une bonne partie du lobe occipital. Ce n'est donc pas la masse totale du cerveau qui reflète les capacités intellectuelles, mais l'importance que prennent certaines régions par rapport à d'autres. Une des particularités du cerveau de l'homme tient à l'importance prise par le lobe frontal (40 % du cerveau) et par le lobe temporal. Des troubles psychiques tels que le changement de la personnalité, la perte de l'initiative, ou les déficiences de la mémoire ont effectivement pour cause des lésions des lobes frontaux. Cette région met en pratique le principe fondamental de la vie, qui est d'agir, et non pas seulement de vouloir, pour éviter la sédentarité de l'esprit. La destruction, même partielle, du lobe frontal prive ainsi l'homme de liberté. Il devient dépendant de stimulus sensoriels venus du monde extérieur; il adhère, au sens propre, à l'environnement, ses conduites inattentives manquent de souplesse, le malade a perdu le sens critique. Il est incapable de suivre la logique d'un discours, de comprendre un tableau, de construire un repas. La grandeur, et par contrecoup, la possible décadence du lobe frontal, sont-elles la justification du pessimisme d'Edgar Morin à l'égard de l'Homo sapiens Demens?

Mais en fait, l'intelligence est une fonction du cerveau dans son ensemble. La substance grise, particulièrement celle de l'écorce cérébrale, assure les fonctions associatives : la coordination des mouvements (appelée la praxie) la perception de la connaissance (dénommée la gnosie). La mémoire, le langage, l'écriture, la faculté de prévoir, sont donc les particularités principales du cerveau de l'homme, plus que l'augmentation de sa masse totale.

L'écorce cérébrale est son enveloppe extérieure, son manteau. Ne l'appelait-on pas autrefois Palium? Chez l'homme, elle est très plissée et présente un grand nombre de sillons et de circonvolutions. Situé en haut de l'échelle de l'évolution, permettant l'élaboration des fonctions dites supérieures, le cerveau qui pense et qui agit est constitué essentiellement par l'écorce cérébrale ou néocortex. Il est l'organe des sensibilités, profondes, superficielles, intérieures, extérieures, le toucher, la vue, l'audition, qui nous informent sur notre environnement. Il enregistre et conserve les apprentissages dans ses milliards de neurones interconnectés. Il joue un rôle déterminant dans la connaissance, la symbolisation, la création, le libre arbitre, la personnalité. Et c'est sur lui que repose la diversification infinie des comportements humains, résume fort justement Guy Lazorthes. L'écorce cérébrale est l'organe de la culture et de la civilisation. Et la richesse des connexions interneuronales est développée par l'apprentissage, l'expérience, l'instruction.

Le développement énorme de l'écorce cérébrale du cerveau humain a pour conséquence l'apparition et l'approfondissement de nombreux sillons secondaires. Il y a plus de cortex dans le fond des sillons que sur la surface des circonvolutions. Contrairement aux cerveaux des primates inférieurs, la disposition des sillons est différente pour chaque être humain.

Les numérations de neurones effectuées dans le cortex de souris, rat, chat, porc et homme, donnent des résultats presque identiques par unité de surface, à l'exception de l'aire visuelle qui, chez les primates et chez l'homme, est deux à trois fois plus importante. Les résultats de la microscopie quantitative s'accordent avec ceux de l'anatomie comparée : l'évolution du cortex, chez les mammifères, porte avant tout sur sa surface. Celle-ci est pour les deux tiers enfouie dans les scissures et les sillons. Étalée, elle correspond à une surface d'environ deux mille cinq cents centimètres carrés! Il va de soi que cet accroissement de surface s'accompagne d'une augmentation du nombre total de neurones. Les résultats donnent environ cent cinquante mille neurones par millimètre carré de surface corticale, pour toutes les espèces de mammifères. Le cortex cérébral humain contient donc au moins trente milliards de neurones, certains auteurs proposent même le chiffre de cent milliards! La surface du cortex du chimpanzé est de quatre cent quatre-vingt-dix cm², celle du gorille de cinq cent quarante cm²; les nombres totaux de leurs neurones corticaux seront donc de sept et huit milliards respectivement. Quant au rat, avec ses quatre à cinq cm² de surface corticale, il n'aura que soixante-cinq millions de neurones dans le cortex. L'épaisseur moyenne de l'écorce est au sommet d'une circonvolution de deux millimètres et demi, et au fond d'un sillon de un millimètre et demi. L'épaisseur maximale de l'écorce est dans la région frontale de quatre millimètres et demi. Il s'agit donc d'une mince, mais ô combien précieuse, pellicule.

La comparaison du nombre de neurones permet de conclure que, dans le cerveau humain par rapport à celui du singe, les neurones sont passés de trente et une multiplications cellulaires (les mitoses), à trente-trois. On peut supposer que la mutation génétique, chromosomique, qui a contribué à la naissance de l'espèce Homo, a permis au nouveau cerveau d'effectuer deux mitoses neuronales supplémentaires. Dès lors, on estime que les changements évolutifs du cerveau de l'Homo habilis jusqu'à l'Homo sapiens se sont opérés grâce à une nouvelle ordonnance du matériel génétique dans les chromosomes humains... et grâce à la bipédie et la station verticale, qui seraient à l'origine de la prématurité constitutionnelle du nouveau-né humain. Selon Stephen Jay Gould, si l'on tient compte des critères de maturation, le petit de l'homme devrait naître au bout de vingt et un mois de vie intra-utérine pour être égal aux autres primates. En raison de la position verticale, la pression plus forte de la tête engagée dans le bassin détermine l'expulsion du fœtus avant sa maturité et permet l'augmentation du volume du cerveau hors de l'utérus maternel, considérable pendant la première année puisqu'il triple, ainsi que je l'ai déjà mentionné.

On a découvert récemment des gènes qui déterminent la taille, la forme, le volume d'un organe, chez la mouche, il est vrai. Des gènes architectes! On est donc loin de l'homme, mais rien n'interdit de penser que certaines de ses structures nerveuses ne soient déterminées par des gènes. Chez tous les vertébrés le patron général est similaire, les différences de taille du cerveau, de certaines de ses parties, pourraient être apparues, ou avoir pris de l'amplitude, grâce à un gène. Supposons un instant que l'on découvre ce gène, qu'il soit isolé, que les chercheurs soient capables d'en contrôler l'expression, de l'implanter dans un ovule fécondé de singe ou de souris, comme on sait maintenant le faire pour de nombreux gènes! L'invasion des souris à cortex d'homme, quelle fiction! Il y a là matière à réflexion pour les comités d'éthiques. Ce type d'expérimentation serait-il moins inacceptable que d'empêcher certains gènes de s'exprimer pour produire, à l'extrême, des humains anencéphales (des humains?) qui pourraient servir de banques d'organes ou de tissus... La personne humaine mérite une définition précise, pour que son respect soit intangible et indiscutable, faut-il la définir par rapport au cerveau? En tout état de cause, mettre un singe dans un environnement humain – l'essai a été tenté de nombreuses fois – ne « l'homminisera » pas, il lui manque quelques gènes. En revanche, cela perturbe, pour le moins, les petits humains que l'on voudrait faire passer pour ses frères et sœurs. Autrement, pourrait-on espérer greffer des neurones humains à d'autres espèces? C'est une illusion, dit Alain Privat, même si d'extraordinaires expériences de Costantino Sotelo ont permis à des souris, malades par manque héréditaire d'un type cellulaire du cervelet, de guérir partiellement par greffe de cellules de leurs congénères normales. On a bien tenté, entreprise scientifiquement contestable mais médiatiquement prospère, de greffer des cellules à des parkinsoniens. L'échec était prévu, puisque les mêmes causes qui tuaient les cellules du malade ne pouvaient que détruire celles qu'on lui greffait.

Un autre néologisme? Après la « diététhique », la « généthique »!

La géographie du cerveau

Entre le cerveau reptilien, le plus ancien, qui règle les conduites sexuelles et alimentaires, et le cortex qui sublime, on trouve l'hypothalamus, le cerveau du milieu intérieur, situé sous le thalamus, comme son nom l'indique. Il a la forme d'un entonnoir, à peine plus gros qu'un pois, situé à la base du cerveau, dont l'étroitesse n'a d'égal que l'encombrement des fonctions qui s'y entassent et des physiologistes qui s'y bousculent, ironise Jean-Didier Vincent. L'hypothalamus est constitué par un ensemble de noyaux, et joue un rôle neuro-endocrinien capital : il est le centre régulateur de fonctions métaboliques et instinctives fondamentales. Il intervient dans la libération des hormones hypophysaires, régit le comportement alimentaire, la faim et la soif, le sommeil et l'éveil, la température corporelle. Il maintient aussi à valeur normale et adaptée les diverses constantes et contraintes physiologiques de l'organisme, état que l'on appelle l'homéostasie. Il contrôle, en outre, bien d'autres fonctions de l'organisme. Il est directement sensible aux modifications du milieu intérieur, pression, volume, température, composition chimique, grâce à la présence de récepteurs spécifiques. L'hypothalamus, véritable chef d'orchestre, a également la possibilité d'agir sur l'organisme, grâce au système endocrinien et au système nerveux végétatif (ortho- et parasympathique) dont il contrôle le fonctionnement. Plus on s'élève dans l'échelle animale, plus on constate une diminution du nombre des noyaux de l'hypothalamus. Cette réduction est compensée par une différenciation, une spécialisation plus poussée des cellules.

Au cours d'une vie, un homme mange quelque cinquante tonnes de nourriture. En comparaison, une variation de poids de cinq à dix kilogrammes est bien peu. En réalité, le poids du corps est maintenu autour d'un niveau prédéterminé, autour d'un point d'équilibre que contrôlent différentes structures cérébrales. L'hypothalamus contrôle la faim, la soif, et les niveaux métaboliques pour faire monter ou descendre les dépenses caloriques; le seul calcul des calories ne suffit donc pas pour prévoir une augmentation ou une perte de poids. Quelques milliers de neurones, en un point précis de l'hypothalamus, décident en définitive de l'équilibre énergétique de l'homme et de la perpétuation de l'espèce. Les comportements les plus fondamentaux de la vie de l'homme ne dépendent que de 1 % du volume total du cerveau.

Des expériences de stimulations ou de lésions de certaines régions cérébrales ont permis d'attribuer un rôle intégrateur à l'hypothalamus dans la régulation de la prise alimentaire. Les noyaux ventromédians de l'hypothalamus sont les centres responsables de la satiété. Que se passe-t-il lors de leur destruction pathologique, chirurgicale ou par administration d'aurothioglucose, un produit chimique sélectif qui va se fixer sur cette région du cerveau et provoque une destruction locale du tissu? La perception de toute sensation de satiété est empêchée et l'individu ne cesse de manger, il est atteint d'hyperphagie, ce qui conduit à l'obésité, « l'obésité hypothalamique ». Dans l'hypothalamus latéral, au contraire, il existe un centre de facilitation de la prise alimentaire. Les lésions de ce centre entraînent une hypophagie chronique et l'amaigrissement de l'animal. Des explorations électrophysiologiques ont montré que ces deux centres intègrent les informations en provenance de nombreuses régions cérébrales impliquées dans les réflexes visuels, auditifs, olfactifs, tactiles, gustatifs et intéroceptifs, tous associés à la prise alimentaire. Les centres de la satiété inhibent l'activité de ceux de la faim, si l'on en juge par les obésités provoquées par la section chirurgicale des communications entre les deux catégories de centres, tout en ménageant leur fonctionnement individuel.

Brillat-Savarin disait que « le Créateur, en obligeant l'homme à manger pour vivre, l'y invite par appétit, et l'en récompense par le plaisir ». Quel est le rôle de l'hypothalamus?

Une localisation des fonctions, et non de l'esprit

Le cerveau n'est pas organisé comme les autres organes. En effet le foie, le rein, le poumon, le muscle sont faits de la juxtaposition d'unités identiques ayant la même organisation et la même fonction. Ces unités sont appelées : lobule hépatique, lobule rénal, lobule pulmonaire, fibre musculaire. Le cerveau, au contraire, est un organe hétérogène composé de pièces qui ne sont équivalentes ni par leur structure, ni par leur activité. Le cortex cérébral est fait de l'assemblage d'unités anatomiques et fonctionnelles différentes. La spécialisation de plus en plus grande des différentes régions de l'écorce est le phénomène essentiel constaté au fur et à mesure que l'on s'élève dans l'échelle animale. Un coin de cerveau réfléchit, un autre agit, le plus dur est de les faire travailler de concert. Johann von Goethe ne disait-il pas que « penser est facile, agir est facile, agir selon sa pensée est ce qu'il y a de plus difficile au monde ».

Les mécanismes impliqués dans le fonctionnement du cerveau qui pense sont pratiquement inconnus. Pour les entrevoir, une révolution est attendue en neurobiologie. Un bouleversement bien plus profond que ceux qui se sont produits auparavant, pour notre conception de l'Univers avec Nicolas Copernic, Galilée et Isaac Newton; pour les relations de l'homme avec le monde des organismes vivants avec Charles Darwin; pour les relations du temps et de l'espace avec Albert Einstein ; pour la génétique avec François Jacob, Jacques Monod, James Watson et Francis Crick. Mais le champ de recherche est infini, il est sûrement beaucoup plus difficile à résoudre, que ne l'étaient pour les physiciens des siècles précédents la phlogistique, le fluide calorique et quelques autres esprits malins.

L'effort localisateur a conduit parfois à des excès : on a tenté de faire correspondre à chacune des subdivisions architecturales corticales une fonction définie, et, réciproquement, à chaque fonction une localisation. Au début du XIX⁰ siècle, Franz Josef Gall émit une théorie selon laquelle les facultés morales et intellectuelles de l'homme peuvent être reconnues par l'étude des saillies et dépressions de son crâne qui sont le reflet de celles du cortex sous-jacent. Ses contemporains crurent qu'il prétendait que l'homme aurait plusieurs âmes. Scandaleux ! Il lui fut donc interdit d'enseigner à Vienne. C'est pourquoi il vint à Paris. Sa doctrine, déformée par ses élèves en une pseudoscience appelée « phrénologie », tomba en discrédit. Elle eut toutefois le mérite d'attirer l'attention sur les fonctions de l'écorce cérébrale. Les travaux sur les localisations corticales débutèrent en fait avec la célèbre communication de Pierre-Paul Broca en 1891 sur le rôle d'une région de la troisième circonvolution frontale dans l'aphasie. « Du moment qu'il sera démontré sans réplique, dit Pierre-Paul Broca, qu'une faculté intellectuelle réside dans un point déterminé des hémisphères, la doctrine de l'unité du centre nerveux intellectuel sera renversée et il sera hautement probable, sinon tout à fait certain, que chaque circonvolution est affectée à des fonctions particulières. » Cette première corrélation anatomo-clinique entre une faculté et un territoire cérébral concernait la plus haute fonction observable chez l'homme, sa spécificité : le langage. Cela ne pouvait que marquer les esprits et infléchir l'évolution des théories.

Une théorie localisatrice exagérée a donc proposé une systématisation des fonctions psychiques, morales, émotionnelles, elle a imaginé que nos sentiments, nos passions pourraient être localisés dans une structure définie. La propension à l'amour, à la haine, à la gourmandise, le jugement, l'initiative, la boulimie, les tendances sociales, les dispositions scientifiques, littéraires et artistiques, auraient pu se situer dans tel ou tel recoin obscur et rond-de-cuir de l'encéphale ! En fait, il est certain que les grandes fonctions neurologiques, motricités volontaire et automatique, sensibilités élémentaire et complexe, correspondent incontestablement à des aires corticales particulières spécialisées. Mais les fonctions psychiques, qui nécessitent la participation de tout le cerveau, ne sauraient être localisées avec la même précision obstinée. La pensée est diffuse, elle déborde le substrat matériel. Henri Bergson et François Lhermitte l'ont démontré au nom de la philosophie et de la médecine, la psychochirurgie l'a prouvé. Cependant, aujourd'hui, par une voie différente, on revient parfois à une conception localisatrice. Le stockage des souvenirs se fait-il peut-être en des régions corticales déterminées? Certaines zones correspondent à l'expression verbale, numérique, à la connaissance spatiale...

Le partage qui consisterait à mettre le cerveau support du comportement d'un côté, les hormones et glandes de l'autre, n'est pas acceptable. Lorsqu'on pénètre le détail des réactions biochimiques, on s'aperçoit que ce sont souvent les mêmes substances qui interviennent dans les mécanismes de la réponse comportementale et dans ceux de la réponse métabolique. La substance agit tantôt dans le sang sous la forme d'une hormone, tantôt dans le cerveau sous l'espèce d'une neurohumeur, insiste Jean-Didier Vincent.

Je ne peux que refuser le réductionnisme bête, stérile et faux de Georges Cabanis, médecin, philosophe, disciple d'Étienne de Condillac, qui affirmait que le « cerveau sécrète la pensée, comme le foie la bile ». De nombreux scientifiques affirment toutefois que la pensée est une fonction de la matière; la matière produit ou fabrique de la pensée. Ce point paraît impossible à réfuter. Mais si la pensée s'identifie au fonctionnement cérébral, celui-ci étant fonction de beaucoup de circonstances externes et internes dont nous ne sommes pas maîtres, de toute évidence nous ne sommes pas libres, soutient Dominique Laplane. Si vraiment, comme l'affirment un certain nombre de scientifiques, la pensée n'est le résultat que de l'interaction d'un cerveau-machine, sorte d'ordinateur perfectionné, et d'un milieu fournissant les bases d'un conditionnement, la liberté est un vain mot. Une liberté sans destination c'est un désert sans oasis. On risque de mourir de soif craint Denis Tillinac... Mais la compréhension du cerveau n'est-elle pas en fait différente de celle du substrat biologique et biochimique de l'esprit? Qui prétendra comprendre et expliquer le génie de la Sonate au clair de lune en démontant un piano, le sourire de la Joconde en s'acharnant sur des analyses spectroscopiques!

Paradoxalement, les neurophysiologistes ont, d'une certaine manière, à leurs dépens, conforté l'opinion selon laquelle le monde de la pensée pourrait échapper à l'univers de la biologie. En effet leurs travaux traitent de l'influx nerveux, des réseaux de cellules, d'organites, de la physicochimie des membranes, des récepteurs membranaires et des médiateurs chimiques, des réactions biochimiques. Ils donnent l'impression de travailler sur un passionnant sujet qui n'a rien à voir avec la pensée humaine. Comme cette dernière existe, qui l'étudie? La pensée, les grandes théories physiques, les pensées philosophiques, les religions naîtraient-elles d'une activité autonome du cortex par une sorte de parthénogenèse cérébrale? Si, pour René Descartes, l'âme fonctionne suivant un modèle hydraulique, pour les neurobiologistes, elle fonctionne à l'électricité. Mais le progrès est ridiculement mince! L'infiniment petit est disséqué, analysé, comptabilisé. On ne sait quel infiniment grand reste à faire.

La question n'est pas de savoir si la science animalise l'homme. Ni même si l'homme est un animal. A l'évidence, il l'est, on le sait depuis longtemps. Si l'homme est un animal il est aussi quelque chose de différent des autres animaux. L'Homo sapiens est un être original dans la nature. Il ne faut pas essayer de le banaliser. Fondamentalement la biologie ne nous y invite sûrement pas : qu'une espèce ait pu s'élever si haut relève peut-être plus de l'exploit que de l'artefact sans importance ou du bricolage heureux proposé par François Jacob. L'étude biologique de l'homme ne doit pas viser à le ramener à quelque chose de plus simple mais, au contraire, à le comprendre dans sa complexité, demande instamment Yves Christen. Nietzsche, un réductionniste précoce, avait tort lorsqu'il simplifiait en disant que « l'une des découvertes capitales du siècle est de savoir que l'homme est non pas une conscience, mais un système nerveux ». Matérialisme stérile?

Le cerveau humain est-il une infinie complexité indépendante et individuelle, ou bien sa destinée est-elle de converger vers un ensemble cohérent et solidaire, une sorte de point omega de Pierre Teilhard de Chardin! La vie poursuit un but sur terre, en utilisant le hasard avec génie et virtuosité. Mais notre manque de modestie ne fait-il pas appeler hasard ce que l'on ne comprend pas encore? Notre matière dans le cosmos serait-elle ordonnée et n'aurait-elle pour but que de promouvoir la conscience et l'intelligence? Mais avec Remy Chauvin, plutôt qu'un hasard magistral, faut-il faire appel à un mécanicien céleste pour admettre que la vie, les machines douées de vies et d'intelligence ont un but? Contrairement à Marie François Xavier Bichat, un pessimiste qui affirmait que la vie est l'ensemble des fonctions qui résistent à la mort. Rêvons d'un groupe de singes qui cultiverait des jardins souterrains sur des centaines de mètres carrés, pour faire pousser un champignon sur des feuilles broyées, on ne manquerait pas de lui envoyer une cohorte de doctes mycologues. Nous, pauvres humains qui n'arrivons pas à cultiver les cèpes de Bordeaux, ce sont les fourmis qui le font. Le système nerveux d'une abeille, d'une fourmi, négligeable, vain et borné? Mais non! Imaginons dans une colonie de chimpanzés un individu qui indique, par une danse spéciale, la distance, la source et la nature de la nourriture qu'il vient de découvrir, pour la faire partager. Ces singes sont manifestement intelligents, il faut les contacter! En fait ce sont les abeilles qui agissent ainsi. Un groupe de fourmis, d'abeilles, un seul cerveau? Un groupe de cerveaux humains? Un cerveau multiple, comme chez les abeilles ou les fourmis? Un ensemble de cerveaux humains, une immense fourmilière, pourquoi? vers quoi? pour quoi? pour qui?

A défaut de savoir quelle structure supporte les fonctions de l'esprit, peut-on imaginer que le cerveau se comprenne lui-même? Le pessimisme de certains scientifiques selon lesquels la puissance de notre cerveau est bien trop faible pour qu'il puisse se comprendre lui-même est peut-être justifié. En réalité, la situation est encore bien pire : quelle que soit la puissance d'un cerveau quelconque, éventuellement à venir, en aucun cas il ne pourra contourner les obstacles dressés entre la réalité et son propre fonctionnement, à cause de la nécessité de passer par l'information et le langage.

Il existe en physique un principe d'incertitude qui affirme qu'il est absolument impossible de connaître simultanément la vitesse et la position d'une particule. Puis-je appliquer ce principe au cerveau et à la pensée? Il pourrait être impossible de connaître le lieu de la pensée en même temps que son objet et son déroulement...

Le neurone et les autres

La première des cellules de l'univers

Le fonctionnement du système nerveux repose sur l'extraordinaire organisation spatiale de ses unités élémentaires : les neurones. Les abondantes connexions réalisent des voies, des chaînes, des circuits, des boucles, des aires. Bref, des dédales et des labyrinthes qui forment un réseau inextricable, dont chaque maillon, c'est-à-dire chaque neurone, est lui-même sûrement un microprocesseur, peut-être un ordinateur. Il est directement connecté avec plusieurs dizaines de milliers d'autres dont il reçoit des informations. Il peut, après avoir intégré les messages, faire partir un ordre destiné à plusieurs dizaines de milliers d'autres neurones.

On retrouve donc, pour le cerveau et les ordinateurs, mais aussi les neurones, la distinction en trois parties : réceptrice, intégratrice et effectrice. A l'échelon d'un circuit se situe d'abord un neurone ou une chaîne de neurones afférents qui apportent des informations. Puis, lui succède un autre neurone ou une autre chaîne intermédiaire ou interneurone qui traite ces informations. En dernier lieu, un troisième neurone, ou une troisième chaîne qu'on appelle efférent, envoie l'ordre qui en résulte. En d'autres termes, pour le neurone, le message afférent est centripète, l'ordre efférent est centrifuge.

A l'échelon du neurone lui-même, cette tripartition se retrouve. Il est en effet constitué par trois parties fondamentales : le corps cellulaire, lieu du traitement des informations, d'où partent deux types de prolongements, les uns centripètes amènent les informations vers le corps cellulaire (ce sont les dendrites), et l'autre centrifuge, véhicule le message effecteur (c'est l'axone). Sur les dendrites, pôles récepteurs, s'articulent les terminaisons de très nombreux axones venus d'autres neurones. L'axone peut parcourir une très longue distance, dans certains cas, plus d'un mètre. Il se divise en de très nombreuses ramifications terminales qui vont s'articuler sur d'autres neurones. Les articulations interneuronales qui assurent la transmission des informations d'un neurone à l'autre sont appelées des synapses. A leur niveau, la transmission des informations se fait toujours à sens unique, de la terminaison axonale du neurone présynaptique vers la dendrite du neurone post-synaptique.

On peut admettre plusieurs étapes dans la mise en place des neurones : la formation des neurones par prolifération, leur migration, guidée probablement par les prolongements des cellules gliales, l'établissement des contacts synaptiques interneuronaux, la stabilisation sélective de quelques-uns des multiples contacts établis. Les deux premières étapes sont programmées par les gènes. L'étape de stabilisation sélective proposée par Jean-Pierre Changeux est conditionnée par l'interaction entre l'environnement et le programme génétique. En fait le nombre total de neurones chez l'adulte dépend de deux phénomènes : la division intense de leurs précurseurs durant l'embryogenèse, et la mort neuronale au cours du vieillissement, qui commence, pour le cerveau, dès la naissance, mais surtout pendant le développement embryonnaire. Cette mort neuronale est un aspect primordial de la formation du cerveau; selon les régions 10 à 70 % des neurones meurent au cours de l'embryogenèse! Les mécanismes restent mystérieux.

Admettons que les performances du cerveau soient synonymes du nombre de neurones et de la quantité de leurs connexions; c'est une réduction simpliste mais une hypothèse de travail intéressante. On pourrait donc envisager deux manières d'augmenter la population des neurones : en diminuant leur disparition au cours de l'embryogenèse ou en stabilisant le maximum d'entre eux (en formater le plus possible, diraient les informaticiens). Pour prolonger l'aphorisme de Jean-Pierre Changeux « apprendre c'est éliminer », apprendre plus, pendant plus longtemps, pour éliminer moins de neurones, de terminaisons nerveuses.

Nous naissons avec un nombre déterminé de neurones. De la naissance jusque vers vingt-vingt-cinq ans, les neurones grossissent, poussent des dendrites et se chargent peu de pigments. Toutes les acquisitions faites au cours de la vie tiennent non pas à l'augmentation numérique des neurones, mais à leur excitabilité, à la conductibilité et à l'extension de leurs prolongements, à l'augmentation des articulations synaptiques. L'absence de multiplication des neu-

rones découle donc de leur organisation fonctionnelle. Un renouvellement cellulaire effacerait en effet les acquisitions inscrites en
mémoire dans les cellules et dans les connexions intercellulaires.

Il semble toutefois y avoir une exception assez étonnante. Chez
le canari mâle – pourquoi ce volatile a-t-il été étudié plutôt qu'un
autre? –, l'aire corticale du chant double de taille au printemps
lorsque l'oiseau chante pour séduire les femelles. Après la saison
des amours, l'aire du chant se rétrécit et l'oiseau oublie son chant.
Au printemps suivant, elle se développe à nouveau et le canari mâle
apprend une nouvelle ritournelle. Imaginons ce que serait la vie,
si nos cerveaux étaient comme ceux des canaris mâles. Tous les
ans, nous oublierions tout ce que nous aurions appris au cours de
l'année écoulée, et il nous faudrait tout réapprendre à chaque fois.
L'apparition chaque année de nouveaux circuits dans le cerveau du
canari semble être due à un développement tout à fait particulier
dont le but est d'assurer un type d'apprentissage très spécialisé. Il
s'agit vraiment d'apprentissage, puisque tous les ans le canari
apprend un chant différent. Le reste du cerveau du canari ne subit
aucune modification et les circuits responsables d'autres aspects de
son comportement ne grossissent ni ne régressent. Seule le fait
l'aire corticale du chant.

Le neurone, cellule hautement différenciée, règle donc toutes les
fonctions nerveuses et contrôle toute la vie de l'organisme. On
évalue à environ cinquante milliards, au moins, leur nombre. Dont
dix milliards dans l'écorce cérébrale. Une abeille en a trois cent
mille. Relativement rares à la naissance, les cellules gliales finissent
par être cinq fois plus nombreuses que les neurones, et leur nombre
dépasse largement cent milliards chez l'adulte. Sur les mille quatre
cents grammes de poids du cerveau, la partie la plus noble, c'est-
à-dire les neurones, représente environ deux cent cinquante
grammes, compte tenu de la présence des cellules gliales, des vaisseaux, du milieu extracellulaire.

Le corps cellulaire du neurone est un centre fonctionnel : il reçoit,
transforme, renforce et distribue l'influx nerveux; il assure la vie
de ses constituants jusqu'à l'extrémité de ses prolongements. Toute
atteinte du corps cellulaire retentit sur les prolongements; la régénération d'un prolongement sectionné se fait, quand elle peut se
faire, à partir du corps cellulaire.

Le neurone possède un niveau métabolique élevé qui demande un apport constant d'oxygène, de glucose et de divers nutriments. Les échanges entre neurones et capillaires sanguins sont très importants; ils mettent en jeu les cellules gliales, essentiellement les astrocytes.

Seules dans l'organisme, les cellules glandulaires effectuent des synthèses protéiques de même importance que les neurones : un tiers du contenu protéique est renouvelé tous les jours! Cette intense activité de synthèse est très diversifiée. Elle comprend la synthèse des protéines de structure, constitutives de la membrane de la cellule et de ses compartiments internes (ses organites), la synthèse des protéines enzymatiques dont certaines élaborent des neurotransmetteurs, de certaines protéines exerçant un rôle trophique (ce qui veut dire nourricier), et enfin la synthèse de polypeptides (de petits polymères d'acides aminés) hormonaux intervenant dans les mécanismes de la neurosécrétion. La synthèse des polypeptides ou des protéines se fait, comme dans toutes les cellules, à partir d'acides aminés venus du sang. Le montage des chaînes protéiques, qui est une polymérisation d'acides aminés, a lieu au niveau des ribosomes en fonction du code génétique contenu dans les chaînes d'ADN du noyau et contretypé par les ARN messagers.

La membrane du neurone qui entoure le corps cellulaire et ses prolongements est l'élément fondamental, le support, de la conduction de l'influx nerveux.

Le noyau, les chromosomes : la carte du destin

Dans le corps cellulaire du neurone, les chromosomes sont les supports du matériel héréditaire, une encyclopédie génétique en deux mille volumes de cinq cents pages, soit un amoncellement de trois milliards de caractères, une pile de livres haute de cinquante mètres, vingt étages! La carte d'identité absolue est un listing d'ordinateur de... six cents kilomètres de long! Les caractères sont appelés bases, ce sont des acides nucleiques. Associés en phrases, en chapitres, ils forment des fragments d'ADN, ce sont les gènes. Ce noyau est limité par une membrane constituée par deux feuillets visibles au microscope électronique parsemée en plusieurs points d'orifices qui ont l'aspect de pores. Le noyau élabore des macromolécules d'acide ribonucléique, les ARN messagers, qui peuvent passer à travers ces pores et aboutir dans le milieu intérieur à la cellule pour induire les synthèses protéiques.

Une distinction importante s'impose lorsqu'on examine l'ADN, le support biochimique de l'hérédité constituant la fameuse double hélice de nos gènes, dans nos chromosomes. On retrouve le même plan, le même patron, dans chacune des centaines de milliards de cellules qui composent le corps humain. Mais dans chaque organe ou chaque ensemble de cellules spécialisées, une partie seulement du plan est, ou a été, exécutée. Si l'on prend l'exemple des neurones cérébraux, seuls les gènes intervenant dans les possibilités fonctionnelles du cerveau sont opérationnels. Dans les autres organes, d'autres gènes de ces mêmes ADN sont, à leur tour, opérationnels. Il ne faut pas oublier que le noyau de la cellule contient toutes les informations nécessaires aux synthèses sous forme d'un long ruban d'acide nucléique : un mètre quatre-vingts dans une boîte de six millionièmes de mètre! Le message unidimensionnel contenu dans l'un des brins de la double hélice se traduit en une construction en trois dimensions, qui évolue avec le temps. Un message qui contient le plan de construction de la cellule et le schéma temporel de la mise en route de chaque étape du chantier...

Le nombre des gènes n'est réellement pas faramineux puisqu'il est évalué entre cinquante et cent mille (multiplié, bien sûr, par deux, puisque tous les chromosomes sont en double). Ces gènes, des fragments de chromosomes, seront donc très probablement tous isolés un jour. Mais les connaître permettra-t-il de percevoir l'unique personnalité de chaque Être, pourra-t-on jamais expliquer comment l'esprit fonctionne? Ce ne sont pas des briques, des pierres, des solives mais leur assemblage qui fait la forme élégante et harmonieuse d'un édifice; quelques rayonnements électromagnétiques de longueur d'onde connue n'expliquent pas le génie des couleurs d'un tableau de Harmenszoon Rembrandt ou de Claude Monet, un paysage limousin sous un rayon de soleil à l'automne après la pluie, une église romane illuminée, un feu d'artifice, l'éclat d'un regard, l'expression des yeux, ces miroirs de l'âme.

La régulation de l'expression des gènes des neurones est très particulière. En effet, à la base de tout cancer, on rencontre des modifications dans certains chromosomes, provoquant une multiplication anarchique des cellules. Ainsi parmi les cellules qui composent tous les organes, seuls, ou presque, les neurones cessent de se multiplier dès la naissance. Les neurones ne connaissent pas le cancer.

L'organisation et les performances du cerveau augmentent de manière spectaculaire, du plus petit des mammifères jusqu'à l'homme, alors que la quantité totale d'ADN présente dans le noyau de l'œuf fécondé ne change pas de manière très importante. A 10 % près, elle est la même chez la souris, le bœuf, le chimpanzé et l'homme. Une énigmatique et remarquable non-linéarité existe entre le contenu en ADN et la complexité du cerveau. Le paradoxe est encore plus manifeste lorsque l'on étudie l'homme : qu'est-ce que deux cent mille gènes devant le nombre de synapses du cerveau humain, ou même devant le nombre de neurones différents repérables dans le cortex cérébral de l'homme? Il ne peut exister de correspondance simple entre la complexité d'organisation du génome et celle du système nerveux central. L'aphorisme : « un gène – une enzyme », de Beadle et Tatum, en aucune manière ne peut donner lieu à : « un gène – une synapse ». Comment expliquer que l'organisation si complexe du système nerveux central des vertébrés supérieurs se construise, de manière reproductible, à partir d'un si petit nombre de déterminants géniques?

Pour ce qui est des gènes, le chimpanzé et l'homme sont quasiment identiques. Et l'ordonnancement des acides aminés dans leurs protéines respectives est semblable à 99 %. L'homme et le chimpanzé, à cet égard, sont plus proches que le chien et le renard.

L'évolution biologique semble avoir trouvé son terme dans l'espèce humaine, car rien ne laisse prévoir pour les esprits avancés et sceptiques une nouvelle mutation chromosomique, qui pourrait être à l'origine d'un cerveau plus complexe que celui de l'homme d'aujourd'hui. Mais sait-on jamais? Le seul progrès possible réside dans le plein emploi des zones du cerveau préfrontal; il n'est sûrement pas utilisé à pleine puissance. Le lobe préfrontal est le plus récent dans l'évolution des espèces et il est encore capable de développement. Ceci semble prouvé par le fait que cette partie du cerveau laisse son empreinte dans la paroi intérieure du crâne humain. En effet, l'étude de crânes fossiles et de crânes ayant appartenu à différents anthropoïdes et primates a montré que seules les parties cérébrales de développement plus récent laissaient une empreinte à l'intérieur du crâne.

Des chaudières : les mitochondries

Elles produisent l'énergie de la vie, à partir de nutriments. Nombreuses et disséminées dans tout le neurone, constituées par un double système membranaire, elles ont un rôle essentiel : ce sont des centrales qui fournissent à la cellule l'énergie nécessaire à ses différentes fonctions, grâce à l'activité d'enzymes catalysant les réactions de la respiration cellulaire. Toutes nos mitochondries nous sont transmises par la mère, par l'ovule. C'est toute la loi juive de la matrilinéarité qui est sous-jacente; on ne peut être juif que par sa mère! Ces mitochondries (du grec pour « pain et grain ») sont de toutes petites structures cellulaires. Tous les processus cellulaires nécessitent de l'énergie qui vient essentiellement d'une forme de sucre, principalement du glucose, qui est obtenue par la transformation, dans le système digestif, de certaines substances alimentaires, amidon, saccharose, fructose, lactose. Les mitochondries sont de petits organes remarquables par le fait qu'ils ont leur vie propre. Quand une cellule se divise, chaque nouvelle cellule contient des mitochondries venant de la cellule mère; cela devrait entraîner l'épuisement rapide des mitochondries au fur et à mesure des divisions cellulaires. Or il n'en est rien, car les mitochondries elles-mêmes se divisent pour en former de nouvelles dans chaque cellule. Chacune d'elles possède son propre matériel génétique, et se reproduit; son ADN est beaucoup plus petit et plus simple que celui que l'on trouve dans les noyaux cellulaires.

Par de multiples aspects, la mitochondrie ressemble à une bactérie. Elle a un ADN mais pas de noyau, elle fabrique sa propre énergie. Les ancêtres des mitochondries étaient très probablement des bactéries libres, qui pénétrèrent un jour dans d'autres cellules où elles devinrent des parasites très spécialisés, ou plus exactement des symbiotes (du grec « vivant ensemble »); et de fait, la cellule dépend totalement de la mitochondrie.

Cablages et communications

Les prolongements qui se dégagent du corps cellulaire sont de deux sortes : les dendrites et un seul axone. Ils sont aussi entourés bien sûr par la membrane plasmique. Les axones sont entourés par les prolongements des oligodendrocytes dans le système nerveux central, et par les cellules de Schwann dans le système nerveux périphérique. Plusieurs axones sont d'ailleurs souvent enrobés dans une même cellule de Schwann. Les fibres myéliniques se distinguent facilement par l'aspect blanc nacré de leur gaine faite d'une substance réfringente spéciale, la myéline. Celle-ci est visible en microscopie optique, elle apparaît en microscopie électronique constituée par un enroulement lamellaire concentrique régulier de la membrane plasmique des cellules formatrices de myéline. L'épaisseur de la gaine de myéline dépend de la grosseur de l'axone. Cette myéline remplit, en prime, de multiples fonctions : elle sert d'isolant électrique : son absence, sa destruction provoquent de véritables courts-circuits. Sans elle, pour avoir les mêmes performances, notre cerveau devrait avoir un volume de plusieurs mètres cubes, car la vitesse de conduction est proportionnelle au diamètre de l'axone. Il faudrait les grossir démesurément pour qu'ils conduisent aussi vite...

La vitesse de transmission des messages nerveux est plus grande dans les fibres myélinisées. En effet, la gaine de myéline est formée de segments, longs de un à deux millimètres, séparés par des étranglements, les nœuds de Ranvier, qui sont les seuls points de contact entre la fibre et le milieu extérieur conducteur. Les courants engendrés par un nœud de Ranvier atteignent le suivant et l'excitent directement, sans avoir besoin d'être relayés par les segments intermédiaires : c'est cette conduction saltatoire qui augmente la vitesse de transmission jusqu'à cent mètres par seconde, soit environ quatre cents kilomètres à l'heure ! Mais c'est près de trois millions de fois moins rapide que la vitesse de la conduction électrique, dans les ordinateurs par exemple !

Les synapses, ou la sociologie neuronale

La meilleure façon d'innover consiste le plus souvent à former une combinaison originale plutôt que de réaliser une proposition réellement inédite : l'homme et le singe se différencient par le nombre de connexions entre les neurones, c'est-à-dire le nombre de synapses : l'innovation radicale, dans le cerveau humain, a été la multiplication des synapses.

Les synapses (du grec sunapsus, qui signifie point de jonction) relient les neurones et assurent la transmission de l'influx nerveux. L'extrémité des fibres nerveuses est constituée des arborisations terminales qui s'articulent avec d'autres neurones ou avec les récepteurs sensoriels des tissus. Le terme de synapse proposé par Sherrington désigne la région décrite par René Couteaux où se juxtaposent soit deux neurones, soit un neurone et une cellule motrice, musculaire par exemple, soit un neurone et une cellule sensorielle. Le corps cellulaire, sous la présidence du noyau, n'est en somme que la partie du neurone affectée à l'accomplissement des fonctions trophiques. Mais c'est la synapse qui joue le rôle essentiel. Elle est la surface de contact, le point de transfert de l'information.

Sur chaque neurone, sur son corps cellulaire et sur ses prolongements, existent de mille à dix mille (et plus) synapses, où interviennent les substances chimiques nommées les neurotransmetteurs. On a calculé qu'un neurone moteur du type de ceux qu'on trouve dans la moelle épinière possède probablement dix mille contacts synaptiques sur sa surface dont deux mille sur son corps cellulaire et huit mille sur ses dendrites, ce qui signifie que dix mille neurones intermédiaires peuvent solliciter un seul neurone moteur! Et à chaque instant, les neurones envoient et reçoivent des milliers de signaux! Chaque neurone peut théoriquement communiquer avec tous les autres à travers, au plus, quatre ou cinq jonctions synaptiques.

Si les trente ou cent milliards de neurones, selon les auteurs, de notre cerveau reçoivent chacun plusieurs dizaines de milliers de terminaisons synaptiques et en envoient autant à d'autres cellules parfois très éloignées, on peut estimer à plusieurs centaines de mille milliards les connexions ou synapses entre neurones. Et concevoir l'existence d'un nombre quasi infini de combinaisons possibles. La supériorité du cerveau tient plus à la richesse des connexions inter-neuronales développées et maintenues par l'apprentissage, l'expé-rience, l'instruction, la culture, qu'à l'étendue de certaines aires corticales ou au nombre des cellules de l'écorce cérébrale. Il n'y a pas de commune mesure entre le nombre des synapses de l'écorce cérébrale de l'homme et celui des animaux.

La synapse comprend deux éléments pré-synaptique et post-synaptique, séparés par une fente. L'élément pré-synaptique est caractérisé par un épaississement localisé de la membrane cellulaire. Dans le cytoplasme sous-jacent, les vésicules pré-synaptiques contiennent les médiateurs chimiques et de la vitamine C. L'élément post-synaptique — ou membrane post-synaptique — est caractérisé par un épaississement habituellement plus marqué de la membrane cellulaire. Il y a plusieurs sortes de synapses correspondant à plu-sieurs types de fonction : les synapses activatrices ou inhibitrices, celles des terminaisons motrices ou sensitives.

Au niveau de la synapse, l'action chimique prend le relais de l'impulsion électrique. Pendant une fraction de millième de seconde la concentration du neurotransmetteur dans la fente synaptique est très grande. C'est, en fait, l'inverse de l'effet hormonal : non pas un petit peu pendant longtemps, mais beaucoup pendant un temps très court.

Les neurotransmetteurs, ou médiateurs chimiques, sont libérés à l'extrémité pré-synaptique sous l'influence de potentiels d'action propagés dans l'axone. Ils excitent ou inhibent l'élément post-synap-tique et assurent ainsi la transmission chimique de l'influx nerveux.

On connaît bien maintenant de nombreuses substances naturelles ou artificielles qui ressemblent à des médiateurs, et vont donc les remplacer. D'autres modifient leur sécrétion : elles les font s'ac-cumuler (pour prolonger leur action) ou les faire disparaître pré-maturément (pour diminuer leurs effets). De telles substances ont une action sur le fonctionnement du cerveau, elles modulent notre état mental, la perception de nos sens. On les appelle substances psychotropes.

Un exemple bien connu est la morphine. Certaines synapses utilisent comme médiateur des substances appelées endorphines, qui sont responsables de la diminution des sensations douloureuses. Elles ont une durée de vie brève, contrairement à la morphine qui se fixe sur les mêmes récepteurs et n'en bouge résolument plus. Il s'agit d'une fausse clé qui bloque la serrure. L'action antidouleur, du coup, devient puissante et surtout prolongée. Absence de douleur, présence de plaisir ? certes non. Mais l'organisme s'habitue à ce que les récepteurs soient stimulés en permanence et, quand la drogue finit par disparaître, il est en état de manque, redoutable et dramatique crise.

Les modalités fonctionnelles d'un circuit neuronal, et par conséquent celles du système nerveux, sont implicitement contenues dans la forme et la connectivité des neurones. Chaque neurone a une spécificité propre qui tient à sa forme tridimensionnelle, ainsi qu'au nombre et à la nature des connexions synaptiques qu'il contracte avec d'autres neurones et donc à sa localisation au sein du système nerveux. A cette spécificité morphologique et topographique qui fait qu'aucun neurone ne peut être considéré comme exactement équivalent à son voisin sur le plan fonctionnel, s'ajoute une spécificité biochimique définie, entre autres, par la nature du neurotransmetteur libéré à ses extrémités.

Récemment, la neurochimie, offrant la possibilité de visualiser les neuromédiateurs sur des coupes histologiques de cerveau, a permis de définir des circuits fonctionnels. Si l'on compare deux locutions, comme « faisceau cortico-médullaire » et « voies dopaminergiques », il apparaît clairement que la première se caractérise en indiquant une origine – le cortex – et une terminaison dans la moelle, tandis que la seconde le fait en désignant un corps chimique, un neuromédiateur : la dopamine. On peut, dès lors, imaginer une représentation de l'ensemble des voies du système nerveux central, en les repérant et en les regroupant selon le neuromédiateur spécifique. Nous en sommes très loin. Ne serait-ce que parce qu'il y a encore sans doute de nombreux neuromédiateurs inconnus, et qu'un même neurone pourrait en élaborer plusieurs. Mais un pareil procédé pourrait aboutir à une représentation de la structure du système nerveux central très différente de celle qui continue à s'employer de nos jours. Il pourrait permettre l'utilisation de leurres neurotoxiques qui détruiraient, mieux que la chirurgie, des régions devenues trop ou pas assez efficaces : le scalpel chimique du pharmacien des hôpitaux.

Parmi les neuromédiateurs, les uns sont des monoamines (comme la dopamine, la noradrénaline, la sérotonine, l'acétylcholine et l'histamine), les autres des acides aminés (comme l'acide gamma-aminobutyrique, l'acide glutamique, la glycine et la taurine). Depuis peu, on leur adjoint une catégorie chimiquement très différente, celle des neuropeptides, courtes chaînes de plusieurs acides aminés.

Au moins pour les centres et les voies dont les monoamines constituent le neuromédiateur privilégié, il est maintenant possible d'esquisser une topographie fondée sur la neurochimie. On peut ainsi isoler des voies selon le neuromédiateur qui les caractérise de façon prévalente. Par exemple, les voies utilisant la noradrénaline, et qualifiées pour cette raison de voies noradrénergiques, ont leurs corps cellulaires concentrés surtout dans le locus caeruleus. Les axones qui en partent se projettent vers l'hypothalamus, le cervelet et le cortex cérébral. Ces voies interviennent dans le maintien de l'état d'éveil et dans la régulation de l'humeur. Les neurones utilisant la dopamine, dans les voies dopaminergiques, ont leurs corps cellulaires dans le locus niger et le tegmentum ventral; les axones vont vers le cortex préfrontal et vers les corps striés. La dégénérescence des voies se terminant dans les corps striés a fourni un modèle pour la maladie de Parkinson. Quant aux neurones privilégiant la sérotonine, voies sérotoninergiques, leurs corps cellulaires occupent le noyau du raphé, dans la substance réticulaire. Les axones se projettent principalement vers le thalamus et l'hypothalamus. Ces voies interviennent dans la régulation thermique, les fonctions sensorielles et le déclenchement du sommeil.

Ainsi les synapses, dans leur majorité, seraient en fait des connexions interneuronales potentielles qui seraient recrutées par l'apprentissage, qui sélectionnerait des circuits réellement fonctionnels en bloquant les synapses qui ouvrent sur d'autres chemins. Le nombre incroyablement élevé des connexions synaptiques anatomiques rend plausible la sélection, parmi elles, des connexions synaptiques véritablement fonctionnelles. En effet, la densité des synapses dans le cerveau est telle (10^{12} soit dix millions de millions de synapses par centimètre cube de cortex cérébral) qu'on peut théoriquement aller à l'intérieur du cerveau, de n'importe quel neurone à n'importe quel autre, en ne franchissant jamais plus de six synapses.

Un trait remarquable du développement de l'encéphale de l'homme est qu'il se prolonge très longtemps après la naissance, permettant à la grande majorité des synapses du cortex cérébral de se former après la mise au monde de l'enfant. La poursuite, longtemps après la naissance, de la période de prolifération synaptique, permet une imprégnation progressive du tissu cérébral par l'environnement physique et social. Comment cette empreinte culturelle se met-elle en place? L'environnement instruit-il le cerveau comme un sceau de bronze laisse son empreinte sur un morceau de cire? Ou, au contraire, ne fait-il que stabiliser sélectivement des combinaisons de neurones et de synapses au fur et à mesure que celles-ci apparaissent spontanément, et par vagues successives au cours du développement?

Apprendre, c'est stabiliser des combinaisons synaptiques pré-établies. C'est aussi éliminer les autres. Il est donc heureux que les neurones aient perdu le pouvoir de se diviser dès qu'ils deviennent fonctionnels, car les complications seraient sans nom s'il prenait à l'un d'entre eux, connecté à plusieurs milliers de ses voisins, le caprice de se diviser!

Mais ces combinaisons synaptiques, il faut absolument les stabiliser par leur utilisation, par l'apprentissage, à un moment donné de la vie. Un enfant apprend difficilement la lecture à quinze ans, les quelques authentiques enfants sauvages élevés par des animaux sont incontestablement idiots; allez apprendre à un sexagénaire à faire de la bicyclette? Si on occulte, à la naissance, l'œil d'un animal pendant quelque temps, son cerveau sera irrémédiablement aveugle : après avoir enlevé le cache, l'œil est normal, la rétine parfaite, le nerf optique fonctionnel, mais l'animal ne voit rien : les structures cérébrales qui auraient dû être utilisées pour la vision ont disparu, à tout jamais. Les apprentissages doivent être faits à certaines périodes critiques. Il en est sûrement de même pour tous les sens, y compris ceux de la gastronomie. Puis, toute la vie, il faut les actionner; leur manque de souffle et leur épuisement précèdent de peu leur mort. Le cerveau, comme le muscle, il faut le faire travailler. Comme lui, il doit être nourri.

Seuls seront maintenus les circuits neuronaux qui auront appris, les autres disparaîtront. Les informaticiens parleraient de formatage. C'est l'épigenèse. Pas exactement celle qui est définie par le petit Robert comme étant la théorie selon laquelle l'embryon se développe par différenciation successive de parties nouvelles. Mais

celle de Jean-Pierre Changeux, une théorie expliquant les phénomènes biologiques par des processus qui ne sont pas imposés par
les gènes. A la rigidité sévère des gènes s'oppose la souplesse de
l'épigénèse. C'est l'évolution individuelle, résultante des multiples
interactions avec l'environnement. Au cours du phénomène, le
patrimoine génétique reste, en principe, inchangé. L'épigénèse se
superpose à l'ontogénèse : chez un individu elle sera empreinte d'un
environnement précis (l'ontogénèse est l'ensemble des étapes du
développement).

Selon la formule lapidaire de Georges Cuvier, l'ontogénèse résume
la phylogénèse (l'évolution des espèces). En d'autres termes, lors
du développement embryonnaire du petit de l'homme, on voit défiler
toutes les espèces qui l'ont, pense-t-on, précédé. Comme il est né
prématurément du fait de la station debout de sa mère, son cerveau
a pu continuer à grossir après la naissance, c'est ce que l'on appelle
la néoténie : le bébé humain, à la naissance, est développé comme
un singe, avant sa naissance. Mais la phylogenèse ne permet pas
de tout comprendre de l'ontogenèse, il s'en faut de beaucoup! Comme
le souligne Henri Haecan, l'impossibilité de voir dans les mœurs
des animaux des figures simplifiées des mœurs des hommes nous
oblige à une très inhabituelle modestie, malgré Konrad Lorenz.
Inversement, il est délicat de rattacher, par analogie, l'état d'un
malade neurologique ou psychiatrique, à quelque chose qui serait
l'état normal d'un animal, une sorte de régression phylogenétique.
La liberté c'est l'addition, pour paraphraser Pierre Karli, de la
phylogénèse, de l'ontogenèse, de la néoténie et de l'épigénèse.

La formation du cerveau est bien programmée génétiquement.
Mais comme le rappelle Alain Prochiantz, pour l'homme, il s'est
introduit, beaucoup plus que dans les autres espèces, du « jeu » dans
l'exécution et la mise en pratique de ce programme. Ce jeu empêche
précisément de parler de strict déterminisme génétique : c'est celui
de l'épigenèse. Tout homme inscrit dans la structure même de son
cerveau, par stabilisation de réseaux neuronaux particuliers, l'histoire individuelle, unique et singulière qui est la sienne, sensuelle
dans tous les sens du terme, affective, sociale, culturelle. L'épigénèse
apporte flexibilité et souplesse à la rigide détermination des gènes.
Les lipides, et donc l'alimentation, rendent possibles les phénomènes
épigénétiques. En effet, ces lipides, en particulier les acides gras

polyinsaturés représentent l'acquis, le modulable; ils permettent le « jeu » qui autorise la membrane des cellules, donc l'organisme, à s'adapter au milieu ambiant, à évoluer. En revanche, la synthèse des protéines à partir des acides aminés est directement sous le contrôle des gènes; elle est gouvernée avec peu de souplesse, elle représente l'héréditaire, l'inné. La perte d'un acide aminé, ou son remplacement, a été parfois bénéfique au cours de l'évolution, elle a pu, en revanche, être catastrophique.

A la naissance, le cortex ne fonctionne pas : aveugle, anosmique, agnosique, l'enfant ne présente qu'un comportement automatique et réflexe, et des réactions purement instinctives. Au fur et à mesure que le cortex étend ses connexions et que des chaînes de neurones de plus en plus nombreuses entrent en fonction, les réactions sensorielles s'établissent, les activités psychiques se développent, elles sélectionnent et stabilisent les synapses. C'est l'épigenèse.

Parmi les traitements épigénétiques que subissent tous les enfants du monde il y a la sous-nutrition, et la malnutrition; pour ne pas parler des modes d'éducation contestables, la presse, la télévision, la culture au rabais, ou absente. Si la manipulation génétique occupe le devant de la scène, épouvantail à gros tirage, mais aussi technique porteuse d'espoir, il faut reconnaître avec lucidité ces manipulations épigénétiques, dangereuses car parfois subtiles. Pour les éviter, toute démocratie digne de ce nom se doit de développer la culture scientifique, qui est aussi importante que toutes les autres formes de culture; elle fait partie du patrimoine des nations et de l'humanité.

De quoi meurent les neurones?

Ce n'est pas le temps qui passe, ce sont les neurones des hommes qui traversent le temps... et si nous sommes tous jeunes, certains le sont... depuis plus ou moins longtemps que d'autres, avec plus ou moins de succès pour les neurones.

Le seuil des 50 % de survie est passé de l'âge de vingt-deux ans dans la Rome antique, à quarante ans vers le milieu du siècle dernier. Puis à quarante-neuf ans en 1900, à soixante-sept ans en 1946; à soixante-douze ans en 1960, et à soixante-quatorze ans environ, aujourd'hui. Mais la longévité maximale de cent dix ans environ n'a pas changé du tout depuis la Rome antique. Elle n'a probablement jamais changé depuis que l'homme est devenu l'homo sapiens voici quelques dizaines de milliers d'années. La durée de vie maximale d'un neurone – de mémoire antédiluvienne – n'a pas changé. Mais pour atteindre un âge avancé, il faut garder le plus longtemps possible des neurones avec leurs connexions.

A partir de quarante ans, cent mille cellules nerveuses disparaissent chaque jour. Si cette terrible moyenne est respectée, le cerveau possède encore, vers quatre-vingts ans, 70 % de neurones vivants. Mais l'écorce cérébrale, dans sa partie frontale et spécifiquement humaine, à un âge avancé, a perdu la moitié de ses neurones; elle est donc, hélas, plus fragile. Cette écorce cérébrale, le cortex, est cette lame de substance grise étalée à la surface des hémisphères cérébraux. Elle contient principalement les corps cellulaires des neurones. Il est curieux de constater que les régions cérébrales sont inégalement résistantes au vieillissement : certaines conservent tous leurs neurones, d'autres en perdent beaucoup. Dans le cortex et dans l'hypothalamus, une région cérébrale qui possède les centres de la soif, de la faim, de la satiété, de la régulation thermique, la perte moyenne est de 10 % par an : la moitié des neurones sera donc perdue entre trente-cinq et quatre-vingt-quinze ans! Il faut essayer de comprendre pourquoi certaines cellules résistent, pour protéger les plus importantes qui sont aussi les plus fragiles, les plus vulnérables.

Le nombre de neurones diminue au cours du vieillissement. Leur perte dans certaines régions cérébrales peut atteindre 50 %! A partir de ces résultats, l'imagination s'est donnée libre cours, et notre perte quotidienne de neurones a été estimée à plusieurs dizaines de milliers, ce qui correspond, pour une vie de durée moyenne, au cinquième du nombre total, soit à environ trois milliards de neurones perdus vers la centième année! En réalité, heureusement, nous n'utilisons pas toutes les possibilités des neurones dont nous sommes pourvus et, plus que le nombre de neurones, la richesse des connexions interneuronales, que développe l'apprentissage est importante. Le spectacle familier de la vie de la forêt permet une comparaison, une image. Au début, le nombre et la diversité des plantes sont très grands : buissons, ronces, fougères, arbustes, pins, hêtres, chênes, tout pousse puis, au fur et à mesure que les arbres s'accroissent et se ramifient, les ronces, les buissons disparaissent et seuls restent les fougères et les pins, puis s'imposent, seuls, les hêtres et les chênes : il y a moins d'éléments mais ils sont plus gros et plus ramifiés. Le cerveau aurait-il ces propriétés bucoliques? Ce n'est pas sûr, mais l'imaginer rend optimiste.

Cette perte de neurones, accompagnant le vieillissement « normal », ne se traduit pas toujours par une altération marquée des facultés supérieures. En réalité, tous les neurones ne travaillent pas. Le cerveau prévoit, peut-être, une réserve qui n'est pas épuisée pendant la durée normale d'une vie. Mais les neurones qui n'ont pas été stimulés dans les premières années de la vie ne se différencient plus et dégénèrent. C'est probablement le cas, également, des neurones différenciés lorsque, plus tard, ils sont peu utilisés... Il faut utiliser, solliciter le cerveau en permanence.

De fait, les principales mutations responsables de l'allongement de la longévité humaine n'ont pu impliquer qu'un petit nombre de gènes. En outre, on connaît le rythme de mutation des gènes chez les grands singes et chez l'homme; sur une période de cent mille ans, cinq gènes sur mille au plus auraient pu muter. Il faut donc que le « programme » génétique du vieillissement soit inscrit dans un tout petit nombre de gènes (ou de systèmes de gènes) seulement, et n'implique pas le patrimoine héréditaire tout entier. Voilà qui est encourageant et qui circonscrit le domaine de recherche nécessaire.

Si le vieillissement est dû à un gène, ce qui reste à démontrer, il peut aussi résulter de mutations qui portent sur des gènes dont le rôle est plus important que d'autres. A moins que ne soit incriminé le trop ou trop peu alimentaire. C'est ainsi que pour Roy Walford jeûner empêcherait de vieillir. Même si le rythme de la croissance des animaux soumis au jeûne depuis le sevrage se trouve grandement réduit, le cerveau grossit à peu près au même rythme que celui des animaux normalement alimentés. Chez des rats qui avaient été soumis à un régime suffisamment strict pour prolonger leur longévité normale de 40 %, la perte de certaines cellules cérébrales normalement liées à l'âge serait même retardée. Mais une méthode est inacceptable si elle porte atteinte au plaisir de vivre. Et quelques années de plus auprès de très nombreuses autres dans une ambiance alimentaire de spartiate forcenée valent-elles la peine?

Dans certaines circonstances, la mort cellulaire peut être considérée comme l'événement normal d'un processus physiologique naturel. Par exemple, au cours de l'embryogenèse, et, plus tard, pendant la synaptogenèse, un nombre parfois considérable de neurones disparaissent. Les circuits qui n'ont pas été sollicités s'étiolent et périssent. Mais n'y aurait-il pas moyen de les préserver ? Curieusement les effets d'un facteur de croissance, le Nerve Growth Factor, vont de pair avec une résistance aux peroxydations (une sorte de rancissement des structures cérébrales, catastrophe biochimique que nous allons revoir). Quels que soient leurs mécanismes d'action, les facteurs de croissance, propose Yves Courtois, ont sûrement un rôle à jouer contre les mécanismes de vieillissement. La boucle est donc bouclée : l'initiateur de la spécificité et du développement d'une cellule induit la protection de celle-ci contre certains mécanismes de sa mort ? Le stress altère le métabolisme de la cellule, il perturbe les relations intercellulaires, par l'intermédiaire de carence de facteurs trophiques, par exemple ; il fragilise, dérègle, bouleverse et tue des neurones.

Des perturbations du transport axonal provoquent une accumulation de molécules physiologiques qui s'avèrent cependant toxiques pour le corps neuronal ; ces dérèglements empêchent aussi le transport d'informations, d'enzymes ou de nutriments ; ils peuvent tuer le neurone. Les acides aminés excitateurs, neuromédiateurs, tout à fait physiologiques, peuvent se révéler des poisons violents : en concentration excessive, ils provoquent une dépolarisation permanente et une augmentation de la perméabilité membranaire ; la tentative de maintien de l'homéostasie pour récupérer un équilibre ionique épuise les réserves énergétiques de la cellule et la tue. La disparition de diverses cellules, d'autres neurones, mais aussi des cellules gliales ou musculaires, peut, par contrecoup, entraîner la mort des neurones avec lesquels elles sont en rapport : par exemple, les pertes neuronales observées dans toutes les régions cérébrales dans la maladie d'Alzheimer peuvent être secondaires à la disparition sélective de quelques populations neuronales spécifiques, cholinergiques entre autres.

Chez l'Homme, la mort spécifique de certaines familles de neurones est manifeste dans la maladie de Parkinson (disparition des neurones dopaminergiques du locus niger), dans la sclérose latérale amyotrophique (mort des motoneurones de la corne antérieure de la moelle), dans certaines affections virales ou apparentées telles que les maladies de Creutzfeldt-Jacob (une démence de la cinquantaine associée à des mouvements anormaux), la poliomyélite, le Kuru (une redoutable maladie due aux traditions anthropophagiques de peuplades de Bornéo – qui dégustent les cerveaux de leurs compatriotes –) et dans la démence d'Alzheimer. Dans cette dernière maladie, les attaques radicalaires pourraient être impliquées, car une parenté génétique lui est retrouvée avec le mongolisme (la trisomie 21), maladie perturbant les systèmes de protection contre les radicaux libres, comme l'a démontré Pierre Marie Sinet. Dans une région cérébrale donnée, il faut que la proportion de neurones détruits ait atteint un certain niveau, probablement assez élevé, de l'ordre de 80 %, propose Yves Agid pour qu'une symptomatologie clinique puisse apparaître. Ce seuil n'est pas atteint (dans le locus niger) au cours du vieillissement normal, il l'est par contre lors de la maladie de Parkinson, mais à un âge généralement avancé. Il est dépassé très rapidement au cours de certaines intoxications comme celle due à un effroyable neurotoxique qui a décimé des populations de drogués qui préparaient eux-mêmes leurs drogues, en utilisant une chimie approximative, ou lors de l'encéphalite de von Economo, une complication tragique de la tristement célèbre grippe espagnole.

Le glucose lui-même, en réalisant des pontages non spécifiques entre molécules, a été impliqué dans les mécanismes de vieillissement...

Mourir? de quoi? Au moment du décès, la grande majorité des cellules est encore viable. Heureusement pour les transplantations d'organes! La mort est donc la coupure sans appel de mécanismes d'intégration détruisant l'unité physiologique de l'organisme. Où le couperet tombe-t-il donc? Sur l'expression de quelques gènes seulement, car la durée de vie est très probablement génétiquement programmée. Une preuve : chaque espèce possède ses caractéristiques propres, l'une des plus constantes étant la durée de vie. Éviter donc que certains gènes, en particulier ceux des neurones, ne partent en quenouille, un espoir à cultiver et à nourrir.

Les cellules gliales, solidaires et serviables

Leur nom vient du grec glios qui signifie glu, colle. Les cellules gliales se rassemblent autour des neurones qu'elles séparent, et autour des axones. Leur nombre est estimé à plusieurs centaines de milliards, cinq à dix fois plus que de neurones. Plus la complexité du système nerveux augmente, plus les cellules gliales se diversifient et se développent, comme le montre l'étude de diverses espèces. Elles représentent la charpente du système nerveux, et jouent un rôle nutritif. N'est-il pas étonnant de savoir que le génial Albert Einstein ne possédait pas de neurones surnuméraires; mais que son cerveau contenait une population de cellules gliales très augmentée. Cela a été vérifié à l'autopsie! Ces cellules gliales sont divisées en trois familles astrocytes, oligodendrocytes et microglies.

Les astrocytes sont répartis d'une manière assez homogène dans tout le système nerveux central. Comme leur nom l'indique, leur forme est étoilée. Certains ont des prolongements courts et très ramifiés, on les rencontre surtout dans la substance grise; d'autres ont des prolongements moins nombreux, plus longs, plus fins et moins ramifiés, ils sont présents surtout dans la substance blanche. Le microscope électronique a permis de découvrir que la surface de l'astrocyte, sur son corps cellulaire et sur ses prolongements, est hérissée de nombreux diverticules. Sa surface est ainsi agrandie considérablement, il est probablement la cellule dont le rapport entre la surface et le volume est le plus grand.

Ces astrocytes entourent complètement les artères intracérébrales et les capillaires. Ils constituent, par les « pieds vasculaires des astrocytes », appelés autrefois, de manière évocatrice, « les trompes vasculaires de Cajal », une enveloppe gliale continue qui sépare les cellules endothéliales et les neurones.

Mais les astrocytes participent aussi à la transmission synaptique. En effet, ils entourent les surfaces réceptrices des neurones et obstruent les ouvertures latérales des fentes synaptiques. L'isolement des surfaces réceptrices assure la sélectivité de la transmission nerveuse, il empêche la diffusion à d'autres surfaces neuronales non concernées, évitant, en d'autres termes, les courts-circuits.

Les oligodendrocytes sont surtout nombreux dans la substance blanche. Ce sont de petites cellules arrondies dont les prolongements sont fins, courts et peu nombreux, d'où leur nom. Ils sont groupés en satellites autour des neurones, mais surtout le long des axones. Leur rôle essentiel est la fabrication des gaines de myéline du système nerveux central; il y a donc une analogie entre elles et les cellules de Schwann qui entourent les fibres dans le système nerveux périphérique.

La composition chimique de la myéline explique sa vulnérabilité dans les maladies comportant un trouble du métabolisme des lipides. La sous-alimentation perturbe la structure cérébrale en réduisant la quantité de myéline. Cette membrane est aussi détruite lors de certains processus pathologiques redoutables telle que la sclérose en plaque. Son étude a été rendue moins difficile grâce à l'existence de mutants animaux que Nicole Baumann étudia la première. Ceux-ci présentent une mutation ponctuelle qui, hélas ou heureusement, n'a pas son équivalent chez l'homme. Hélas, car ils ne permettent pas d'expliquer, de comprendre, de guérir une maladie. Heureusement, car il y a déjà bien assez de maladies neurologiques.

Les membranes cellulaires : l'identité et la communication

La membrane définit la frontière et la physiologie de la cellule. Elle est le support de son identité et détermine ou négocie ses relations avec ses congénères, ses voisins, ses ennemis. Elle est aussi l'organe de tous les sens de la cellule : sa bouche, son nez, sa main, son oreille. Il ne lui manque que la vue, et encore, car certaines sont sensibles à la lumière.

Sa tâche et ses aliments

L'homme adulte est formé de dizaines de milliers de milliards de cellules! Mais son intestin abrite en permanence dix fois plus de bactéries vivantes qui participent à la digestion. L'écologie bactérienne de notre intestin est encore bien mystérieuse. Ces bactéries ont co-évolué avec le mammifère et l'homme, depuis des millions d'années. Co-habitation et collaboration fascinantes! La flore intes-

tinale? Une formidable armée presque toujours victorieuse contre
d'autres bactéries toxiques, une armure chimique impénétrable, une
intendance efficace approvisionnant l'organisme en de nombreux
nutriments, en quelques vitamines.

Les cellules différencient des formes et des structures selon leur
environnement et leurs fonctions. Elles peuvent présenter une organisation extrêmement complexe. Dans l'organisme humain où la
spécialisation cellulaire est très poussée, il existe plus de deux cents
types différents de cellules! Certains types cellulaires sont dits permanents; leur population maximale est établie à la naissance et
ces cellules ont perdu la capacité de se multiplier : toute cellule
détruite est irrémédiablement perdue. C'est le cas des neurones et
des cellules musculaires. D'autres cellules différenciées, comme les
cellules hépatiques, ont une durée de vie très longue mais conservent
toutefois la capacité de se reproduire par division. Enfin, il existe
des cellules dont la durée de vie est brève et qui sont produites et
renouvelées à partir de cellules souches indifférenciées durant toute
la vie de l'individu. C'est le cas des spermatozoïdes, des cellules
épithéliales (de la peau par exemple) ou encore des cellules sanguines. Ainsi, chaque seconde deux millions de globules rouges sont
détruits et remplacés dans l'organisme humain. Au total, ce sont
environ cent millions de milliards de divisions cellulaires qui se
produisent au sein de l'organisme au cours d'une vie humaine!
Mais aucune division pour les neurones... Pour Joël de Rosnay,
qu'est-ce que la vie? une activité basée sur trois caractéristiques
fondamentales de la cellule : autoconservation, autoreproduction,
autorégulation. Le neurone, nec plus ultra, ne se reproduit pas. Et
pourtant il est le patron de notre corps, une société de cellules qui
communiquent entre elles par des nerfs, des hormones, un système
immunitaire et des nutriments.

Les dimensions cellulaires sont très variables. L'unité de mesure
est le micromètre, qui vaut un millième de millimètre. Les plus
petites cellules (bactéries) mesurent un centième de micromètre au
plus, les plus grandes (œufs des batraciens et des oiseaux) mesurent
de un millimètre à... sept centimètres, le diamètre du « jaune » de
l'œuf de l'autruche. La plupart des cellules animales ont un diamètre qui varie entre sept et vingt micromètres. Dans l'espèce
humaine, parmi les plus petites cellules figurent les petits leucocytes,

globules blancs du sang dont le diamètre est voisin de cinq micromètres; parmi les plus grandes on peut citer les ovules, cellules
sexuelles femelles qui ont un diamètre de cent à cent quarante
micromètres, et les neurones dont l'axone peut atteindre une longueur de plusieurs dizaines de centimètres.

Tous les éléments d'une cellule, les organites, sont composés
– du moins en partie – de membranes. La surface cellulaire est
limitée par une membrane bien différenciée. Cette membrane est
intégrée à l'ensemble fonctionnel de la machinerie active vivante
et dynamique de la cellule; elle joue en particulier un rôle primordial dans les échanges de matériel et d'information entre la
cellule et le milieu extérieur et dans les relations intercellulaires
au sein d'un organisme. Les membranes, en isolant la cellule du
milieu environnant, ont pour fonction essentielle de contrôler les
échanges de substances : la perméabilité sélective est une de leurs
propriétés physiologiques fondamentales. Elles sont à la fois pompe
aspirante et barrière de défense. Elles peuvent se comporter de
façon passive, comme une membrane semi-perméable, laissant passer certaines molécules et retenant d'autres substances. Mais elles
jouent aussi un rôle actif, accélérant le transport de molécules
particulières ou favorisant le déplacement de certaines autres (à
l'encontre des gradients de concentration).

Une membrane biologique est un ensemble de molécules déli-
mitant la frontière d'un territoire cellulaire. Cette frontière du
vivant fonctionne aussi comme séparateur de compartiments différents à l'intérieur de la cellule, pour dissocier sur le plan métabolique les diverses activités biochimiques de la cellule. Cette sec-
torisation de la masse cellulaire introduite par les membranes est
souvent variable et changeante avec le temps : plasticité, extension,
invagination, coalescence, possibilité de fusion entre elles, sont des
propriétés communes à toutes les membranes biologiques, y compris
pour les membranes des neurones. Les membranes de comparti-
mentation augmentent l'efficacité de la cellule et facilitent certainement la division du travail métabolique au sein des cellules :
dans les mitochondries, les réactions produisent l'ATP, « monnaie
énergétique » de la cellule; dans les lysosomes, usine de destruction
des déchets et chaudière métabolique, se trouvent des enzymes, les
hydrolases, prêtes à dégrader tout intrus pénétrant dans le cyto-

plasme et tous les résidus qui s'y trouvent; dans le noyau se situent les gènes...

Tous les êtres vivants, sans aucune exception connue, sont formés de cellules. Paul Mazliak souligne, à juste titre, qu'il n'y a plus de théorie cellulaire : il y a le fait universel de l'organisation cellulaire des êtres vivants. En revanche on ne sait pas encore comment est constituée une membrane : son existence ne fait aucun doute, mais sa structure réelle, intime, est largement inconnue.

Une architecture de lipides et de protéines

L'ensemble des molécules formant les membranes est un agrégat de lipides et de protéines. Ces molécules sont toujours placées de telle sorte qu'une zone lipidique centrale, formant le cœur de la membrane, soit entourée de part et d'autre par des zones plus hydrophiles au contact des fluides aqueux présents à l'intérieur et à l'extérieur de la cellule.

La stabilité des membranes est assurée par le très grand nombre de liaisons de faible énergie existant entre les milliards de molécules lipidiques qui se pressent l'une contre l'autre dans le plan de la membrane. Il faut au moins treize milliards de molécules de lipides pour couvrir la surface d'une cellule de taille très moyenne, mais la superposition de deux molécules suffit pour donner son épaisseur à la membrane cellulaire.

La membrane du neurone peut renfermer plus de quatre cents types moléculaires différents de phospholipides. Ces molécules diffusent latéralement, c'est-à-dire dans le plan de la surface de la membrane, avec une vitesse extraordinairement grande : une molécule de phospholipide peut faire le tour complet d'une bactérie d'environ un micromètre de long, comme le colibacille, en trois secondes!

L'analyse chimique des diverses membranes biologiques montre que, globalement, celles-ci sont formées par des protéines et des lipides en proportions sensiblement égales. Les sucres complexes, associés aux protéines ou aux lipides, ne représentent en général qu'une faible part de l'ensemble. Glucides, lipides et protides que nous retrouverons plus tard.

Les principaux lipides membranaires sont des phospholipides qui représentent 50 à 60 % des constituants lipidiques des membranes; on trouve aussi du cholestérol (un cinquième des lipides), et divers autres types moléculaires. Les phospholipides se caractérisent par l'existence d'acides gras à longues chaînes, ayant de quatorze à vingt-quatre carbones, dont plus d'un tiers dérivent des acides gras polyinsaturés essentiels et donc obligatoirement alimentaires, les acides linoléique et alpha-linolénique. Une membrane insaturée sera souple, fluide, flexible, dynamique; une membrane saturée sera rigide, peu active. L'alimentation, et plus particulièrement certains acides gras essentiels, contrôlent la qualité des membranes cérébrales.

La membrane de toute cellule vivante constitue un générateur électrique miniature, dont le pôle négatif est la face interne de la membrane. De part et d'autre de cette frontière physique de la cellule, il existe en permanence une différence de potentiel électrique, de l'ordre de soixante-dix millivolts. Ce phénomène peut paraître faible, mais rapporté à l'épaisseur de la membrane (un millionième de centimètre), il correspond à soixante-dix mille volts pour un centimètre, ce qui est considérable! Ce potentiel repos est créé par la répartition inégale d'ions minéraux, c'est-à-dire des particules électriquement chargées, soit positives, soit négatives, de part et d'autre de la membrane. En particulier, la concentration d'ions sodium dans le liquide intérieur de la cellule (le cytoplasme) est dix fois plus faible que dans le milieu extracellulaire; à l'inverse, le potassium est trente fois plus concentré à l'intérieur de la cellule qu'à l'extérieur.

Les protéines membranaires présentent une très grande variété. Certaines n'ont qu'un rôle structural, du moins le pense-t-on, car on ne leur connaît pas encore de fonctions. D'autres sont des protéines globulaires qui jouent un rôle fonctionnel important (enzymes, transporteurs, récepteurs spécifiques). On distingue deux types de protéines membranaires : les protéines hydrophiles (dites extrinsèques) et les protéines hydrophobes (dites intrinsèques). Les premières possèdent des groupements ionisés qui réagissent avec les têtes polaires hydrophiles des phospholipides. Ces protéines se placent à la périphérie de la double couche de phospholipides. Elles sont faiblement liées à la membrane, dont elles sont facilement détachées.

Les membranes biologiques sont asymétriques, leurs deux faces ne sont pas semblables et ne présentent donc pas les mêmes propriétés. Cette asymétrie concerne aussi bien la répartition des lipides dans chacune des deux couches que la répartition des protéines faisant saillie sur l'une ou l'autre face. En particulier les sucres associés aux lipides (formant des glycolipides) ou aux protéines (formant des glycoprotéines) tapissent toujours une seule des deux faces de la membrane, celle qui est au contact direct du milieu extracellulaire; ils assurent, entre autres, l'identité des familles de cellules. C'est leur « empreinte digitale ». Un exemple : ils définissent les groupes sanguins.

Le sang et le cerveau

Le cerveau de l'homme possède une circulation sanguine très importante, correspondant à une activité métabolique intense et permanente. Son poids ne représente que 2 % environ du poids total du corps, mais il reçoit approximativement un sixième de l'ondée cardiaque et consomme le cinquième de l'oxygène apporté au corps entier. Le cerveau reçoit vingt-cinq fois plus de sang que le même poids de tissu d'un membre au repos et retient plus d'oxygène sanguin, bien que les capillaires du muscle soient plus nombreux que ceux de la substance grise.

La barrière hémato-encéphalique protège puissamment le cerveau contre l'irruption de toxiques, de molécules en excès ou plus simplement non souhaitables à un moment donné. Le corollaire est la difficulté à faire pénétrer des médicaments dans le cerveau. L'utilisation de la diffusion de différents traceurs, introduits par voie sanguine, a permis de montrer que la barrière est localisée aux cellules endothéliales des capillaires cérébraux et à leurs jonctions étanches.

Dans la plupart des organes le transport est paracellulaire, c'est-à-dire que les nutriments se faufilent entre les cellules. Il est transcellulaire dans le cerveau. Le transport à travers une membrane peut se faire selon un processus de diffusion simple. La vitesse de transport est alors proportionnelle à la différence de concentration de part et d'autre de la membrane. Les substances lipophiles traversent très rapidement les membranes, les substances hydrophiles très lentement. Le transport peut aussi s'effectuer à l'aide d'un transporteur protéique. Les molécules hydrophiles, comme le sont la plupart des substrats métaboliques, traversent les membranes grâce à une interaction réversible avec des protéines membranaires avec lesquelles elles possèdent une certaine complémentarité de structure. Si le transport se fait sans apport d'énergie, et s'il s'effectue dans le sens de la différence de concentration, il est appelé diffusion facilitée. Il en est ainsi pour la plupart des substrats métaboliques, les sucres, les acides aminés. Si le transport nécessite de l'énergie, il est appelé transport actif et peut se faire contre le gradient de concentration.

En réalité, le transport hémato-encéphalique est plus complexe qu'un simple transport transmembranaire, puisque, pour passer du sang à l'espace extracellulaire cérébral, une substance doit franchir successivement la membrane de la cellule endothéliale en relation avec le sang, le cytoplasme, et la membrane de la même cellule faisant face aux tissus cérébraux. La traversée du cytoplasme est une barrière supplémentaire pour certaines molécules, qui peuvent être dégradées par des enzymes qui s'y trouvent et constituent de ce fait, une barrière chimique.

Soutiers de l'énergie, les transporteurs du glucose

Le glucose doit parvenir en quantité importante au cerveau afin d'alimenter le métabolisme énergétique cérébral dont il est le substrat presque exclusif chez l'adulte, dans les conditions physiologiques. Le transport de glucose est saturable, trop ne sert à rien. Il est aussi spécifique, puisque le mannose, le galactose ainsi que certains analogues structuraux non physiologiques sont transportés alors que des sucres très voisins, comme le fructose, ne le sont pas. Enfin le transport du glucose à travers le cerveau n'est pas modifié par l'insuline. Mais lors d'une hyperglycémie chronique, la vitesse maximale de transport du glucose à travers la barrière hémato-encéphalique diminue du tiers, due à une répression de synthèse du transporteur.

Dans les conditions physiologiques, l'influx de glucose est quantitativement important par rapport à la concentration cérébrale. Ceci entraîne un renouvellement très rapide du glucose cérébral; les deux tiers environ du glucose sont renouvelés par minute! Ce chiffre permet de comprendre la mauvaise tolérance cérébrale à l'hypoglycémie.

En plus de ces modifications rapides en réponse à un changement de l'activité fonctionnelle, il existe des variations du transport de glucose, qui sont probablement liées à une modification du nombre de transporteurs dans la paroi capillaire. Lors du développement, il existe une augmentation de la vitesse maximale de transport de glucose, ce qui traduit probablement une augmentation du nombre de transporteurs. Cette augmentation est contemporaine d'une modification du métabolisme cérébral : le passage d'une utilisation importante de corps cétoniques à celle, presque exclusive, de glucose.

Une chaîne de solidarité

Le cerveau a besoin d'un apport continu en acides aminés pour la synthèse des protéines, des peptides, et de neuromédiateurs. Le transport des acides aminés à travers les capillaires cérébraux est totalement différent de celui des sucres ou des acides. En effet, comme l'a démontré, dans mon laboratoire, Jeanne-Marie Lefauconnier assistée de Gabrielle Bernard, il comporte plusieurs systèmes de transport. Il est de plus asymétrique : le passage dans le sens sang-cerveau est différent du passage dans le sens cerveau-sang.

Il existe quatre systèmes de transport des acides aminés dans la membrane de la cellule endothéliale qui fait face au sang. (Un premier transporte les grands acides aminés neutres, un second les acides aminés basiques, le troisième les acides aminés acides, et, enfin, le quatrième transporte des petits acides aminés neutres).

Mais des phénomènes de compétition se produisent. L'influx cérébral d'un acide aminé n'est donc pas déterminé seulement par sa concentration plasmatique et son affinité pour le transporteur, mais aussi par la concentration plasmatique et l'affinité pour le même transporteur des autres acides aminés. La notion d'équilibre judicieux est primordiale : si un acide aminé est en excès, il empêchera les autres de passer, en encombrant les transporteurs. Une carence peut apparaître pour deux raisons : le manque de l'intéressé ou le trop-plein d'un concurrent.

Certaines modifications du transport résultent donc de phénomènes de compétition des acides aminés pour leur transporteur. La vitesse d'influx peut varier rapidement sous l'influence de facteurs purement nutritionnels, tels le régime ou la concentration d'insuline, qui modifient les concentrations relatives des acides aminés dans le plasma sanguin. La concentration cérébrale d'un acide aminé peut ainsi diminuer parce que sa concentration plasmatique décroît ou parce que celle des acides aminés compétiteurs augmente.

Bien que la synthèse protéique soit l'utilisation principale de ces acides aminés, il ne semble pas qu'elle soit physiologiquement affectée par ces compétitions. Mais en fait les travaux sur le sujet sont rarissimes. En revanche dans certaines pathologies, par exemple dans la phénylcétonurie, une diminution de la synthèse protéique est possible. En effet, la concentration cérébrale des acides aminés compétiteurs de la phénylalanine dans le transport sang-cerveau est diminuée pour deux raisons : par diminution de leur concentration plasmatique chez l'enfant et par compétition avec la phénylalanine lors du transport entre le sang et le cerveau. Dans cette redoutable maladie héréditaire, la phénylalanine n'est pas dégradée. Elle s'accumule, empêche les autres acides aminés de passer, elle provoque, entre autres, une arriération mentale importante.

A l'opposé, l'autre utilisation des acides aminés, la synthèse de neurotransmetteurs, est sous la dépendance de ces phénomènes de compétition. La synthèse de sérotonine dépend des quantités relatives dans le plasma sanguin de tryptophane et de celles des acides aminés compétiteurs (tyrosine, phénylalanine, leucine, isoleucine, valine). Ce phénomène de compétition peut moduler l'effet de certains médicaments, qui utilisent les transporteurs des acides aminés pour pénétrer dans le cerveau.

Ces compétitions jouent aussi certainement un rôle dans l'effet du régime alimentaire sur la synthèse de sérotonine. Après un repas riche en protéines, non seulement le tryptophane plasmatique s'élève, mais aussi la concentration plasmatique des acides aminés compétiteurs. Comme l'augmentation relative de ces différents acides aminés est la même, il ne se produit pas d'augmentation de la concentration cérébrale en tryptophane. Par contre, un repas riche en glucides entraîne une augmentation de la sécrétion d'insuline, qui cause une réduction de la concentration plasmatique en acides aminés. De ce fait le transport sang-cerveau de tryptophane augmente ainsi que la concentration cérébrale de tryptophane, expliquant, peut-être, le besoin de sieste après un gros repas... car la sérotonine est le neuromédiateur du sommeil.

Purger le cerveau

Un humoriste disait, que, par son ingénieux mécanisme, pur produit du génie humain, une porte que l'on pousse pour entrer se transforme en porte de sortie dans l'autre sens... Inversement une barrière est une muraille difficile à franchir dans un sens, comme dans l'autre. La barrière hémato-encéphalique empêche vigoureusement les indésirables de pénétrer dans le cerveau. Mais si l'intrus a forcé le barrage, il est dur de l'expulser. Il faut donc trouver une technique qui permettra de le neutraliser, de l'éliminer : il s'agit de l'immuno-toxico-thérapie, mise en pratique dans mon laboratoire par Jean-Michel Scherrmann pour certains toxiques et surtout des médicaments, tels les antidépresseurs, qui peuvent être redoutables chez certaines personnes sensibles, ou chez celles qui en ont trop pris.

Qu'est-ce que l'immuno-thérapie? C'est la neutralisation du toxique par ce que la nature a su élaborer de plus puissant et de plus spécifique; c'est-à-dire par des anticorps (qui sont des immunoglobulines)... Mais ceux-ci sont préparées chez l'animal, le cheval ou la chèvre. Les injecter à l'homme présente donc plusieurs inconvénients. D'abord, ces protéines étrangères risquent de provoquer des réactions allergiques. Ensuite elles ne sont pas éliminées dans les urines : le toxique est neutralisé, mais le couple toxique-anticorps reste dans le sang. Il est dégradé petit à petit, le toxique est donc relâché à petite dose : une intoxication aiguë est remplacée par une intoxication chronique. Mort à petit feu au lieu de mort violente.

La géniale parade consiste à tronçonner les anticorps à l'aide de scalpels chimiques, pour ne garder — et purifier — que la partie qui neutralise le toxique, et éliminer les régions de la molécule qui sont inutiles et provoquent les réactions allergiques. Chance insigne, le fragment est suffisamment petit pour pouvoir être éliminé dans les urines, avec le toxique neutralisé !

Le neurone aquatique

L'eau c'est la vie. On dit, avec juste raison que la vie est phénomène aquatique. L'eau en effet est indispensable au fonctionnement de toute cellule, car c'est elle qui permet les échanges entre le milieu intracellulaire et les espaces extracellulaires. Un organisme peut survivre à un jeûne alimentaire de plusieurs semaines, mais, privé d'eau, la mort survient en trois ou quatre jours. L'eau a trois origines. D'abord les boissons qui apportent un à deux litres par jour. Ensuite l'eau contenue dans les aliments qui fournissent entre un demi et un litre par jour. Par exemple, les fruits contiennent 80 à 90 % d'eau, la viande 60 %, le pain 35 %, le beurre 15 %. Enfin l'eau fabriquée par l'organisme lui-même, résultant des processus d'oxydation des différents nutriments, environ un quart de litre.

Au total, lorsque l'alimentation est à peu près équilibrée, avec un niveau calorique convenable, un organisme bénéficie de deux à trois litres d'eau par vingt-quatre heures, nécessaires pour entretenir un capital hydrique correspondant à 60 % de son poids total. Un homme de soixante-dix kilos possède en effet un stock d'eau de quarante kilos environ réparti pour trois cinquièmes dans les cellules, deux cinquièmes en dehors des cellules. Mais il faut noter que l'hydratation des tissus varie en fonction de leur nature. Le cerveau est formé pour 80 % d'eau. Cette eau doit être d'une stabilité absolue : tout excès, tout déficit peut avoir des conséquences dramatiques. Par exemple, l'œdème est caractérisé par une augmentation d'eau, donc de volume. Or le cerveau est enserré dans la boîte crânienne, il lui est absolument impossible de gagner du volume. Augmenter l'eau veut dire diminuer par compression le tissu, par conséquent étioler les neurones.

Alimentation et cerveau

Ce n'est pas seulement la nourriture spirituelle qui joue un rôle important à tout moment de la vie, c'est aussi l'alimentation. Il ne semble pas que certaines régions cérébrales soient plus sensibles que d'autres à la sous-alimentation : une réduction nutritionnelle perturbe les événements du développement cérébral qui lui sont contemporains et parfois ceux qui suivront. Chez un modèle animal, le rat par exemple, la moitié du poids des hémisphères cérébraux adultes est présente à la naissance, alors qu'il n'y a qu'un trentième du cervelet. On comprend donc immédiatement qu'une sous-alimentation post-natale altérera un peu les hémisphères cérébraux, beaucoup plus le cervelet.

La nature a prévu de pouvoir résister à la sous-alimentation de trois manières. En décalant légèrement les événements, pour attendre des jours meilleurs, en allongeant les cycles de division cellulaire, pour leur donner plus de temps pour capter les quelques nutriments essentiels présents, enfin en réduisant les pertes synaptiques physiologiques. En effet, les étapes précoces du développement cérébral se traduisent par une perte considérable de synapses, qui passent, par unité de volume, de vingt-cinq millions à quinze millions. L'animal sous nutri préservera mieux ses synapses : elles passeront de quatorze à douze millions. Le déficit final ne sera donc que de deux millions. Lorsque la mère ne reçoit pas une alimentation convenable, les besoins du fœtus ne sont pas satisfaits. De jeunes rats mal nourris souffrent d'un développement cérébral retardé, définitivement. Même s'ils reçoivent par la suite une bonne alimentation, ils conservent toute leur vie une myéline insuffisante parce que la myélinisation est programmée à un stade précis. Chez les rats dont la mère a été privée de protéines, les cellules du cerveau elles-mêmes sont moins nombreuses que chez ceux à qui on a fourni une nourriture abondante et équilibrée. J'ai trouvé, avec Claude Chanez, que les neurones d'animaux hypotrophiques ont perdu à tout jamais certains de leurs acides gras essentiels.

Dans les années soixante-dix, Winick et ses collaborateurs ont étudié le contenu en acides nucléiques et en protéines des cerveaux d'enfants morts de carence alimentaire au cours de la première année de leur existence. Tous avaient, par rapport aux cerveaux d'enfants « normaux » morts d'autres causes, une diminution nette du nombre de leurs cellules corticales. Pour certains le nombre des cellules apprécié par la teneur du cortex en ADN était diminué de plus de moitié!

D'après les études statistiques réalisées en Amérique du Sud, on sait que les périodes de plus grande vulnérabilité biologique du cerveau humain sont celles qui précèdent et suivent la naissance, pendant les premiers mois de la vie. Il existe des relations entre la malnutrition chronique du jeune âge et la faiblesse des résultats obtenus aux tests d'intelligence, par insuffisance de mémorisation et médiocrité des facultés d'observation. La nonchalance, la lenteur d'idéation, la paresse même, que l'on constate chez les habitants de certains pays, aux Indes par exemple, est due, plus que partiellement, à une carence en protéines (et en vitamines).

La privation affective est aussi dangereuse pour le nourrisson que la privation alimentaire. L'évangéliste le disait bien il y a deux mille ans : « L'homme ne se nourrit pas seulement de pain. » La nature animale constitue la noblesse et l'angoisse de l'Homme, le substrat de ses qualités comme de ses faiblesses. Longtemps les moralistes, les philosophes et, plus tard, les chercheurs en sciences humaines ont eu pour souci principal de rejeter toute appartenance de l'Homme au monde des bêtes, ou, pour le moins, de lui trouver une dimension spécifique qui le sorte d'une famille honteuse, d'une promiscuité gênante. Les besoins alimentaires du cerveau de singe, s'il est omnivore, ce qui est rare, et de l'homme, sont identiques. Leur utilisation est similaire. Mais l'expression de ces deux cerveaux est formidablement différente.

L'appartenance au monde animal lance l'Homme à la recherche, dans le milieu ambiant, d'une nourriture et d'une énergie qu'il est incapable de réaliser sans comportement, contrairement aux plantes qui se nourrissent immobiles. Il y a deux à trois millions d'années l'Homme acquit les traits et les comportements que nous considérons comme humains : mille fois moins que l'âge de la vie, mais mille fois plus que celui des premières civilisations qui ont écrit leur vie ! Les ancêtres de l'Homme ont évolué mille fois plus longtemps comme animaux que comme humains. Les propriétés biologiques de l'Homme sont donc, avant tout, des propriétés de l'animal. Le passage à l'humain n'a pu se faire que par un très petit nombre de modifications biologiques, relayées par d'immenses conséquences sociales et culturelles. On pourrait cadencer l'horloge de l'évolution, comme l'a fait Jean-Michel Robert.

« Depuis plusieurs dizaines de millions d'années, il y a un cerveau ancien qui possède des facultés d'éveil, d'attention, de mémoire à court et à long terme, des séquences programmées de recherche et de jeu, et qui perçoit les rythmes, la position et la présence du corps et s'alimente en informations par les organes des sens.

« Depuis quelques centaines de milliers d'années, il est un cortex cérébral humain alors développé, tel que nous le connaissons aujourd'hui, très probablement.

« Depuis quelques dizaines de milliers d'années, ce cortex humain sait parler, chanter, dessiner.

« Depuis quelques milliers d'années seulement il sait comment écrire et lire.

« Depuis quelques centaines d'années seulement il sait comment compter.

« Depuis quelques années, il converse avec des microprocesseurs qu'il a lui-même inventés ».

Le passé a été pénible, le futur est envisageable car seuls des nutriments judicieusement choisis permettent au cerveau de se construire, de se maintenir, d'œuvrer, car l'alimentation adaptée autorise l'organisme à fonctionner au service du cerveau.

IV

Les plaisirs des sens

Un mets, un fumet, une œuvre d'art

Une multitude de messages chimiques, physiques et électromagnétiques inonde, immerge, envahit, impressionne continuellement notre organisme, qui n'est pas équipé pour les détecter tous. Quelques-uns sont reçus, compris éventuellement, beaucoup nous échappent; l'information fournie par nos sens est donc incomplète, incertaine, partielle, pour ne pas dire étriquée, bornée ou sectaire. Si nous avions un organe ou des sens en moins, nous ignorerions des choses utiles ou nuisibles, merveilleuses ou laides, étranges ou communes, préoccupantes ou négligeables. Certains handicapés en font malheureusement l'expérience douloureuse. Si nous avions un organe en plus, nous découvririons sûrement autour de nous une infinité de choses insoupçonnables et curieuses, mais que d'autres espèces connaissent. Avec des « si », le monde serait différent. Mais, fort heureusement, le raisonnement, la mémoire et l'imagination prennent le relais de nos perceptions. Nos sens, assistés des progrès scientifiques et des nouvelles technologies, nous font explorer de vastes étendues ignorées, naturelles et artificielles.

Le cerveau n'est pas un miroir intérieur sur lequel se réfléchirait la réalité. En fait, notre image de cette réalité est une illusion, parfois une hallucination, véritable vision de l'esprit, résultant des décisions et des interprétations de notre cerveau qui, toujours appréciant, jugeant et comparant, nous pousse parfois à voir ce que nos yeux ne voient pas. La beauté est dans l'œil – et le cerveau – de celui qui la regarde. Nos yeux ne trompent pas, l'information captée par la rétine est parfois incomplète, ambiguë, imprécise, mais jamais fausse. C'est un miroir subtilement dépoli, vaguement déformant. Curieusement, en présence de l'une des illusions géométriques répertoriées, portant sur les notions d'espace, de mouvement ou de couleur, nous persistons à voir faux alors que nous sommes informés de notre erreur. Un dessin ambivalent, équivoque, un assemblage d'objets et de couleurs peu précis sera interprété différemment par chacun, mettant parfois à nu une passion ou une pathologie, comme l'exploitent si bien les psychiatres. Une feuille de papier couverte de taches d'encre multicolores évoque des choses totalement différentes chez ceux qui la regardent. Parmi les étoiles, il est bien difficile de reconnaître les animaux du signe du zodiaque. La Grande Ourse était un sanglier, bien sûr, pour Obélix et les Gaulois, un hippopotame pour les Égyptiens, une mesure à grain pour les Chinois laborieux, une casserole pour d'autres, qui verront la fin du monde le jour où elle se mettra à bouillir. D'ailleurs certains l'identifient déjà à un cercueil.

Si l'on devait situer une frontière dans les voies de la sensibilité, elle ne serait pas tracée entre les organes des sens qui captent les stimulus et les régions cérébrales qui les perçoivent. Les bornes seraient au-delà, entre les centres d'enregistrement et les centres supérieurs qui reconnaissent la signification et élaborent la réponse. La même distinction existe pour les centres moteurs, d'une part entre l'aire motrice qui commande aux muscles qui exécutent, et d'autre part les aires supérieures qui conçoivent, organisent et planifient l'action. Aux fonctions sensitives qui sont plus ou moins objectives, s'ajoutent les fonctions intellectuelles qui sont subjectives, par définition.

Les stimulations sensorielles, les signaux, les informations venus du monde extérieur, mais aussi de l'intérieur de notre organisme sont recueillis, récoltés, enregistrés par des récepteurs. Ils les captent, les filtrent et les codent, mais ils ne les voient pas, ne les entendent pas, ne les goûtent pas, ni ne les sentent. Ils constituent seulement le capteur et l'instrument de mesure, le témoin efficace, sensible et fidèle. Les stimulations sont transformées en influx nerveux, et transmises par les nerfs aux centres d'intégration sensorielle, c'est-à-dire aux régions spécialisées de l'écorce cérébrale. Ces centres cérébraux assurent et définissent la perception et créent la sensation. Réception, perception et sensation ne sont absolument pas synonymes, mais complémentaires, ils sont des temps successifs indissociables. Les données captées par les récepteurs sensoriels et perçues par les aires corticales sensorielles seraient élémentaires, saccadées, informes, sans signification et parfois trompeuses si elles n'étaient pas filtrées et rassemblées d'abord, analysées, complétées, corrigées, étendues, reconnues, puis classées et stockées par les centres supérieurs du cerveau. Ce dernier n'enregistre pas seulement les stimulations gustatives, olfactives, visuelles, tactiles ou sonores du monde extérieur, il en constitue une image qui lui est propre, et qu'il traite. Guy Lazorthes a fort bien insisté sur le fait que le monde extérieur, dont la réalité nous est connue de manière intuitive, est ainsi une création du système nerveux.

Un appareil sensoriel comprend d'abord des capteurs : organes, cellules ou fractions de cellules très organisées. Mais il nécessite aussi et surtout la présence de centres de perception situés dans le cerveau. L'un sans l'autre est vain, inutilisable. Les centres sensoriels sont incapables de faire la synthèse, d'interpréter, de stocker l'information, de fournir des réponses, d'élaborer des concepts et des ripostes. Ces opérations sont réalisées au-delà, dans les centres supérieurs, dans ceux du cortex cérébral en particulier. La langue, le nez, la peau, la rétine ou la cochlée de l'oreille ne sont pas représentés en proportion de leur volume ou de leur étendue mais de leur plus ou moins grande précision et importance sensorielle.

La saveur d'un mets est, en fait, une donnée complexe. Elle met en jeu à la fois la sensibilité gustative, l'olfaction, la perception thermique, la reconnaissance de la forme et de la consistance, l'appréciation de la texture des aliments. Les scientifiques appellent tout cela d'un nom barbare, la palatabilité. Pour l'anecdote, il fallut attendre 1824 pour que le célèbre Eugène Chevreul, le découvreur de la chimie des lipides, des graisses, ce n'est pas un hasard, soit le premier scientifique à faire la différence entre le tact de la langue, le goût et l'odorat... La perception visuelle intervient notablement : elle permet, en particulier, d'anticiper la saveur. Elle nous renvoie aux apprentissages et aux expériences antérieures, mais aussi à l'élaboration matérielle, symbolique, voire fantasmatique, du réel.

L'ensemble des sensations liées à l'alimentation constitue un sys-tème d'attraction et de sélection si fondamental qu'un nutriment dépourvu de tonus émotif n'est pas un aliment. L'homme normal ne supporte pas sans vomir un régime fait du mélange des acides aminés et des nutriments dont il a pourtant besoin absolument.

Les sensations alimentaires sont donc visuelles, olfactives, tactiles (par les lèvres, le palais et la langue), gustatives, digestives. De plus, la mémoire intègre les expériences passées dans la perception du moment, si bien que notre alimentation prend un sens éthique. Ce qui pousse l'homme à manger est d'abord une volupté. Mais, comme l'a souligné Guy Lazorthes, étrangement, dans la phylogenèse du système nerveux, il y a concurrence entre les sens quant à leur capacité à représenter ce qui est extérieur au corps. Ceux de la défense, du toucher, de la vue, de l'ouïe ont pris irrésistiblement le dessus sur la sensibilité du besoin comme le goût et l'odorat. L'homme, en effet, est bien plus fortement organisé pour percevoir la douleur que pour détecter les sources de plaisir comme le montre l'analyse des très nombreux récepteurs. Prévenir un danger fut plus vital que se faire plaisir. Cela est-il toujours vrai?

Pour qu'un stimulus soit efficace, encore faut-il que son énergie ne soit pas trop faible. Mais elle ne doit pas non plus dépasser certaines valeurs au-delà desquelles, la modification subie serait irréversible, comme passer du chaud à la brûlure, ce qui détruit les papilles gustatives. Nos sens ne perçoivent rien d'extrême. Trop de bruit nous assourdit, trop de lumière nous éblouit. Les qualités extrêmes nous sont ennemies. Nous ne sentons plus, nous souffrons, avait déjà reconnu Blaise Pascal.

Certains sens, comme l'odorat et le goût, sont d'une sensibilité prodigieuse et d'une finesse discriminatoire d'une puissance telle qu'aucun instrument n'est actuellement capable de les égaler! Frie-drich Nietzsche lui-même n'a-t-il pas écrit que « le nez, par exemple, dont aucun philosophe n'a jamais parlé avec vénération ou recon-naissance, le nez est même provisoirement l'instrument le plus délicat que nous ayons à notre service : cet instrument est capable d'enregistrer des différences minimes que même le spectroscope n'inscrit pas ». D'ailleurs, une technique permettant de quantifier certains paramètres organoleptiques des aliments utilise les organes sensoriels de l'homme comme instruments de mesure, car il n'y en a pas d'autres qui soient aussi puissants. Elle est irremplaçable quand l'appareil n'est pas capable de rivaliser avec son équivalent sensoriel : l'olfactométrie en est l'exemple typique.

Mais il n'existe pas d'appareils qui amplifient et enregistrent les odeurs comme il y en a pour les ondes visuelles et auditives. Pourquoi ?

Certains récepteurs sensoriels ont des performances extraordinaires. Ainsi, l'homme perçoit la lueur d'une bougie à vingt-sept kilomètres, dans des conditions optimales. L'enfoncement rapide de la peau d'une amplitude d'un demi-millième de millimètre est identifié. La quantité de corps odorants nécessaires pour faire apparaître la sensation est de l'ordre de milliardièmes de milligramme : on doit l'exprimer en nombre de molécules. Des calculs ont montré que ce nombre est seulement de deux cents molécules chez l'homme, pour une odeur comme celle de l'éthyl-mercaptan, substance qui donne une odeur caractéristique à l'ail. Le chien, lui, est alerté par trente molécules seulement. Une seule molécule de la substance émanant de la femelle chez un insecte suffit à exciter un récepteur. Chez le bombyx mâle, il suffit de quelques molécules de la substance répandue dans l'air par la femelle pour déclencher le comportement de recherche : on est alors dans le domaine des phéromones.

Notre nez a une finesse de sensibilité discriminatoire, un seuil de reconnaissance et d'identification bien supérieurs à notre langue : notre acuité olfactive est dix mille fois plus sensible que notre goût. Heureusement, sans doute, car l'odeur est émise par le vivant. S'il devait en produire beaucoup, il s'évaporerait et disparaîtrait ! Contrairement à la vue et à l'ouïe qui laissent la forme des objets intacts, la jouissance du nez participe à la destruction, car on ne peut sentir les odeurs que de ce qui se consume de soi-même...

Certains récepteurs cellulaires répondent à des intensités de stimulation qui varient dans une gamme allant de un à dix milliards. C'est un énorme problème physiologique, car le codage de l'intensité est représenté par la fréquence des potentiels d'action : une cellule ne peut décharger plus de mille potentiels d'action par seconde. Si le codage était une relation linéaire entre l'intensité du stimulus et la fréquence des potentiels d'action, il faudrait imaginer des fréquences d'un seul potentiel par mois pour les intensités faibles... Le seul paramètre modulable du potentiel d'action est sa fréquence, puisque son amplitude et sa vitesse sont constantes. En réalité, les récepteurs auditifs, électriques ou visuels, répondent de manière approximativement proportionnelle au logarithme de l'intensité des stimulus. Il est ainsi possible de distinguer facilement l'intensité mille de l'intensité deux mille. Mais mille ajouté à un milliard ne sera pas perçu : la sensation, la discrimination, diminuent pour les fortes intensités de stimulation, mais elles dépendent beaucoup des conditions expérimentales. Chez l'homme, les variations perceptibles sont de l'ordre de 2 % pour l'intensité lumineuse, de 10 % pour l'intensité auditive, de 15 % pour les pressions cutanées et de 10 à 30 % pour les intensités gustatives.

Aucune théorie ne permet de rendre compte parfaitement de l'accoutumance aux odeurs. Une cellule sensible ne tarde pas à se calmer : l'odeur n'est perçue qu'au début ou quand elle devient plus forte. Puis apparaît une sorte de « fatigue » : le fumeur de pipe ne sent plus l'odeur de son tabac après quelques bouffées, la vanille n'est plus sentie après deux minutes, le camphre après cinq minutes. Mais d'autres odeurs persistent plus longtemps. Lorsqu'on est exposé longuement à une odeur même désagréable, on finit par ne plus la percevoir. L'odeur insupportable de l'haleine fétide ou de la transpiration repoussante de certaines personnes inciterait à penser que leurs conjoints ne les supportent de jour et de nuit que par accoutumance, absence d'odorat ou masochisme... Ceux qui dorment dans un dortoir d'école, de caserne, d'hôpital ne sentent pas l'odeur épouvantablement suffocante qui saisit et arrête ceux qui y pénètrent. L'adaptation à une odeur est spécifique, c'est-à-dire qu'elle se produit pour une odeur particulière. Guy Lazorthes affirme que le phénomène se situerait au niveau des récepteurs qui baissent les bras, et non des centres qui ne se vaccineraient pas.

Les instruments de l'orchestre

De l'amibe au cerveau

Les organes sensoriels sont diversifiés et sont devenus de plus en plus complexes au cours de l'évolution. Mais, remarquable constance à travers les temps et les espèces, alors même qu'ils constituent des structures très élaborées spécialisées dans la reconnaissance des stimulus les plus divers, ils conservent toujours la même forme. En effet, à la diversité des organes sensoriels et aux innombrables stimulus, s'oppose une relative unicité de la cellule réceptrice qui conserve le cil comme une sorte de réminiscence de l'amibe ou de pérennité de la vie monocellulaire.

La perception de sensation repose sur des mécanismes physiologiques et biochimiques complexes : transduction, codage, traitement et intégration des informations. Ils ont été parfaitement décrits par Patrick Mac Leod.

Pour que le stimulus devienne un élément d'information pour l'organisme, le récepteur sensoriel doit répondre à trois aptitudes : lui être sensible, le traduire et le coder. La deuxième opération s'appelle transduction, elle est associée à l'apparition de potentiels électriques au niveau de la membrane de la cellule sensorielle. Un transducteur sensoriel est un capteur disposant de ses propres ressources énergétiques. La stimulation ne fait que libérer une énergie potentielle, mais ne la crée pas, pas plus que l'ouverture d'une vanne de barrage ne crée l'énergie du liquide libéré par cette ouverture. C'est au niveau de la membrane de la cellule qu'agissent les stimulus, leur action s'exerce soit directement, soit par l'intermédiaire des structures associées. Ainsi l'absorption de photons par les molécules de pigments des photorécepteurs de la rétine, la déformation mécanique de la membrane par torsion, étirement ou distension des mécanorécepteurs des articulations, l'adsorption à sa surface des molécules stimulatrices pour les détecteurs du goût ou des odeurs. Toutes ont la même conséquence : modifier sa perméabilité à certains ions.

La nature de la sensation est conditionnée par celle des récepteurs stimulés et par le type de relais activés. Ainsi une sensation visuelle peut être obtenue par une pression sur l'œil, les « trente-six chandelles » ou par le passage d'un courant électrique modéré à travers le globe oculaire, les phosphènes électriques. A l'inverse, une même stimulation provoque des sensations différentes selon le récepteur sollicité. Une vibration électromagnétique, par exemple de sept cents nanomètres de longueur d'onde, quand elle atteint la rétine produit une sensation visuelle, mais, sur la peau, elle produit une sensation thermique. Une vibration aérienne de quinze hertz provoque à la fois une sensation auditive et une sensation tactile localisée au niveau de l'oreille.

La troisième aptitude fondamentale des récepteurs sensoriels est de coder le message et de le diriger vers des neurones du système nerveux central. Ce codage permet d'informer les centres du cerveau sur l'intensité du stimulus, sur ses aspects qualitatifs ou spatiaux, lorsqu'ils existent, et sur la durée du phénomène.

Les organes sensoriels peuvent recevoir les informations en provenance du monde extérieur, car ils sont formés de l'assemblage de plusieurs milliers à quelques millions de chaînes amplificatrices. L'énergie élémentaire mise en jeu par le stimulus lui-même est si faible qu'elle ne peut exciter la cellule. Elle est seulement capable de modifier temporairement une molécule spécialisée de la membrane, appelée récepteur. Là s'arrête la pénétration du monde extérieur : au-delà de la membrane réceptrice, l'information est amplifiée et transmise sous forme électrique par la machinerie de la cellule.

Le premier étage d'amplification fait passer l'événement de l'échelle moléculaire à l'échelle cellulaire. Des canaux ioniques contenus dans la membrane gèrent les échanges de charges électriques, entre le milieu intracellulaire et le milieu extérieur. Ces dernières sont des ions, principalement de sodium et de potassium. Un gradient de concentration d'ions potassium est entretenu par le métabolisme de la cellule : la concentration interne de potassium est vingt à trente fois plus grande que la concentration externe. Le potentiel de repos est généralement voisin de quatre-vingts millivolts, négatif à l'intérieur de la cellule. A la suite d'une stimulation efficace, le changement de conformation des récepteurs spécifiques induit l'ouverture de canaux qui dépolarisent la cellule en diminuant sa résistance membranaire, créant ainsi un courant électrique. L'énergie électrique ainsi mise en jeu traduit une amplification d'un million de fois !

Le deuxième étage d'amplification fait passer l'événement, la perturbation, de l'échelle cellulaire à l'échelle macroscopique. Il s'agit de la production d'impulsions électriques qui se propagent sans perte le long des axones sur des distances de plusieurs dizaines de centimètres, à des vitesses variant de un à vingt mètres par seconde. Résultant de l'autostimulation électrique de la cellule, le potentiel d'action met en jeu des canaux ioniques spécialisés, sélectivement perméables aux ions sodium. Le potentiel d'action est un phénomène de tout ou rien, et son énergie correspond à une amplification de mille fois par rapport au potentiel de récepteur.

L'événement initial constitué par l'interaction entre le stimulus et le récepteur se traduit finalement par un potentiel d'action propagé avec un gain de mille millions ! L'apport d'énergie nécessaire à cette colossale amplification provient entièrement du métabolisme cellulaire.

Entre le premier neurone de la chaîne sensorielle et le cortex cérébral où se déroulent les dernières opérations qui précèdent la perception consciente, on trouve toujours au moins trois relais synaptiques, avec une organisation particulière ; l'information est transmise par des synapses sur un mode qui est soit convergent, soit divergent, soit encore les deux à la fois. Le filtrage neuronal fait subir à l'image sensorielle une amplification de contraste. Par exemple, les zones homogènes se trouvent considérablement atténuées. Au contraire, les zones de transition sont en quelque sorte surlignées, contrastées par le déséquilibre local entre des fibres peu activées qui sont neutralisées, et leurs voisines qui peuvent s'exprimer plus fortement. Le fait que l'image sensorielle soit réduite facilite considérablement le traitement par les centres cérébraux. Qu'elle soit bien contrastée permet également au volume total de l'image de devenir identique à son contenu informationnel, alors qu'au départ il était donné par la grandeur du stimulus et indépendant de sa richesse en informations. Par exemple, l'image d'une page blanche et celle d'une page d'écriture contiennent sensiblement le même nombre de millions d'informations élémentaires au niveau de la rétine (les informaticiens parleraient de bits ou d'octets); alors qu'au niveau cortical, la page d'écriture est représentée par l'équivalent de quelques dizaines de millions de bits contre quelques dizaines de bits seulement pour la page blanche. L'économie est formidable!

Le choix de l'utile, le refus du danger, la source des plaisirs

Dans le mélange inextricable et confus de physiologie et de psychologie qui caractérise la réception, l'analyse et l'intégration sensorielle, la composante hédonique de la perception tient une grande place dans l'évaluation sensorielle. Le plaisir, l'idée que l'on en a, modifient considérablement la perception.

Mais nous n'agissons pas comme des toxicomanes, guidés par la recherche d'un plaisir, qui résulte de phénomènes chimiques artificiels. C'est du reste une raison pour laquelle la toxicomanie doit être réprimée et non encouragée. Elle constitue en quelque sorte un moyen de substituer une activité nuisible, mais hautement gratifiante, à une activité vitale, souligne Yves Christen. L'attrait d'un mets n'agresse pas notre liberté, il est loisible de refuser. Mais il est illusoire de parler de la liberté d'un drogué, devenu en réalité esclave d'une substance qui déséquilibre son cerveau, tue ses neurones, et le contraint à fonctionner dans des conditions anormales. La drogue, par ses propriétés intrinsèques, empêche donc l'individu d'exercer son libre arbitre. Il y a peut-être des drogués heureux, mais il n'y a certainement pas de drogués libres. Car l'exercice de la liberté nécessite un rapport de vérité continuel entre le cerveau et l'environnement dans lequel l'homme est appelé à se mouvoir, comme le souligne Gabriel Nahas. Charles Baudelaire, bien avant le scientifique, a formulé cette nécessité de préserver l'intégrité de la pensée de l'homme contre les déviations créées par la drogue. En effet, déclare-t-il dans son *Poème du Hashish*, il est défendu à l'homme, sous peine de déchéance et de mort intellectuelle, de rompre l'équilibre de ses facultés dans les milieux où elles sont destinées à se mouvoir, en un mot de déranger son destin pour y substituer une fatalité d'un nouveau genre.

« Il faut manger pour vivre et non pas vivre pour manger », clame la morale homéostatique. Mais le plaisir est un besoin fondamental de l'animal évolué, et l'importance de la demande s'accroît avec le degré d'évolution des espèces. Un neurobiologiste épicurien, Jean-Didier Vincent, affirme que l'homme est né pour le plaisir, il le sait, il n'en faut point de preuve. Le plaisir de tous les mammifères, de la bête, est lié à l'activité de structures cérébrales, l'hypothalamus plus précisément. Mais le rêve, l'amour mental, sont dus à la présence du cortex, privilège de l'homme, qui génère le fantasme, propre à chaque individu. L'homme, puisqu'il a un cortex, ne voit pas une proie ou un danger, mais admire un paysage bucolique le long de la Vézère, ou un tableau de Jan Vermeer, il ne flaire pas la présence d'un partenaire ou d'un prédateur, mais hume le fumet d'un repas — une omelette aux cèpes de Bordeaux cueillis en Corrèze — ou l'exquise senteur d'un parfum. Il n'entend pas des bruits inquiétants ou attirants, mais écoute avec un ravissement tout personnel la symphonie pathétique de Piotr Illitch Tchaikowsky.

La morale classique affirme que la perversion est, si l'on peut dire, l'exercice d'un désir qui ne sert à rien, celui du corps qui s'adonne à l'amour sans idée de procréation. Serions-nous des pervers? Pour ce qui est de la nourriture, la distinction du besoin et du désir est importante chez l'homme. Le plaisir de manger exige sinon la faim, au moins l'appétit. Le plaisir de la table est le plus souvent indépendant de l'un et de l'autre. Il y a d'un côté l'appétit naturel, qui est de l'ordre du besoin, et de l'autre l'appétit de luxe, qui est de l'ordre du désir, grâce aux organes des sens qui manipulent naturellement le cerveau, et réciproquement.

Les partenaires de l'orchestre

Jeux de mains : sensibilité tactile

Loin de nous le sinistre Jean-Paul Sartre, pour qui « manger c'est, entre autres choses, se boucher ». Un tel homme est, étymologiquement, insensé. Toute l'œuvre d'un chef de cuisine est au contraire un ensemble de stimulations, de plaisirs, qui touchent tous les sens : un bon plat, un bon vin ne peuvent être appréciés que bien assis, dans une salle à manger où se côtoient les beaux tableaux, de ravissantes lithographies ou gravures, et il ne peut s'accompagner que de bons mots. Consommer une œuvre d'art exige une harmonie subtile entre les partenaires et les éléments de la table : couverts, vaisselle et verrerie, décoration, couleur et saveur des mets, leur forme et leur logique de présentation. Tous les sens sont éveillés, tous sont actifs, le regard prépare et suscite le désir, le nez jauge et rappelle, la langue pèse et classe. Il n'est que le toucher qui soit un peu négligé.

Mais la sensibilité tactile, par l'extraordinaire sens du toucher, participe également au plaisir de la table. Elle apprécie les qualités physiques de l'alimentation. Les mains expriment le contentement autant que les paroles. Paul Valéry a écrit : « Les gestes de l'orateur sont des métaphores. » Intimement liées à la parole, elles précisent, amplifient, par le geste, les pensées. Elles expriment les sentiments. On se frotte les mains de joie, on les tord de désespoir. Elles trahissent, révèlent les états psychologiques ou émotifs. Volontaires ou involontaires, les gestes accompagnent la conversation, le discours et le repas. Plus prosaïquement les mains participent aux plaisirs de la table pour piquer, appuyer, couper, ou parfois prendre. Mais la mâchoire qui tâte, cisaille, broie ou mastique génère aussi des informations tactiles essentielles.

Certains voudraient même que nous ressuscitions l'exquise émotion du sculpteur qui travaille la terre de ses mains. Ils proposent de supprimer fourchettes, couteaux et cuillères pour inaugurer un plaisir nouveau de la table. Toucher, apprécier la température, le grain, la consistance...

« Comme un cheveu sur la soupe » : une expression populaire qui prend en compte la sensibilité tactile. Les lèvres et la langue anticipent avec délectation et crainte le velouté et la chaleur du consommé. Mais un détail vient briser net la sensation, un minuscule détail qui tient à un cheveu. Il s'agit de celui qui était dans la soupe, et qui est maintenant sur la langue. On n'est pas loin du cheveu sur la langue, mais c'est alors une autre histoire...

Audition : une composante du plaisir de la dégustation ?

Parmi les sens, l'audition est sans doute celui qui est le moins directement impliqué dans les processus physiologiques de la prise alimentaire. Par contre, une musique bien choisie ou une conversation stimulante, fût-elle gastronomique, aiguise le plaisir de la bonne chère. Entendre et parler, ou plutôt écouter et bavarder sont les accessoires et les parures du repas. Sans aller jusqu'à suivre ceux qui prétendent que la gastronomie est moins l'art de bien manger que de bien parler de ce que l'on mange. Et tous les joueurs de « Trivial pursuit » savent qu'une question dans le jeu demande : quel est le sens le plus affaibli après un bon repas? Il s'agit de... l'audition!

On jouit d'abord des choses avec la vue, laquelle permet de prévoir les plaisirs qui vont suivre. Puis, l'odorat introduit aux voluptés du goût, celui-ci se confondant avec le toucher lingual. « Et l'ouïe, qu'en faites-vous? L'ouïe perçoit la musique introduite par les instruments culinaires. Elle est inscrite dans le moindre coulis ou le plus simple hachis... », note Jean-Didier Vincent.

L'ouïe perçoit le craquant de l'aliment : s'il ne l'est pas, le gâteau de l'apéritif est mauvais. Pour l'apprécier s'associent la vue pour la forme et la couleur, le goût pour le salé, l'odeur pour le fromage éventuel, le toucher à la main ou dans la bouche pour le croquant et la friabilité, l'ouïe pour le « croquant ».

Vision : discrimination et prémonition

« Un œil, mais quel œil! » disait Paul Cézanne. En parlant de Claude Monet, il est vrai. La vision joue un rôle important : l'univers sensoriel de l'homme est essentiellement visuel. C'est probablement la raison pour laquelle la physiologie de la vision occupe une place si prépondérante. Mais comment les six dimensions de l'information visuelle (trois dimensions pour la forme et trois autres pour la couleur) sont-elles traitées de la rétine jusqu'au cortex occipital? L'œil, sans le cortex, n'est rien. Paul Claudel n'a-t-il pas écrit : « l'œil écoute »? Un autre mystère à élucider.

Sans éducation, sans expérience et sans apprentissage l'œil voit mais le cerveau est aveugle. Nicolas Skrotzky parle même de populations africaines qui sont incapables de reconnaître une image sur une photo : leur cerveau n'est pas entraîné à reconstruire en perspective; nous-mêmes, ne sommes-nous pas incapables de déchiffrer ces écritures cabalistiques et ésotériques qui polluent nos murs, du métro en particulier. Mais, dès que ces lettres sont repérées, alors tout devient facile.

L'utilisation de la lumière a beaucoup changé au cours de l'évolution. Jacques Ninio rappelle que, avant d'être le véhicule privilégié de l'information rapide, elle fut, à l'aube de la vie, la nourriture essentielle pour les premières cellules. Elle l'est d'ailleurs encore pour presque tous les végétaux.

L'analyse de vieux traités culinaires montre qu'il était rarement question de goût dans les traités médiévaux, mais plus souvent des qualités visuelles. Les couleurs que l'on donnait fréquemment aux mets étaient artificielles, et ne visaient qu'au plaisir de l'œil. Aux XVIIe et XVIIIe siècles, lorsqu'un ouvrage mentionne des couleurs, il s'agit généralement des couleurs naturelles. On avantage certains plaisirs, au détriment de ceux du goût. Les yeux ont tendance à prendre surtout plaisir, à table, à ce qui annonce une joie du goût. Cette valorisation sensuelle s'est accompagnée d'une valorisation morale et sociale, tout aussi importante. Le rouge et le jaune se veulent agressifs, le vert est évocateur, rêveur, écologique, naturel; le blanc est totalement neutre.

Le sommet du sophistiqué est atteint dans le repas japonais où chaque mets est d'abord un ravissement pour les yeux.

L'importance de la vision dans l'évaluation sensorielle des produits alimentaires est considérable. Comme disait Michel Montaigne, « que vos yeux y tâtent avant d'y goûter ». Par rapport aux autres sensibilités, la vision présente trois caractéristiques qui lui sont propres. Elle est la première à entrer en action quand un sujet est intéressé où qu'il se saisit d'un produit. Elle est constamment mise à contribution dans la vie de tous les jours, quel que soit le type d'activité. Elle permet enfin une comparaison simultanée d'échantillons pour peu que leur nombre ne soit pas trop élevé. Aussi est-il normal qu'elle compte pour beaucoup dans l'identification. Apparemment, de nombreuses personnes réagissent davantage à la couleur des denrées alimentaires qu'à leur odeur, quand elles effectuent une identification et un choix. Comme s'il y avait une hiérarchie ou une priorité, les informations visuelles semblent dominer les informations gustatives et olfactives comme facteurs déterminants dans la perception de... l'odeur par exemple. Ce qui peut aboutir à une perception erronée, connue sous le nom d'erreur d'attente : à partir des informations visuelles, le sujet extrapole certaines propriétés visuelles à d'autres sensibilités. La saveur de la menthe n'est bien perçue que si le liquide est vert, un bonbon au cassis doit être violet. L'intensité de la saveur citron des gâteaux augmente avec la concentration du colorant jaune. L'odeur du saucisson est perçue comme plus caractéristique lorsque les rondelles sont présentées en l'état, irrégulières, ovales avec leur peau, que lorsqu'elles sont redécoupées pour les amener à un même diamètre !

Bien curieusement, le même spectacle ne provoquerait pas la même émotion quand il est perçu par l'œil gauche ou l'œil droit. Chaque hémisphère de notre cerveau aurait ainsi une sensibilité personnalisée.

La rétine renferme non seulement l'appareil de réception, mais aussi les deux premiers neurones des voies de transmission. L'œil diffère des autres organes sensoriels par le fait qu'il est une véritable excroissance du cerveau. C'est déjà un centre d'intégration.

Chez l'homme, comme chez tous les vertébrés, la situation en profondeur des cellules sensorielles peut paraître paradoxale car elle impose à la lumière de traverser la rétine dans toute son épaisseur avant de les atteindre. Le paradoxe n'est bien sûr qu'apparent : la rétine est parfaitement transparente et, de plus, cette traversée joue le rôle d'un guide d'onde qui multiplie par quatre l'efficacité des photons (corpuscules élémentaires, grains de lumière).

Le stimulus visuel est un flux de particules élémentaires lumineuses, de photons, caractérisé par sa nature à la fois électromagnétique et corpusculaire. L'œil humain peut percevoir des photons dont la longueur d'onde se situe approximativement entre 380 et 740 nanomètres. En deçà de 380 nanomètres (énergie plus grande), on parle de rayonnement ultraviolet ; au-delà de 740 nanomètres (énergie plus faible), il s'agit de rayonnement infrarouge.

Les pigments des bâtonnets, qui voient en noir et blanc, travaillent avec le pourpre rétinien, que l'on appelle rhodopsine. C'est lui qui se lie à un dérivé de la vitamine A, le rétinal.

Les pigments des cônes, qui voient en couleur, chez l'homme sont au nombre de trois. Leur maximum d'absorption dans le visible se situent à 415-420 nanomètres pour les cônes « bleus », à 530-535 nanomètres pour les cônes « verts » et à 560-565 nanomètres pour les cônes « rouges ». Les pigments responsables de ces différents spectres sont très voisins de la rhodopsine : ils ne diffèrent que par un petit nombre d'acides aminés. Ces différences mineures de l'environnement protéique modifient les contraintes mécaniques imposées au rétinal et décalent le spectre de la rhodopsine.

Le seul effet du photon sur la molécule de rhodopsine est de provoquer la transformation du rétinal. Il ne fait que fournir l'énergie d'activation. A partir du moment où cette réaction que l'on appelle isomérisation s'est produite, une suite de transformations indépendantes de la lumière, conduit à la dislocation de la molécule de rhodopsine et à la génération du signal. Le fonctionnement du photorécepteur est analogue à celui d'un véritable photomultiplicateur qui envoie l'information par l'intermédiaire du nerf optique.

Le centre cortical de la vision est situé sur la face interne du lobe occipital. Sur le cortex se reconstitue une carte du champ visuel. Chaque point de la rétine se projette sur un point particulier de l'aire corticale visuelle, mais à une échelle variable : le faisceau né de la macula (la tache jaune de la rétine) correspond à la moitié de la surface corticale visuelle, il est en arrière, alors que les faisceaux venus de la périphérie de la rétine sont en avant. Une zone maculaire de cinq millièmes de millimètre (cinq micromètres) occupe une projection corticale de plus de cinq dixièmes de millimètre, soit un accroissement de cent. Grande différence entre le cerveau de l'homme, celui des mammifères, et ceux des batraciens ou des reptiles : au-dessus des centres visuels conditionnés par des circuits innés existent les centres munis de circuits vierges, prêts à absorber, à comprendre, à interpréter et à emmagasiner le fruit de l'expérience. Le système visuel détecte et transmet l'information. Chacun des neurones de la rétine effectue, à travers ses multiples connexions avec ses voisins, dix milliards d'opérations par seconde avant même que la représentation de la scène n'atteigne le nerf optique. A partir de là, l'information est identifiée, interprétée, comparée, déformée, aimée, détestée... L'imagination, l'expérience, la sensibilité complètent la vision. Chacun pose sur les choses, les gens et les faits un regard différent. Car la vision est la même, mais le regard varie. Voir est une opération complexe qui dépasse l'appareil visuel. On voit avec le cerveau tout entier... le sublime est dans le cerveau de celui qui le regarde.

Gustation : voir du nez comme on boit des yeux

La gustation est bien évidemment l'un des sens les plus importants dans le choix de la nourriture et dans le plaisir qu'elle donne. La culture y fait référence.

« Avoir du goût » ne signifie pas seulement savoir goûter la nourriture, mais aussi être apte à découvrir et comprendre, à disséquer les beautés et les défauts d'une œuvre d'art matérielle ou spirituelle. Être « dégoûté » est avoir de l'aversion non seulement pour un aliment mais pour quelqu'un ou quelque chose. Voltaire, dans son *Dictionnaire philosophique*, écrit : « Le goût, ce sens, ce don de discerner nos aliments, a produit dans toutes les langues connues la métaphore qui exprime, par le mot goût, le sentiment des beautés et des défauts dans tous les arts. » Des goûts et des couleurs, il ne faut pas discuter, adage universel. Le mot goût, d'ailleurs, dans le langage courant est ambigu : il désigne autant la modalité sensorielle, la sensation, que la saveur de l'aliment. Il s'applique simultanément à l'homme et à la matière. Un autre mot prête lui aussi à confusion, il a trait à la gastronomie sociale : hôte désigne indifféremment celui qui reçoit et celui qui est reçu...

La perception gustative est due aux corps sapides, les éléments qui ont un goût, une saveur. Sapide vient du latin sapidus, il veut dire : « qui a du goût ». Le verbe sapio signifie avoir du goût et, au figuré, être sage, raisonnable, sensé et intelligent; il est aussi l'étymologie de sapiens : Homo sapiens.

La recherche de la nourriture, il y a des millénaires, fut d'abord l'activité principale de survie. Mais, bien vite, la qualité de la nourriture s'imposa, l'alimentation et le plaisir se mêlant. C'est d'ailleurs ce plaisir qui conduit à l'excès. Cependant l'excès est finalement source de déplaisir. En effet, l'intensité du plaisir est biphasique. A partir d'un certain seuil, le plaisir croît avec l'intensité du stimulus jusqu'à un sommet pour ensuite décroître et se changer en aversion pour les fortes intensités. Cette courbe s'applique aux quatre sensations : le sucré, l'aigre, le salé et l'amer. Le sommet est atteint à de faibles intensités pour le salé et l'amer qui deviennent donc vite désagréables et aversifs. Ceci vaut, à un moindre degré pour l'aigre. Par contre, pour le sucré, le plaisir est plus fort et plus long, avant d'atteindre la phase déplaisante. D'où sans doute notre propension, dans le goût, à aller vers le sucre, cet aliment fondamental de nos cellules et de nos neurones. L'homme est fait pour goûter le sucré! En fait le sucre est l'essence énergétique qui fait fonctionner nos cellules, y compris cérébrales.

Le goût est un sens chimique lié à l'existence de récepteurs spécialisés, situés dans la cavité bucco-pharyngée. Ils sont stimulés par les molécules ou les ions en solution. Chez l'homme, il existe un demi-million de récepteurs gustatifs regroupés en sept à huit mille formations compactes appelées bourgeons du goût. Ceux-ci se situent principalement sur la face supérieure de la langue, sur la muqueuse du palais, de l'arrière-bouche, de l'épiglotte et accessoirement du pharynx. Les bourgeons du goût, ces structures nerveuses en forme d'oignon contiennent environ vingt cellules. Leur sommet affleure la surface et forme une petite dépression qui s'ouvre à l'extérieur par un orifice à travers lequel passent les

terminaisons nerveuses. Les cellules nerveuses des bourgeons se renouvellent tous les dix jours. Nous avons donc une bouche continuellement
renouvelée. Sur la langue, ces bourgeons sont inclus dans les papilles
de la muqueuse linguale, visibles à l'œil nu.

Pour chaque saveur il existe des récepteurs distincts, situés en des
zones différentes de la langue. La sensibilité au sucré est plus grande à
la pointe et à la partie antérieure des bords de la langue, la sensibilité
à l'amer sur le dos de la langue, au niveau des papilles caliciformes qui
forment ce qu'on appelle le V lingual. Une glace aux marrons, un
chocolat, une sucette se goûtent spontanément avec la partie antérieure
de la langue, une bière amère avec la partie postérieure. La sensibilité
salée, quant à elle, se situe sur un territoire largement étendu, tandis
que la sensibilité à l'acide est restreinte aux bords de la langue.

La première étape de la transduction a lieu au niveau des microvillosités des cellules gustatives qui sont directement en contact avec la
salive. La stimulation gustative est une réaction de surface, les molécules
ne pénètrent pas dans les cellules. Elles sont simplement piégées et
retenues, on dit adsorbées, à la surface des microvillosités où elles établissent des liaisons réversibles avec des récepteurs membranaires très
peu spécifiques. Dans le cas de stimulus organiques, molécules donnant
lieu à la perception du sucré et de l'amer, ces récepteurs sont des protéines qui modulent l'ouverture et la fermeture des canaux ioniques
présents dans la membrane. Dans le cas de stimulus ioniques, les ions
sodium ou hydrogène sont responsables respectivement des goûts salé et
acide. Les ions, qui n'ont pas de forme particulière, se caractérisent par
une charge et un rayon; ils pourraient agir directement sans l'intermédiaire d'un récepteur nécessaire à la reconnaissance d'une forme
moléculaire.

Comme toutes les cellules sensorielles, les cellules gustatives sont
polarisées, avec une différence de potentiel transmembranaire d'environ
cinquante millivolts, négative à l'intérieur par rapport à l'extérieur. La
fixation d'un stimulus sapide sur un site récepteur entraîne l'ouverture
de canaux ioniques et l'apparition d'un potentiel qui dépolarise la membrane de la cellule. Cette dépolarisation permet la libération d'un neuromédiateur, qui transmet l'excitation aux terminaisons nerveuses, où
elle donne naissance à un train de potentiels d'action. Le délai entre
l'application du stimulus sapide et l'apparition des potentiels d'action
varie de quinze à cent millisecondes.

On a longtemps cru que l'ensemble des perceptions gustatives
pouvait être considéré comme une combinaison additive de quatre
saveurs dites « primaires » ou « fondamentales » : sucré, salé, acide,
amer (ou cinq : l'umami des Japonais, représenté par le glutamate).
Cette croyance était entretenue par le fait que les expériences étaient
toujours conçues à partir de quatre stimulus : saccharose, chlorure
de sodium, acide tartrique (ou citrique), et quinine, qui semblaient

s'imposer comme nécessaires et suffisants à représenter l'espace gustatif. On ne risquait pas, ainsi, de mettre en doute le rigide postulat originel... en fait l'espace gustatif est un continuum multidimensionnel, et les quatre saveurs sont quelques descripteurs commodes mais non exhaustifs. Outre l'umami des Japonais, on peut proposer l'existence des goûts métalliques, alcalins, voire de réglisse. Où se situe le piquant du poivre?

Bien curieusement, le nez identifie une multitude d'odeurs, et leur donne un nom. L'œil ne travaille qu'avec trois couleurs fondamentales, mais il discerne celles de l'arc-en-ciel, mieux il élargit la palette avec des bleus outremer, marine, lavande ou de prusse, avec le rouge vermillon, carmin, amarante, autant de « bémols » et de « dièses » bien connus des peintres et des collectionneurs de timbres. Pourquoi toutes les cultures, toutes les civilisations de la terre ont-elles été incapables de définir des classes de goûts? Encore un mystère à éclaircir!

Bien que très fruste avec seulement ces quelques modalités fondamentales, la sensibilité gustative est cependant une sensibilité privilégiée dans l'évaluation d'un produit alimentaire. Elle est systématiquement évoquée : un vin acide, une pomme peu sucrée, une purée de pomme de terre ou des pâtes non salées seront refusés sans appel. Ce phénomène s'interprète sans doute par des considérations d'ordre physiologique : l'organisme a besoin d'hydrates de carbone, de chlorure de sodium... il s'explique également par les habitudes culturelles : on apprend à saler la soupe, sucrer les fraises, diminuer l'acidité de la compote de pomme ou de rhubarbe avec une addition de sucre ou de crème...

Les sensibilités gustatives et olfactives sont modulées par la température des aliments qui modifie leurs propriétés physicochimiques, mais aussi altèrent la sensibilité thermique. Une glace froide est à peine sucrée, fondue dans l'assiette, elle l'est trop. Le plaisir du tiède de la tarte Tatin, du chaud du potage, du brûlant du thé à la menthe dépendent de la température.

Dès que le contact du stimulus sur la langue se prolonge au-delà d'une seconde, l'intensité perçue commence à diminuer pour, dans certains cas particuliers, s'annuler en dix à trente secondes. Après rinçage, la sensibilité initiale se rétablit, également en dix à trente secondes. Compte tenu de sa lenteur, le phénomène de l'adaptation est susceptible de perturber l'évaluation sensorielle et le plaisir de la bouche, puisqu'il rend les épreuves successives mutuellement dépendantes. Manger trop vite occulte une partie du goût, fumer en mangeant dénature la saveur.

La salive, si importante dans la digestion des aliments, joue aussi un rôle direct dans la perception de leur goût. Si l'on demande à plusieurs personnes d'estimer l'intensité du goût de plusieurs acides à pH égal, on est surpris de constater que les intensités perçues sont très différentes, les sujets sont en désaccord complet sur le classement des intensités des différents acides. L'explication se fit attendre jusqu'en 1984! On s'aperçut alors qu'il suffisait de mesurer le pH en bouche, et non dans le verre. Ce pH rend compte de l'acidité perçue, pour tous les sujets. Toutes les anomalies s'expliquent parfaitement par les différences interindividuelles du pH buccal, qui est voisin de huit et surtout du pouvoir tampon de la salive qui varie considérablement d'une personne à l'autre, et pour une même personne, d'un moment à l'autre.

Seules les particules qui sont solubles dans un liquide sont absorbées par les papilles et produisent une sensation gustative. Un corps insoluble mis sur la langue détermine une sensation tactile et non gustative. La remontée des composés volatils par les voies rétronasales, au cours de la dégustation, produit simultanément une stimulation olfactive. Ce processus a d'ailleurs entraîné une confusion constante et inconsciente entre les perceptions olfactives et gustatives.

Olfaction et gustation : le couple indissociable

L'olfaction ne sert plus à grand-chose pour l'homme, et pourtant elle est fantastiquement développée. L'odorat étant notre sens le plus archaïque, certains prétendent qu'il est de tous le plus en relation avec notre inconscient. La psychanalyse de Sigmund Freud a même failli assassiner l'odorat, en établissant un lien entre son affaiblissement et le développement de la civilisation. Mais en fait, l'odorat et le goût unissent les hommes de manière immédiate autour d'un bon brouet en dehors de tout contexte social, avant toute influence subtile ou conventionnelle de l'environnement. Le seul domaine où l'olfaction reste irremplaçable est l'alimentation : elle participe au plaisir, contrôle et détermine la satisfaction de nos besoins nutritionnels. Sur les neuf millions de molécules connues à ce jour, près de trente mille flattent plus ou moins agréablement nos neurones et leurs manies. Le chiffre peut sembler énorme, si l'on considère les quelques centaines de produits naturels qui possèdent des vertus aromatiques. Mais une odeur est l'association de multiples senteurs, donnant un bouquet original. Ainsi, le cassis est une mine de neuf cent trente constituants chimiques différents, le café en compte plus de six cents, le Cinq de Chanel probablement bien plus!

L'olfaction, jumelée avec le goût, est la clé de la perception de la qualité, de l'intérêt des aliments et... des humains. On dit bien « ne pas pouvoir sentir quelqu'un ». Peut-être quelque odeur de phéromones éventuellement sexuelles sont-elles en cause? On ne mange rien sans le sentir avec plus ou moins de réflexion. Et pour les aliments inconnus, le nez fait toujours fonction de sentinelle avancée, qui veille et interroge. Quand on intercepte l'odorat, on paralyse donc le goût. Il faut du flair...

Le fumet d'un grand repas, comme un grand parfum, est une œuvre d'art, un tableau de Thomas Gainsborough, une sculpture d'Auguste Rodin, une sonate de Ludwig van Beethoven ou une ouverture de Richard Wagner, une tapisserie d'Aubusson, un coffre gothique ou une horloge bressane. Mais les mots manquent pour la décrire. Si un grand musicien savoure et apprécie mieux une œuvre musicale en lisant les partitions, car il n'y a pas de fausses notes, quand pourrons-nous humer un parfum et entendre une musique par la simple lecture de leurs symboles?

L'olfaction est à la base de la définition du territoire. Elle permet de trouver un partenaire sexuel, chez l'animal et... chez l'homme! Elle est donc l'un des éléments les plus importants pour assurer la survie des espèces, permettant de reconnaître ses pairs, de fuir ses ennemis, de marquer son domaine, d'assurer sa descendance, de trouver et d'évaluer sa nourriture.

Les grands singes possèdent des glandes sudorales très développées sur les paumes et portent une odeur distinctive. La transpiration de la paume des mains et de la plante des pieds de l'homme a peut-être comme finalité première la communication par l'odorat, suggère Guy Lazorthe. Le sens de l'odorat est variable d'un individu à l'autre. Il serait moins développé, curieusement, chez l'homme que chez la femme. L'odorat, chez elle, varie avec le cycle menstruel. Il est plus vif au moment de l'ovulation. Pendant la grossesse, la sensibilité olfactive serait augmentée entre le deuxième et le quatrième mois et diminuée au troisième trimestre, mais le pourquoi reste mystérieux. Le goût varie aussi avec l'état hormonal. La perte de l'odorat chez le vieillard lui fait perdre le goût du pain, au propre et au figuré.

L'inspiration a une influence considérable sur la stimulation olfactive car cette dernière dépend du nombre de molécules qui atteignent la muqueuse dans un temps donné. C'est pourquoi le flairage qui multiplie par dix le débit d'air dans les narines, le portant à un litre par seconde, augmente considérablement la perception olfactive. Non seulement il accroît la vitesse du courant d'air inspiratoire, mais encore il dévie le sens de ce courant vers le plafond des fosses nasales, ce qui multiplie par cent le débit aérien dans la fossette olfactive. La respiration normale permet de déceler les odeurs, le flairage permet d'en distinguer la nature.

La voie rétronasale, communication entre l'arrière-bouche et le nez, permet aux molécules odorantes présentes dans la cavité buccale, pendant l'ingestion d'aliments, de diffuser librement jusqu'à la muqueuse olfactive. Ainsi les framboises n'ont absolument aucun goût, mais leur parfum est délicieux.

Les neurorécepteurs constituent la plus nombreuse des trois catégories de cellules de la muqueuse olfactive. Leur densité est de trois millions par centimètre carré! Chez l'homme, les cellules sont au nombre d'environ six millions. Un bon chien de chasse en possède deux cent vingt millions, soit trente-six fois plus. Ce contact direct d'un neurone avec le milieu extérieur représente un cas exceptionnel, expliqué par l'ancienneté phylogénétique de l'olfaction. L'extrémité est constituée par des bouquets de cils, mille par cellule, animés de mouvements comparables à ceux d'un flagelle. C'est là que s'opère la stimulation des molécules odorantes. L'autre extrémité constitue le prolongement central axonique, non myélinisé qui s'enfonce dans la sous-muqueuse et se regroupe avec les autres axones pour former les faisceaux du nerf olfactif.

Le tissu olfactif bénéficie de la coexistence de deux mécanismes de renouvellement de vitesse différente : une cilogenèse et une neurogenèse permanentes. La durée de vie d'un cil olfactif ne dépasse guère vingt-quatre heures et de nouveaux cils sont constamment en cours d'élaboration par évagination de la membrane cellulaire. La durée de vie d'une cellule neuroréceptrice, elle, ne dépasse pas cent jours. A l'heure actuelle, la neurogenèse olfactive est la seule exception connue à la règle qui veut que le stock de neurones disponibles à la naissance ne puisse que diminuer avec l'âge!

Les cils olfactifs réalisent un dispositif parfaitement adapté au piégeage des molécules odorantes en solution dans le mucus. Par leur nombre, ils réalisent un feutrage dense qui augmente considérablement la surface de réception. De plus, ils sont animés de battements asynchrones, ce qui favorise les rencontres avec les molécules odorantes. Presque toutes les molécules organiques ou minérales dont le poids moléculaire est compris entre trente et trois cents sont des stimulus olfactifs. La concentration des molécules dans l'air qui parvient aux fosses nasales est le paramètre essentiel de la stimulation. La concentration maximale d'un corps en phase gazeuse correspond à sa possibilité de vaporisation (sa pression de vapeur saturante), qui dépend de la température. Plus le poids moléculaire est élevé, plus la vaporisation diminue, ce qui explique que peu de produits odorants aient un poids moléculaire supérieur à trois cents. Par ailleurs, le pouvoir odorant d'une molécule peut être modifié par son support physique, avec les aérosols par exemple.

Les seuils absolus de détection d'une odeur se situent habituellement chez l'homme entre dix millions et cent millions de milliards de molécules par millimètre cube d'air, ce qui représente une gamme de concentrations formidablement étendue. Dans le cas des stimulus olfactifs les plus puissants, on a calculé qu'il suffisait de quelques milliers de molécules pour faire surgir une réponse olfactive. Dans ces conditions, chaque neurorécepteur s'avère capable de signaler la présence d'une seule molécule. Mais il existe des différences considérables entre les individus : pour l'immense majorité des gens celui qui a le nez le plus fin détecte une odeur mille fois moins concentrée que celui dont le nez est grossier.

L'un des problèmes essentiels mais fort difficile de l'olfaction est sans nul doute celui de la discrimination qualitative des odeurs. La grande multiplicité des qualités olfactives, on les estime à dix mille chez l'homme, contraste avec la déroutante pauvreté des possibilités de description des odeurs. Il ne peut, bien sûr, y avoir un récepteur spécifique pour chaque molécule odoriférante. La théorie du chaînon variable a permis d'expliquer pourquoi l'organisme peut répondre à des milliers d'antigènes. L'immunologie pourra-t-elle parfumer, sinon éclairer, l'olfaction ?

Après avoir longuement cherché à classifier les odeurs ou à les rapporter à un petit nombre d'odeurs dites primaires ou fondamentales, les expérimentateurs ont progressivement compris que l'ensemble des odeurs forme un continuum multidimensionnel au sein duquel chacune occupe une position singulière. La démarche psychophysique consiste à mettre en évidence de petites différences à peine détectables et à décrire les qualités perçues. Très lourde, cette approche consiste à déterminer combien de qualificatifs suffisent pour donner une description exhaustive de la qualité perçue, puis à les définir précisément et, enfin, à les quantifier.

La première étape de la transduction est réalisée par l'adsorption des molécules odorantes à la surface des cils olfactifs. Chaque cellule possède environ quarante mille récepteurs membranaires capables d'établir des liaisons réversibles et peu spécifiques avec un grand nombre de molécules odorantes différentes. Chacun est porteur d'un site de reconnaissance de certaines parties de la molécule odorante. Cette faible spécificité, loin d'être un inconvénient, augmente au contraire l'efficacité du capteur olfactif. En effet, quelle que soit la molécule odorante, on peut être sûr qu'elle sera capable de stimuler un pourcentage élevé de neurorécepteurs, parfois jusqu'à la moitié et, par conséquent, d'engendrer un message sensoriel identifiable et, éventuellement, reconnaissable.

Comme il y a des dizaines de milliers de parfums, il est inimaginable de penser qu'il y ait autant de récepteurs membranaires. Peut-être y en a-t-il quelques-uns seulement. Mais il reste alors à définir des odeurs fondamentales, chaque odeur étant une combinaison plus ou moins complexe. La notion de récepteur est confortée par l'existence de caractéristiques génétiques dans l'olfaction de certaines familles humaines, par la découverte d'animaux mutants de laboratoire incapables de percevoir de père en fils certaines odeurs. C'est ainsi qu'une protéine réceptrice aux molécules odoriférantes volatiles a été isolée. Cette protéine est très abondante et ressemble beaucoup aux protéines transporteuses de la vitamine A. Mais d'aucuns pensent que les odeurs agissent directement au niveau de la bicouche lipidique des membranes, car les odeurs sont dues à de petites molécules solubles dans les graisses, les lipides, donc piégées par les membranes.

Le temps de contact entre les molécules et les récepteurs membranaires est très court, de l'ordre du millième de seconde, voire moins. Cette éphémère et fulgurante interaction suffit à induire des remaniements au sein de la membrane, qui vont aboutir à une modification de sa perméabilité ionique et à l'apparition du potentiel de récepteur. En effet, il existe une différence de potentiel de quatre-vingts millivolts entre l'intérieur et l'extérieur de la cellule réceptrice, due à une perméabilité sélective aux ions potassium. L'interaction entre la molécule et le récepteur entraîne une entrée d'ions par l'extrémité apicale de la cellule. La différence de polarisation entre les deux extrémités du neurorécepteur entraîne la formation de courants électriques. Le train de potentiels d'action émis par l'axone du neurorécepteur à la suite de la stimulation olfactive est une information « digitalisée ». La richesse et la complexité de cette information viennent du fait qu'elle est transmise par vingt-cinq millions de fibres du nerf olfactif, représentant autant de canaux indépendants pour transférer et conduire l'information.

C'est au niveau du bulbe olfactif que s'effectue la jonction entre le premier et le second neurone de la voie olfactive. L'image olfactive subit un traitement qui permet d'en accentuer les contrastes et d'en assurer la stabilité au moyen de deux mécanismes : la concentration et l'inhibition. La concentration est réalisée grâce à l'extraordinaire convergence du réseau d'information : le nombre de canaux passe de vingt-cinq millions à mille environ.

L'ensemble des axones des neurones venant du bulbe olfactif forme le tractus olfactif latéral qui compte environ quarante-cinq mille fibres myélinisées. Ces fibres se distribuent dans différents centres olfactifs primaires constituant le paléocortex olfactif. Puis l'information olfactive est véhiculée jusqu'au néocortex par deux voies : trans-thalamique et trans-hypothalamique. La voie trans-thalamique aboutit au cortex préfrontal, après un relais au niveau du noyau dorsomédian du thalamus; la voie trans-hypothalamique se termine aussi dans le cortex frontal, mais après deux relais, l'un au niveau du système limbique, l'autre au niveau de l'hypothalamus. Le système limbique réalise une fonction intégratrice multisensorielle où l'olfaction n'occupe pas une position privilégiée, mais participe à l'intégration de la mémoire olfactive.

Au niveau de l'hypothalamus les projections olfactives se mélangent avec d'autres projections sensorielles pour participer au contrôle des grandes fonctions de régulation. C'est ainsi que l'olfaction intervient dans les comportements sexuels et alimentaires les plus fondamentaux. En effet, la présence d'un stimulus métabolique déterminant, au niveau cérébral l'éveil spécifique de faim rend le stimulus olfactif capable d'initier ou de déclencher la prise alimentaire. L'hypothalamus évalue la quantité d'aliments ingérés à partir des messages sensoriels d'origine alimentaire et des informations qu'il reçoit sur l'état métabolique de l'organisme : ce mécanisme est à la base de la satiété, c'est-à-dire l'arrêt de la prise alimentaire.

Tous pour un !

« Chaque sens supporte un art », disait Lawrence Durrell. Mais les sens et leurs combinaisons furent diversement appréciés par les philosophes. Pour Denis Diderot « de tous les sens, l'œil est le plus superficiel, l'oreille le plus orgueilleux, l'odorat le plus voluptueux, le goût le plus superstitieux et le plus inconstant, le toucher le plus profond et le plus philosophe ». Pour Emmanuel Kant l'odorat et le goût sont au service de la jouissance plutôt que du savoir, l'odorat est le sens le plus ingrat et le plus indispensable; il le trouve moins social que le goût et contraire à la liberté car la perception olfactive se fait de façon involontaire, alors que l'absorption orale est délibérée. Saint Thomas d'Aquin était d'ailleurs d'accord, la vue est le sens le plus parfait, le plus universel, elle est suivie de l'odorat, qui suppose une modification physique. Quant au goût et au toucher, qui modifient l'objet et l'organe, ils sont des sens très matériels. Heureusement, Gaston Bachelard a tranché « l'odeur, dans une enfance, dans une vie, est, si l'on ose dire, un détail immense ».

Si les sens n'ont pas tous la même valeur, ils n'ont pas non plus la même liberté de formation : la gustation et l'olfaction sont déjà fonctionnels avant la naissance. Bien plus, vis-à-vis de l'apprentissage, ils n'ont pas la même autonomie. D'un côté, la saveur est génétiquement fixée : le sucré est recherché par toutes les espèces animales, l'amer est tout aussi unanimement rejeté. Nous n'avons pas le choix, et il faut une longue éducation, ou de la folie, pour préférer l'amer au sucré. En revanche, il n'existe pas universellement de bonnes ou de mauvaises odeurs. La sensation plaisante ou non, associée à une odeur, est intégralement apprise, en fonction des normes du groupe et des expériences personnelles passées.

L'addition de tous les sens, au service de la gastronomie, a été nommée flaveur. Ce mot dérive du latin *flagrans*, brûlant, issu du grec *phlox* d'où vient encore *flamma*. Ces mots sont rattachés au sanscrit *phray*, brûler, mais aussi briller. Ce nouveau terme est maintenant adopté par l'Association française de normalisation (AFNOR) et par le Conseil supérieur d'hygiène publique de France. C'est une renaissance, car Littré le cite comme vieux mot français. Il désigne l'ensemble complexe des propriétés olfactives et sapides perçues au cours de la dégustation. On peut dire encore que c'est l'ensemble complexe des sensations olfactives et gustatives qui sont perçues durant la consommation d'un aliment ou d'une boisson et qui résultent des stimulus sensoriels des récepteurs chimiques de la région bucco-pharyngée. Cette sensation olfacto-gustative complexe qu'est la « flaveur », avec ses autres propriétés organoleptiques, permet l'identification de l'aliment ou de la boisson, et conditionne « l'appétabilité » du produit, comme l'a si bien décrit Le Magnen.

Il existe une différence entre la flaveur, qui distingue la sensation olfacto-gustative complexe, et le goût au sens étroit, que les Anglais appellent *flavour* et *taste*.

La poésie, l'évocation, la description sont parfois anéanties chez le gastronome trop technicien par un souci appuyé et besogneux d'analyse descriptive. A vouloir être trop précis il deviendra sec, désincarné, incolore, inodore et sans saveur. Un Châteauneuf du Pape 1978 est d'abord lui-même. A vouloir le disséquer en notes sensorielles élémentaires et en touches quantifiées, en « bémols » d'odeurs et en « dièses » de couleurs, on risque d'obtenir une description valable pour beaucoup d'autres vins que le Châteauneuf du Pape 1978. L'arôme est une notion complexe et l'omission d'une dimension peut aboutir à une description sans aucun intérêt. Un visage, comme un arôme, se décrit mal. En revanche, il est immédiatement reconnaissable et identifiable. Ces mots manquent-ils car les connaissances scientifiques sont insuffisantes, ou bien leur seule absence est-elle le gage de l'imprécision, de la poésie, de l'évocation ?

Curieux privilège, la mémoire des odeurs résiste beaucoup mieux à l'épreuve du temps que celle des couleurs; alors que l'association des odeurs avec leur nom est plus faible que celle du nom des couleurs ! En d'autres termes, se souvenir d'une odeur est une chose, pouvoir la nommer en est une autre. Encore plus intéressant, la même couleur peut se retrouver dans de nombreuses images, alors que les odeurs sont uniques et globales, difficiles à décomposer.

La sensation peut être définie, d'après Le Robert, comme le « phénomène psychologique par lequel une stimulation externe ou interne a un effet modificateur spécifique sur l'être vivant et conscient; l'état ainsi provoqué a une prédominance affective (plaisir...) ». Elle résulte de la mise en action de multiples récepteurs qui, sous l'effet d'un stimulus, émettent chacun un signal. Celui-ci est acheminé – éventuellement après traitement – vers le cortex, où il est intégré après confrontation avec les empreintes laissées par les expériences antérieures (sensorielles ou non). La sensation est donc une construction multidimensionnelle, subtile, complexe et fugace, trop parfois.

Un individu n'est jamais soumis à une seule stimulation, mais à un ensemble qui concerne divers récepteurs sensoriels. Comment ne sommes-nous pas submergés, noyés, neutralisés, paralysés, sidérés par le courant continu des stimulations? Par la distinction entre les stimulations signifiantes et celles qui sont sans intérêt. Par l'existence d'anticipations de la nature de l'environnement. Une sensation ne se manifeste jamais isolément, mais elle apparaît sur un fond de sensations différentes avec lesquelles elle interagit.

Un énorme problème reste à résoudre. C'est notre incapacité à exprimer mathématiquement nos réponses sensorielles. Le cerveau humain est, entre autres, un merveilleux instrument d'enregistrement, d'analyse, de calcul... et de rêve.

La bouche agit comme un laboratoire d'essai et comme une usine de transformation, c'est un artiste au travail. Souvent la tâche est rendue plus difficile encore par l'existence d'interactions entre le support et le stimulus : l'expérience sensorielle est globale et elle intègre alors des éléments imputables au support. Ils ne peuvent être que très difficilement saisis par l'analyse instrumentale. Dans la bouche, les variables de chaleur, de salive et d'enzymes soumettent l'aliment à des changements continuels : hydratation, déplacements des poches d'air, modifications du degré de dispersion et de la floculation, variations du pH, dégradations chimiques, et bien d'autres phénomènes encore. Dans les desserts gélifiés une augmentation de la température peut à elle seule produire une diminution considérable de la résistance au cisaillement, de la rigidité et d'autres propriétés mécaniques, les rendant désagréables, voire repoussants... Le sujet humain mesure et intègre des perceptions sensorielles de mastication sur un matériel soumis à de continuelles transformations. Tout se passe comme si l'évaluation était faite sur une série d'échantillons différents qui sont produits non seulement par une destruction mécanique de la structure originelle mais également par les réactions biochimiques qui existent dans la bouche, une biochimie de la bouche. Entre le commencement de la mastication et le moment où le produit est avalé, une multitude de tests ont été effectués, enregistrés et intégrés.

Comment goûtons-nous, pourquoi telle molécule est-elle agréable, seule ou en combinaison avec d'autres? Un immense espace qui intéresse tous les domaines d'activité de l'homme (sociologie, psychologie, neurophysiologie, neurochimie, physique) est encore à explorer.

Le philosophe Ludwig Feuerbach avait tort quand il affirmait : « Désobéis aux sens! Là où commencent les sens cessent la religion et la philosophie. » En fait, les sens sont les supports de la vie. Et les philosophes ont aussi un ventre, parfois surprenant, comme le montre Michel Onfray. Ils ont également un nez, étudié par Annick Le Guerer. Emmanuel Kant était lui aussi dans l'erreur quand il divisait, dans « l'anthropologie d'un point de vue pragmatique », les sens en deux familles : ceux qui sont supérieurs et objectifs, le toucher, la vue, l'ouïe et ceux qui sont inférieurs et subjectifs, l'odorat et le goût. Mais ces sens, pour lui, étaient cependant mieux considérés que la musique, qui n'exprime que les sentiments mais pas des idées. A l'opposé, Charles Fourier, il est vrai, poète de l'utopie sociale, définit une éminente fonction humanitaire dévouée à la santé et au plaisir, le « gastrosophe », qui est sage, médecin, goûteur exceptionnel, agriculteur, diététicien et sans doute psychiatre. Il décide pour tous, de tous les éléments. Paraphrasant Talleyrand, il affirmait que la gastronomie, et non pas la guerre, est la politique poursuivie par d'autres moyens.

Quand la chère est triste...

Comment réveiller, attiser, exciter, enflammer, séduire les systèmes sensoriels? Comment enflammer les neurones?

Dans la perception des aliments, le premier temps est donc seulement suggestif. Il bénéficie de trois sens, l'odorat qui détecte de subtils messages odorants, le fumet délicat s'échappant de la cuisine, la vue qui permet de reconnaître les aliments, d'admirer la présentation des mets, aux formes et aux couleurs appétissantes; et aussi l'ouïe, qui identifie des bruits rassurants et excitants tout à la fois. Puis vient le second temps : le mets est apporté à table, on y peut toucher et les sens, déjà éveillés, redoublent d'attention. Enfin l'aliment est approché des lèvres, humé, puis goûté. L'étape buccale correspond aux perceptions multiples au cours desquelles tous les sens accumulent des informations variées, le goût et l'odorat menant le cortège et soutenant la fête. C'est alors qu'apparaît la « flaveur », qui associe l'ensemble des sensations perçues par le nez, la langue et la bouche pendant la consommation. Pour la flatter, l'exciter, les épices et les aromates. Ils commencent par éveiller l'odorat avant de s'épanouir pleinement par le goût. La faim est, peut-être, apaisée, mais l'appétit renaît.

Les arômes – des aromates – ne sont pas des odeurs. En flairant un produit alimentaire, nous aspirons par le nez une portion de l'air environnant ce produit. Cet air est chargé en molécules odorantes. La perception recueillie par les récepteurs olfactifs est assez différente de celle obtenue lorsque l'aliment est placé dans la bouche où le produit alimentaire, porté à la température de la cavité buccale, subit une mastication – source de réactions enzymatiques – et monte en température, permettant à certains composés odoriférants de naître et de s'exprimer. En fait, la composition de la phase gazeuse de la cavité buccale se trouve modifiée, par rapport à celle de l'air qui environne le même produit lorsqu'il n'est pas ingéré. Ces deux atmosphères gazeuses, quand elles atteignent les récepteurs olfactifs par voie directe lors du flairage ou par voie indirecte, dite rétronasale, lors de l'ingestion de l'aliment, donnent naissance à deux perceptions différentes : l'odeur dans le premier cas et l'arôme dans le second. L'arôme, en fait, c'est l'une des perceptions olfacto-gustatives, un constituant de la flaveur. Pour désigner l'ensemble des composés organiques volatils responsables de la perception on parle d'arôme, alors que dans le cas des odeurs, c'est de parfum dont il est question. Somme toute, un parfum et un arôme sont tous deux des compositions volatiles. Mais le second est respiré, tandis que le premier est ingéré, ce qui implique des normes différentes et plus rigoureuses. Les arômes n'apportent aucune contribution nutritive à l'aliment dans lequel ils se trouvent. Certains jouent un rôle privilégié, car ils représentent à eux seuls la note olfactive du mets; d'autres subliment les saveurs sucrées ou les perceptions olfactives.

Si un peu d'odeur alerte le nez, il en faut beaucoup pour l'identifier. En d'autres termes, le seuil d'identification d'une odeur est nettement supérieur à celui du seuil de détection : la caractéristique exquise d'un repas est fondée, aussi, sur des mélanges d'odeurs qui sont perçues sans être identifiées. Les arômes sont bien souvent issus d'épices ou d'aromates, qui sont aussi appréciés pour leurs propriétés sapides, colorantes ou antioxygènes : caractère brûlant et piquant du poivre, couleur rouge du paprika et jaune du safran, pouvoir antioxydant de la sauge et du romarin.

Dans le domaine des arômes, l'information du consommateur est souvent difficile, car un manichéisme pervers oppose constamment la fraude, l'artificiel et le naturel. En effet, la notion de naturel est floue et celle d'artificiel sujette à controverse : une substance est considérée comme artificielle tant qu'elle n'a pas été identifiée dans un produit naturel. Chaque jour les nouvelles substances identifiées dans les arômes naturels devraient en principe quitter l'index des substances artificielles pour accroître celui des produits naturels. D'ailleurs certains travaillent d'arrache-pied, ils espèrent pouvoir décréter naturel un pur produit de la chimie organique...

Les nutritionnistes donnent le nom d'aromate à toute substance étrangère ajoutée à un aliment ou une boisson pour modifier son arôme. C'est un élément olfactif de la flaveur, c'est-à-dire de l'impression perçue par l'organe olfactif au cours de la dégustation d'un aliment ou d'une boisson. Les aromates et les épices sont cousins. Mélangés ils constituent un condiment, plusieurs condiments font un assaisonnement, et tous constituent la flaveur.

« Condiment » tire son sens de l'origine latine *condimentum* (de *condire*) qui veut dire à la fois confire et assaisonner. Mais pour Columelle, au 1ᵉʳ siècle, *condita solida* signifie épices! De nos jours, un condiment désigne une préparation ajoutée aux aliments crus ou cuits pour en relever la saveur. Ils ne sont pas exclusivement composés de produits naturels végétaux. Méfiance ?

Proche du condiment, on trouve « l'assaisonnement », au goût étymologique inattendu : saison vient de *satio* au sens original de semailles, ensemencement. A partir de la période des semailles, saison de référence, on a appelé ainsi les autres époques de l'année. Au XIIIᵉ siècle, assaisonner veut dire cultiver dans une saison favorable, expression encore en honneur dans le parler berrichon. Les bons Normands trouvent la nuance : ce qui vient à une époque convenable. C'est le sens des anciens auteurs : mettre à la saison, mettre à point, donc ajouter aux mets des substances qui les relèvent.

En 1908, le premier Congrès international de la répression des fraudes, à Genève, a adopté ce texte : « On désigne sous le nom générique d'épices les substances végétales, d'origine indigène ou exotique, aromatiques ou d'une saveur chaude, piquante, employées pour rehausser le goût des aliments ou y ajouter les principes stimulants qui y sont contenus. D'importance commerciale variable avec les coutumes de chaque pays, les épices sont très nombreuses et doivent être définies chacune en particulier. Les épices mélangées ne peuvent être composées que d'épices simples sans poudres inertes ou nocives. » Protection lapidaire de la gastronomie ?

La consommation d'épices est certainement ancienne et universelle. Pour l'Europe, c'est la Méditerranée qui favorisa la venue des denrées exotiques. Bien avant la conquête romaine, les Phéniciens fournissaient les Gaulois de la région provençale. Mais les habitants des régions centrales de l'Europe étaient réduits à des productions locales, baies de genièvre, brou de noix, benjoin gaulois. Encore au début du siècle, les Bretons de l'Armor récoltaient les fruits noirs du *Smyrnium olusastrum* sous le nom de poivre en raison de leur saveur brûlante. Très grossier, le pain d'alors était parfois relevé de marjolaine et d'anis. Avec l'arrivée des Romains, s'installèrent peu à peu des modes culinaires plus raffinés. Les Francs parfumèrent leurs vins avec anis, absinthe, romarin, myrte... ce qui leur communiquait des propriétés excitantes en prime.

Les épices ont pu, elles aussi, contribuer à la chute de l'Empire romain. L'or servait à des achats de luxe, épices, soieries et pierres précieuses. Déjà, à l'époque, les gens raisonnables s'insurgeaient contre cet esprit de jouissance. Pline s'étonnait de l'énormité des prix de vente à Rome, atteignant le centuple des prix d'achat à la production... Les temps ont-ils changé?

Examinons, un instant, quelques épices.

Le poivre, qui passe pour pousser aux plaisirs de Vénus, a été introduit dans des élixirs, des philtres, des « vins herbés ». La légende veut que Tristan et Iseut tombent sous le charme d'un tel vin. Plus tard des formules ésotériques circuleront, associant poivre, safran, gingembre pour stimuler les vertus érotiques. En Saxe, conséquence logique, on punissait les gentilshommes qui épousaient des roturières en les gavant de poivre jusqu'à la mort : ils étaient les fameux « sacs à poivre ». Pour guérir ou oublier les effets de l'âge, de la lassitude, et soutenir un érotisme défaillant, il fallait de plus en plus de poivre, par conséquent de plus en plus de vin. Réminiscence du temps où le vin était généreusement additionné de poivre, l'alcoolique, le poivrot est... poivré!

Le carry assaisonne le riz à l'indienne, mais aussi le porc, le poulet, le canard. Mais il tache terriblement! Cette propriété tinctoriale est d'ailleurs mise à profit. La direction de la concurrence, de la consommation et de la répression des fraudes a en effet autorisé la coloration artificielle par la curcumine (ce colorant jaune extrait du carry), des moutardes (autres que les moutardes vertes), du beurre, des fromages, des laits aromatisés, d'huiles (à l'exception des margarines), de bouillons et potages, de condiments, de sauces (à l'exception de la mayonnaise), de produits de charcuterie et salaisons, de confitures, de gelées, de sucreries, de pastillages, de bonbons, de glaces, de pâtes de fruits, de caviar et succédanés, de crevettes, de sirops (à l'exception des sirops de cassis, framboises, groseilles, et de cerises) de croûtes de fromages... Pourquoi pas aussi les serins?

Le galanga est connu sous des noms très divers, gingembre chinois, racine chinoise, racine de l'Est indien, galangal et kulangau en hindi. En France, il était recommandé pour traiter les rhumatismes, en Chine aussi; au Maroc, il est prescrit contre les douleurs d'estomac. Les vétérinaires autrefois préparaient un vin par macération sur les cendres chaudes, vin que l'on administrait ensuite aux vaches trop timides ou récalcitrantes avant de les présenter au fougueux taureau. Décidément le thème aphrodisiaque se retrouve dans toutes les questions d'épices, même en dehors de l'espèce humaine.

Quant au faux galanga, utilisé traditionnellement comme encens et pour aromatiser, il contient une série de substances intéressantes dont on a récemment montré qu'elles sont capables d'inhiber la monoamine-oxydase qui dégrade normalement des neuromédiateurs fort actifs de notre organisme (adrénaline, noradrénaline). Cet inhibiteur naturel est donc capable de lutter contre l'hypertension, mais ce traitement exige des précautions, dit-on.

Il semble prouvé que l'action sur le sommeil résulte de la conjonction des divers constituants de *la muscade*. Mais à dose élevée l'épice provoque de multiples effets psychotropes, comme l'avaient noté les auteurs anciens. Malheureusement cette propriété n'a pas échappé aux toxicomanes et la muscade a déjà provoqué des intoxications enregistrées par les centres antipoisons... les effets toxiques n'ont été obtenus qu'avec des doses atteignant une dizaine de grammes de noix muscade, alors que l'emploi culinaire ne porte que sur des quantités mille fois plus faibles. La muscade est moins irritante que la plupart des autres épices. La douceur de son parfum et de sa saveur aide, paraît-il, à la digestion de mets lourds et encombrants.

L'oignon occupe une place considérable dans l'alimentation actuelle. En 1982, la production mondiale s'est élevée à quinze millions de tonnes, dont la moitié d'origine asiatique car, la Chine, le Viêt-nam, le Japon, apprécient diverses variétés de cette précieuse et respectable liliacée. Par exemple les délicieux chia giao de la cuisine cochinchinoise et le pâté impérial du Tonkin tirent grande saveur de l'oignon. Le salaire (sel) des compagnons (pain) constructeurs des pyramides était l'oignon...

A Rome, reprenant la coutume hellénique, on distribuait de *l'ail* avant le combat aux soldats. Mais pour Horace, il était aussi dangereux que la ciguë! Il est vrai que son ami Mécène lui avait joué un mauvais tour : il l'invita à un repas fastueux, mais formidablement aillé, juste avant une visite à sa voluptueuse maîtresse Lydia. Furieuse de l'haleine nauséabonde de son amant, la jeune femme rompit. En fait, dans les traditions latines, un mangeur d'ail est plutôt un pauvre homme. Et le fabuliste Plaute cite un proverbe plaisant : « Allium cum sale obsignare », garder l'ail sous clé avec le sel, c'est vivre de croûtes ! Mahomet fait de l'ail un excellent antidote des piqûres et morsures par application sur la plaie. En Russie, il est synonyme de bonne santé, bulbe de vie. Encore au XVIIIᵉ siècle, il servira de monnaie de troc, permettant même de payer des impôts. Pour les Ukrainiens, l'ail possède une solide tradition de panacée à utiliser en cas de crise d'asthme, de toux, de bronchite, mais aussi de fièvre, d'hémorroïdes, de difficultés génitales et pour tuer les parasites. Cette réputation flatteuse est retrouvée aussi au Japon. En Inde, une légende fait de l'ail un tueur de monstres en même temps qu'un remède multivalent convenant aussi au traitement de la lèpre. Au XIIIᵉ siècle, Marco Polo signale qu'au Yunnan les sujets du Grand Khan apprécient les foies crus accommodés à l'ail, les ancêtres des steaks tartares ? De son côté, Pline estimait que la simple odeur de l'ail suffisait à écarter serpents et scorpions. Le thème réapparaîtra au Moyen Age : l'ail bénéficie du privilège de faire fuir les vampires. Or dans l'ail, il y a une molécule, l'agoene, qui modifie la coagulation sanguine. L'ail risquait donc de troubler le festin du vampire, ou de perturber sa circulation sanguine. On a d'ailleurs toujours dit que l'ail et l'oignon sont bons pour les artères. En fait, tous les extraits d'ail se sont toujours montrés moins efficaces que l'ail entier pour diminuer l'agrégation plaquettaire. Il y a encore à chercher pour mettre en accord le folklore moyenâgeux et un médicament du futur !

Le romarin est symbole de renaissance. Les Touaregs en abusent après un long et difficile voyage. On le retrouve dans l'eau de la reine de Hongrie, une jouvence en vogue au XVIIIᵉ siècle. L'huile de romarin servait aussi pour rénover les vieilles icônes, autre effet de restauration ! Il est abondamment utilisé pour régulariser les fonctions hépatiques, sous forme d'infusion. L'imprécision de la pathologie traitée n'a d'égal que le flou des effets. Mais il ne faut pas abuser : une utilisation excessive, pendant plusieurs semaines, peut entraîner une hypertension par un mécanisme encore inconnu.

Des cas de mort par cirrhose ont même été enregistrés chez des consommateurs forcenés et obstinés de cette attrayante labiée. Il ne faut donc l'utiliser qu'avec modération pour ses vertus médicamenteuses, tandis que sa présence pour accommoder les viandes grillées n'a encore jamais causé d'incidents. Ouf, la Provence respire mieux!

La truffe est depuis toujours réputée pour ses propriétés aphrodisiaques. Pourquoi ce fanatisme de l'animal, du cochon en particulier, dans la chasse aux truffes! Parmi les constituants odorants de la truffe, figurent à une concentration extrêmement faible des substances proches de la testostérone à odeur d'urine, plus au moins associée à un autre composé de cette série à odeur musquée. Or, au moment où le verrat entreprend de conquérir une truie, ses testicules se mettent à biosynthétiser ces substances et quelques autres qui, par voie sanguine, parviennent jusqu'aux glandes salivaires. Elles sont alors excrétées et passent dans la salive écumeuse de l'animal en chaleur. La truie enregistre aussitôt le signal et se prépare à l'accouplement. Rien d'étonnant donc que la truffe, dont l'odeur émet ce message sexuel, attire pareillement la truie. Elle croit reconnaître l'odeur exhalée par son cher verrat. Qu'en est-il pour les chiens truffiers? Quand on sait, d'autre part, que de telles substances stéroïdiques odorantes sont présentes dans les sécrétions axillaires de l'homme, peut-on accepter cette déclaration de Brillat-Savarin : « les truffes rendent les femmes plus tendres et les hommes plus entreprenants »? La chanson de corps de garde dit bien que les hommes sont des cochons, mais le dernier couplet clame que les femmes aiment les cochons.

Le sel. Son rôle éminent et vital est à l'origine de ses aspects religieux, philosophiques, mythiques. Comme jadis il fallait payer en espèces les collaborateurs de leur travail, en particulier pour acheter le sel, on leur versait un salaire. Les salariés actuels ont-ils conscience de cette vénérable dépendance?

La saveur salée délie le pouvoir des papilles gustatives. Pour mieux apprécier verdures et crudités, on leur ajoute sel, vinaigre et huile à la mode italienne : c'est l'*insalata* d'où viendra salade. Saler le beurre ne se limite pas à en retarder le rancissement. C'est encore rehausser une saveur qui comble celle du pain. Déjà Plaute notait la plainte du malheureux : « Nuquam delinger salem » (« Je n'aurai plus un grain de sel à manger, je devrai manger mon pain sec »). Dans les restaurants kasher, on frotte de sel le pain avant le repas. Le sel prend alors un sens convivial. Partager le pain et le sel. Avoir mangé ensemble un boisseau de sel, c'est être de vieux amis. On offre simultanément le sel et la table.

Une de ses fonctions importantes fut de permettre la conservation des viandes et des poissons. L'emploi du froid ne s'est généralisé que récemment. A la campagne, les congélateurs ont maintenant remplacé les saloirs. Mais il n'y a pas si longtemps que le porc familial tué à la fin de l'année était mis au sel, suivant un usage ancestral. Les poissons, la morue en particulier, étaient salés à bord des bateaux de pêche, les fameux terre-neuvas. Cette pratique se maintient, malgré le succès des surgelés. Le principe du salage rejoint l'emploi du sucre : la haute concentration obtenue dans la chair arrête la prolifération de la très grande majorité des micro-organismes, bactéries et champignons; elle inactive les enzymes des tissus animaux. Dans les saloirs en bois, ou en grès, les couches de sel alternaient avec les pièces de viande que l'on appelait de ce fait salines. On les gardait plusieurs mois. Saucisses et saucissons défient le temps par leur dessiccation, par la présence d'épices, le poivre en particulier, et par la charge en sel. Salsus a donné le latin salsicia et l'italien salsiccia, qui fourniront les termes de charcuterie saucisse et saucisson, salchichon en espagnol, les cochonnailles, les charcuteries, que les Allemands appellent *delikatessen*.

V

Du sucre à toute faim utile?

Les besoins énergétiques et les carburants du cerveau

La merveilleuse machine cérébrale a besoin d'énergie pour assurer la vie de ses cellules. Toutefois elle ne possède pas de réserves, de provisions. C'est donc le reste de l'organisme qui stocke, avec une efficience inégale, les éléments nécessaires : nutriments, vitamines, minéraux; pour des semaines et parfois des années. On récupère le lendemain les dépenses de la veille, la pathologie neurologique et psychiatrique ne survient qu'après plusieurs mois de régimes carencés. Les besoins vitaux nécessitent rarement des apports quotidiens. Ils varient d'ailleurs dans le temps et avec les circonstances, en quantité et en qualité.

Mais l'action de stockage, de mobilisation ou de transformation effectuée par l'organisme est dévoreuse d'énergie, et laisse des déchets. Ces observations conduisent certains forcenés de l'efficacité à proposer une diététique qui supprime ce travail de conversion : en approvisionnant sans arrêt selon les exigences. Il peut paraître logique en effet de court-circuiter l'action manufacturière et bancaire du foie en apportant à chaque instant ni trop ni trop peu, en fonction des besoins. Quelle tristesse! Si cette méthode est valable pour certains troubles métaboliques tels que l'obésité et le diabète, elle ne se justifie nullement chez les sujets normaux. C'est, d'ailleurs, matériellement et psychologiquement impossible pour le gourmet et le gastronome. Cette conception purement cybernétique de l'alimentation qui reposerait sur l'instillation permanente du juste nécessaire nutritionnel est, en fait, inadaptée et fausse. En effet, la notion de rythme et d'alternance – de réplétion et de déplétion – est physiologique. Une lapalissade : les aliments ingérés doivent satisfaire les exigences physiologiques réelles pour assurer le jeu normal des réactions vitales. Allant plus loin, on peut dire qu'il faut à l'organisme chaque jour de l'énergie, et comme les nutriments ne peuvent être remplacés les uns par les autres, une quantité minimale de chacun est nécessaire. Ils doivent exister dans la ration en pourcentage convenable.

Entendons-nous sur les définitions. *Le* sucre, en morceaux par exemple, est formé de deux molécules associées (le glucose et le fructose), son nom est saccharose. *Les* sucres (que les spécialistes appellent glucides, ou oses, ou hydrates de carbone) sont formés d'une ou plusieurs molécules, comme le saccharose. Ils sont dits sucres rapides car ils sont immédiatement absorbés par le tube digestif. D'autres sucres sont formés de plusieurs centaines de molécules (ceux des féculents par exemple), ils sont dits sucres lents car ils sont digérés lentement, petit à petit. Tous les sucres, ou presque, contiennent du glucose, le carburant de la cellule. Mais tous ne sont pas digérés par l'homme, comme la cellulose des végétaux. Cette cellulose est toutefois indispensable au bon fonctionnement des intestins.

La tâche du nutritionniste, du diététicien, du praticien serait considérablement simplifiée si l'homme pouvait oublier qu'il pense, qu'il rêve, qu'il aime, qu'il aime manger, qu'il croit, qu'il hérite mystérieusement, consciemment ou non, des legs transmis du fond des âges, et s'il acceptait d'être traité comme une merveilleuse mécanique dans laquelle les mensurations et la nature du moteur détermineraient la quantité et la qualité du fioul ; cauchemar impensable !

Les dépenses nécessaires à l'entretien de la vie, au repos

Comment bien manger sans réellement se nourrir ? Telle pourrait être la question à laquelle cherche à répondre la gastronomie. Avoir faim ne favorise pas toujours l'appréciation des mets : tous paraissent alors délicieux. Inversement, la satiété, la semi-réplétion permanente, dans laquelle vit l'homme des contrées prospères, si elles le rendent sensible aux généreux exploits de ses chefs de cuisine, limitent l'étendue et la fréquence de l'usage qu'il peut faire de leurs merveilleux talents. Hélas!

Pour un homme adulte qui pèse soixante-dix kilogrammes et dont la morphologie est normale, les dépenses de base, au repos, pour survivre en ne faisant strictement rien, représentent environ mille cinq cents kilocalories. Dans cet ensemble le travail du cœur représente environ 40 %, celui du cerveau 20 %, le travail des muscles respiratoires 10 %. L'activité des cellules elles-mêmes, utilise les quatre cinquièmes de l'énergie totale : le maintien de la vie, au niveau cellulaire, exige une dépense constante d'énergie, surtout au niveau du cerveau.

La quantité moyenne d'énergie fournie par les aliments et nécessaire aux hommes est de deux mille à trois mille cinq cents kilocalories par jour, et de mille six cents à deux mille quatre cents pour les femmes. Les besoins diminuent avec l'âge. La quantité moyenne requise est de deux mille cinq cents kilocalories par jour. Elle pourrait chauffer une baignoire pleine d'eau, de dix degrés à trente-sept degrés; et si elle était utilisée pour fournir un travail, elle permettrait de soulever un poids d'une tonne au sommet d'une montagne haute de mille six cents mètres! Les calories alimentaires sont réparties en 40 à 45 % de graisses (les lipides), 45 à 50 % d'hydrates de carbone et 10 à 15 % de protéines. Elles sont généralement ingérées en deux ou trois repas. (Les quantités relatives des divers nutriments absorbés sont aujourd'hui déséquilibrées : nous abusons des lipides, et surtout des sucres rapides; nous ne consommons pas assez de sucre lent, c'est-à-dire de pain, de pâtes et autres châtaignes et pois.) La période de repos, la nuit, est associée à un jeûne court de huit à douze heures. Ainsi, pendant une année, la quantité totale de calories absorbée est de l'ordre d'un million de kilocalories! La quantité de graisses habituellement stockée ou perdue par le tissu adipeux est de l'ordre d'un kilo, c'est-à-dire neuf mille kilocalories. L'organisme normal est donc capable de régler, avec une erreur inférieure à un 1 %, l'équilibre entre les calories alimentaires absorbées et ses dépenses énergétiques. La surveillance cérébrale est donc formidablement efficace. Malheureusement, cet équilibre est fréquemment perturbé : l'obésité ou la maigreur, caractérisées par l'hypertrophie ou l'absence de tissu adipeux, se développe.

Les calories sont indispensables pour alimenter le corps dans ses besoins en chaleur, pour réguler sa température. Mais elles deviennent néfastes quand on lui en fournit trop : au lieu d'être brûlées, elles sont transformées en graisse. Ces calories superflues, stockées dans le tissu adipeux, représentent plusieurs dizaines de millions de kilogrammes, rien que pour les adultes des États-Unis. Si ces adultes devaient perdre ces calories excédentaires mises en réserve sous forme de graisse, le processus d'amaigrissement produirait, en termes d'énergie fossile, de quoi faire rouler un million d'automobiles parcourant quinze mille kilomètres pendant un an! Si ces mêmes adultes décidaient de se maintenir à leur poids idéal, ils consommeraient de l'énergie en moins chaque année, c'est-à-dire, si l'on convertit cette énergie en électricité, le courant qui permettrait d'alimenter pendant un an, les villes de Boston, de Chicago, de Washington et de San Francisco! Le calcul a été fait, il laisse rêver!

Soit dit en passant, en terme de coût écologique, aux temps préhistoriques le prix quotidien calorique global de l'homme était proche de son besoin métabolique (environ trois mille cinq cents – quatre mille kilocalories). Le fait d'utiliser des aliments plus complexes, avec les dépenses de confort a fait passer ce besoin à vingt-cinq mille kilocalories au Moyen Age. La voiture, le chauffage, l'éclairage, l'industrie, le luxe aidant, la dépense, pour ne pas dire la gabegie, est d'environ deux cent cinquante mille kilocalories au moins, dans les pays nantis! Nous consommons donc infiniment plus d'énergie pour la satisfaction de nos sens, parfois de notre esprit, pour le confort de notre corps et celui de notre cerveau, que pour faire vivre notre organisme!

Le poids est un trait signalétique de l'individu, comme la taille ou la couleur des yeux. Sa constance est finalement un extraordinaire prodige de la nature. Elle signifie un équilibre parfait entre les entrées et les sorties d'énergie. Un seul morceau de sucre en trop chaque jour pendant trente ans conduirait à prendre vingt kilos si une perte équivalente d'énergie n'intervenait. L'organisme est une merveille d'équilibre comptable, parfois défaillante, si l'on en juge par l'ondulation tourmentée des fessiers et les trémulations poussives des ventres répandus sur les plages en été. Il est vrai que l'homme, par son inadaptation au milieu extérieur qu'il s'est créé, par la liberté de ses mœurs, par sa sédentarité, a perdu le secret d'une gestion parfaite de sa physiologie. Celle-ci est l'apanage de l'animal non domestique qui sait garder un poids constant tout au long de son âge adulte. D'après Konrad Lorenz, la boulimie alimentaire et sexuelle sont des indices de domestication : un singe, en cage, est atteint d'une frénésie sexuelle qu'il n'avait jamais en liberté.

La régulation du bilan d'énergie et celle du poids corporel sont des notions proches, et cependant tout à fait distinctes. Le poids n'est évidemment pas régulé en tant que tel : un cosmonaute, après quelques mois de séjour en apesanteur, ne gagne pas des dizaines de kilos pour compenser sa perte totale de poids. D'autre part, la relation entre bilan d'énergie et poids ne concerne que les variations des réserves énergétiques internes qui ne constituent que l'une des composantes du poids corporel. L'autre composante très importante, l'eau, 70 % du poids, est régulée de façon autonome par des mécanismes propres, qui sont indépendants des mouvements énergétiques.

Entre la prise alimentaire et la régulation du poids existe un système de réserves énergétiques internes, dans toutes les espèces animales, l'homme y compris. Chez le sujet non obèse, les réserves énergétiques sont essentiellement représentées par les lipides (les triglycérides) du tissu adipeux. Estimées à cent mille kilocalories, elles sont rapidement mobilisables. Les réserves énergétiques sous forme de glucides utilisables sont faibles, quatre-vingts kilocalories sous forme de glucose circulant et deux cent cinquante à trois cents kilocalories stockées sous forme de glycogène dans le foie. Bien que la masse protéique, représentant environ vingt-quatre mille kilocalories, puisse être utilisée à des fins énergétiques, elle n'est pas une réserve d'énergie, car son utilisation signe la destruction des tissus !

Les calories alimentaires prises en excès, lipides, glucides ou protides, sont principalement stockées dans le tissu adipeux sous forme de lipides, éventuellement après transformation. En revanche si la quantité de calories absorbée est inférieure à la dépense calorique de base, les besoins énergétiques de l'organisme sont assurés par l'utilisation des graisses du tissu adipeux, et ceci est associé à une perte de poids. La capacité de l'homme à survivre à un jeûne total de longue durée dépend donc de sa capacité à amasser des carburants énergétiques sous une forme fonctionnelle et économique. Le tissu adipeux possède précisément ces propriétés car son volume peut augmenter considérablement sans effet immédiatement néfaste. De plus, il stocke des réserves sous la forme de lipides, calories potentielles très élevées (neuf kilocalories par gramme).

Sur la base des calories libérées par unité de poids, le tissu adipeux est un réservoir beaucoup plus grand que le stockage sous forme de glycogène (un polymère de sucre) ou de protéines (un polymère d'acides aminés). Un apport en glucose, dérivé du glycogène ou synthétisé par l'organisme à partir de divers précurseurs (mécanisme appelé la gluconéogénèse) est cependant indispensable, pour le métabolisme du cerveau, mais aussi celui des cellules sanguines et de la médullaire rénale.

L'emmagasinage énergétique sous forme de lipides est indispensable à la survie des espèces biologiques pour lesquelles la mobilité est essentielle. Chez les animaux migrateurs par exemple, et les espèces qui utilisent le vol comme moyen de locomotion (oiseaux et insectes), voire dans le règne végétal, c'est dans la phase du cycle biologique où la mobilité aide à la dissémination de l'espèce (graine végétale) que la réserve lipidique est prédominante. Pour l'homme, il a été suggéré qu'une plus grande aptitude à la survie, la résistance aux famines, la mobilité pendant les migrations, conférées par un fort stockage lipidique, ont favorisé, par un processus de sélection, la fréquence actuelle de l'obésité. Le mot embonpoint est à ce sujet très évocateur et largement significatif. En période d'abondance et en absence d'efforts physiques importants, ces avantages disparaissent pour laisser place aux inconvénients de l'obésité. Les réserves lipidiques sont libérées sous forme d'acides gras libres, substrats énergétiques utilisables par la plupart des tissus.

D'où vient la faim ?

L'ensemble des processus de mise en réserve et de libération des nutriments s'adapte aux besoins métaboliques du moment. De nombreux facteurs y participent. Les uns sont propres aux tissus eux-mêmes : réceptivité aux hormones, adaptations enzymatiques, concentration en cofacteurs. Les autres mettent en jeu un système d'intégration : hormones, système nerveux végétatif. L'individu a des messagers internes qui lui signalent ses besoins alimentaires. L'ancienne théorie des contractions de l'estomac comme signal de la faim n'est rien de plus qu'une image. C'est confondre l'effet pour la cause. Le « creux d'un estomac » n'est qu'une métaphore. Les gastrectomisés ont faim et ont donc un « creux » comme les autres!

Les facteurs métaboliques sont les vrais responsables dans le déclenchement de la faim et de la prise d'un repas. Le taux de glucose dans le sang, la fameuse glycémie, fut longtemps considéré comme l'élément fondamental. En fait, là aussi, il y avait confusion entre l'effet et la cause! Illustration de cette erreur, le diabétique, dont on sait qu'il a trop de glucose dans le sang continue d'avoir faim, il est même parfois boulimique. Dès lors, le déterminant majeur de la faim est la demande cellulaire en matériaux énergétiques et principalement en glucose. Le déficit cellulaire en glucose (que l'on appelle la glucopénie), induit la faim. L'insuline, par l'augmentation de la consommation de glucose dans la cellule, crée cette situation s'il y a déficit d'apport en sucre. Chez le diabétique, l'insuffisance de la sécrétion d'insuline empêche l'entrée et l'utilisation de glucose dans les cellules, malgré une glycémie élevée. L'état de manque en glucose des cellules qui en résulte se traduit par une faim permanente, alors que le sang en regorge parfois.

Si l'on administre à l'homme ou à l'animal un leurre, le 2-déoxyglucose, qui est un dérivé du glucose inutilisable par l'organisme, il s'ensuit une sensation de faim intense. Cette substance occupe la place du glucose, sans pouvoir être employée comme lui, elle l'empêche d'entrer dans la cellule et d'y être métabolisé. Il en résulte une grave privation de sucre dans les cellules, l'organisme réagit donc par une faim intense, par une mobilisation des réserves de sucre, qui crée un véritable diabète aigu. Le signal interne de la faim n'est donc pas la glycémie, mais la disponibilité cellulaire du glucose.

Des énergies pour le cerveau

Le cerveau est l'un des organes du corps humain dont le métabolisme est le plus élevé. Chez l'homme adulte, il représente 2 % du poids corporel mais il utilise 25 % de l'oxygène consommé. Bien évidemment, certains nutriments sont utilisés par le cerveau pour la synthèse des lipides (glucose, acides gras libres, corps cétoniques). D'autres, les acides aminés sont à l'origine des protéines et des neuromédiateurs, ou servent de signal dans la prise alimentaire. Il n'y a pas discontinuité entre notre alimentation, qui provient de la nature, et le fonctionnement de notre système nerveux. « Dis-moi ce que tu manges et je te dirai qui tu es! » En définitive, les nutriments (glucides, lipides et protides) concourent tous à la même finalité : construire nos cellules et les nourrir en glucose. Ils apportent les éléments indispensables à la synthèse de substances impliquées dans la physiologie neuronale.

La consommation en glucose du cerveau varie, elle est, par exemple, double durant l'éveil par rapport à son niveau pendant le sommeil. Chez un homme normal, la glycémie fluctue entre 800 mg/l après le jeûne nocturne et 1 200 mg/l après chacun des repas. En revanche l'utilisation globale de glucose par le cerveau reste à peu près constante : quatre grammes à l'heure. Toutefois, cette utilisation par différentes régions cérébrales, en réponse à des stimulus spécifiques, varie constamment au cours de la journée. D'une manière générale, les transporteurs de glucose travaillent à la moitié de leur puissance maximale : il y a donc une marge pour les besoins urgents. Cette hétérogénéité de l'utilisation du glucose suggère que le cerveau est capable d'adapter les apports de glucose à une région donnée en fonction des besoins locaux. De plus, l'émotion modifie considérablement la dépense énergétique et peut, par exemple, doubler la consommation d'oxygène. Le plaisir de manger ne modifie pratiquement pas la dépense énergétique cérébrale. Mais si les dépenses liées à l'émotion ne peuvent être chiffrées, ce plaisir titille suffisamment l'organisme pour qu'il soit plus vorace en calories : en d'autres termes manger tristement un morceau de sucre ou une tartine au beurre et à la confiture est source de plus d'adiposité que le même festin pris avec entrain, délectation, voire excitation!

On a donc très longtemps considéré que le glucose était la seule source d'énergie du cerveau.

Mais cette règle n'est pas absolue, le cerveau peut néanmoins utiliser d'autres énergies, par exemple les corps cétoniques et le lactate, en particulier lorsque les apports cérébraux en glucose sont réduits.

Les corps cétoniques, dérivés hydrosolubles des acides gras, pénètrent facilement dans le cerveau. L'aptitude à fabriquer des corps cétoniques lors du jeûne a constitué, pour l'homme, comme pour les espèces animales à système nerveux développé, un facteur de sélection phylogénique : face à une carence alimentaire, donc à une diminution de sucres, le cerveau peut alors utiliser les corps cétoniques issus de ses lipides accumulés en période d'aisance, sinon de pléthore. La capacité d'utiliser les corps cétoniques pendant les périodes de carence alimentaire a peut-être été un moyen de sélection utilisé, au cours de l'évolution, pour aider au développement considérable du cortex cérébral chez les primates et aboutir à celui de l'homme.

Lors d'un jeûne prolongé, cinq à six semaines, l'oxydation de ces corps cétoniques utilise plus de la moitié de l'oxygène consommée par le tissu nerveux. Ceci permet de comprendre pourquoi l'être humain peut survivre à une longue privation de nourriture, avec un apport réduit de glucose au cerveau. De plus, le nouveau-né et l'enfant ont, encore plus, la capacité d'utiliser des substrats énergétiques autres que le glucose, en particulier les corps cétoniques, qui peuvent rendre compte du septième de l'oxygène consommé par le cerveau. Par ailleurs, chez certains enfants qui ont manqué de nourriture pendant plusieurs jours à cause de diarrhées ou de vomissements, la cétonémie est fortement augmentée et l'oxydation des corps cétoniques rend alors compte du tiers de la consommation d'oxygène par le cerveau.

Le cerveau n'a pas de réserves : un millième du poids du cerveau seulement est constitué de glycogène, ce qui pourrait représenter un petit quart d'heure de fonctionnement. Utilisation conditionnelle, car ce glycogène se trouve dans les cellules gliales. Il n'est donc pas sûr qu'il puisse être utile aux neurones!

Les réserves de glycogène hépatique sont très limitées et ne peuvent participer au maintien de la glycémie que pendant des périodes très courtes. Ainsi, chez un homme pesant soixante-dix kilos, le glycogène hépatique représente un potentiel de soixante-douze grammes de glucides. Les besoins journaliers en glucides chez un homme à jeun pendant vingt-quatre heures étant de cent quatre-vingts grammes, on voit que les réserves glucidiques lui permettent de survivre moins d'une demi-journée. Il est donc essentiel que du glucose soit synthétisé par l'organisme, en particulier par le foie, à partir de substances non glucidiques (ce processus est appelé gluconéogénèse).

Les acides aminés peuvent aussi contribuer à la production d'énergie de certains tissus : par exemple, après la consommation d'un repas normal contenant des protéines, des graisses et des glucides, la dégradation de l'excès d'acides aminés prédomine toujours sur la dégradation des lipides et des glucides. Une partie des acides aminés en excès, c'est-à-dire ceux qui ne sont pas nécessaires à la croissance ou au renouvellement des protéines, est oxydée. Le reste est converti en glucides par le foie ou est transformé en lipides par divers tissus. Le foie, après avoir utilisé les acides aminés alimentaires en excès, oxyde alors des acides gras qui assurent à peu près 10 % de ses besoins en énergie.

Des interrelations métaboliques existent entre les trois grands groupes de nutriments. Elles permettent à l'organisme, souvent mais pas toujours, d'utiliser un aliment à la place d'un autre. Ces interconversions sont rendues possibles par l'existence d'un carrefour commun du catabolisme aérobie : le cycle de Krebs, sorte de brûleur auquel aboutissent les produits de la dégradation des aliments, qui oxyde les groupements acétyle issus des trois métabolismes et qui libère plus des deux tiers de l'énergie des aliments. En effet, les trois grands métabolismes, des glucides par décarboxylation de l'acide pyruvique, des lipides par bêta-oxydation des acides gras, des protides par transamination des acides aminés glyco-formateurs, donnent tous des résidus acétiques qui sont les aliments du cycle de Krebs. Essentiellement aérobie, ce cycle citrique ou tricarboxy-lique peut, en première approximation, être confondu avec la respiration cellulaire.

Le glucose est, bien évidemment, un substrat énergétique fondamental qui assure le fonctionnement harmonieux du cerveau, mais il ne faut pas négliger le fait qu'il est aussi, dans le cerveau, un précurseur d'acides aminés. Or, malheureusement, la sous-nutrition diminue cette destinée.

Le sucre : ce qui donne mauvais goût quand on n'en met pas!

De la cimaise à la poubelle, du plaisir à la douleur

La faim, venue du fond des âges, a disparu petit à petit avec l'élévation du niveau de vie et grâce au progrès technologique, avec les méthodes de conservation et de raffinage, en particulier pour les pays développés. Elle a laissé la place comme mobile essentiel, pour la consommation alimentaire, à la satisfaction du plaisir gustatif et digestif. Ces plaisirs, de nos jours à la portée de tous, ont bien entendu leurs contreparties : on voudrait en particulier manger sans grossir, comme on fait l'amour sans avoir d'enfants. Il est amusant de constater en passant, à propos des deux grands instincts fondamentaux inscrits « dans tous nos organes et dans tous nos tissus », comme le soulignait Alexis Carrel, que l'homme cherche à isoler les mécanismes incitateurs, sources des principales jouissances, des conséquences voulues et, pourrait-on dire, calculées! L'homme moderne est un Prométhée du plaisir. Le plaisir passe obligatoirement par le goût du sucré, et par les lipides, supports du goût, de la palatabilité.

L'Europe médiévale, et non pas moyenâgeuse, appela le jus cristallisé de la canne à sucre « sel blanc » ou « sel indien » par opposition aux sels, marin ou gemme, gris car ils étaient alors non raffinés. Mais la paternité de la fabrication du sucre à partir de la canne est attribuée aux Chinois affirme Maguelonne Toussaint-Samat. Ils auraient fabriqué le sucre depuis la plus haute antiquité dans la région de Canton. En fait, l'Empire du Milieu aurait tenu cet art des Indiens. Car au VIIe siècle de notre ère, l'empereur Taï-Hung envoyait des ouvriers pour apprendre l'art de la fabrication du sucre dans le Yu (Inde) et plus particulièrement au Mo-Ki-To (Bengale). Les Romains et les Grecs employaient le mot de *saccharon,* ou *saccharum,* déformation gréco-latine du vocable sanscrit *sarkra,* faisant entrevoir aussi l'origine indienne de la canne à sucre. Théophraste, trois cents ans avant notre ère, en parle comme un miel coulant d'une espèce de roseau. Pline, dans son *Histoire Naturelle,* ne dit pas comment on fabrique le sucre à partir du roseau mais il précise : « On l'emploie seulement en médecine. » Médecine, selon Dioscoride et Galien, payée au poids de l'argent !

Il n'y a pas si longtemps le sucre était vendu chez le pharmacien, qui s'appelait encore l'apothicaire. D'ailleurs, un proverbe populaire stigmatisait l'individu incompétent, l'incapable, inexpérimenté en le qualifiant « d'apothicaire sans sucre ». Un comble !

Pendant des millénaires, l'homme dut se contenter, pour satisfaire son avidité du sucré, des ressources de son horizon géographique et des faveurs aléatoires du climat : les fruits, le miel, cette manne pour nos régions européennes après avoir été peut-être celle du peuple de Moïse. En arrivant en Syrie, en l'an 1090, les Croisés découvrirent la canne à sucre qui constitua le régal des soldats. Le sucre devint très vite une denrée recherchée : au Moyen Age, les négociants de l'Europe entière venaient s'approvisionner aux entrepôts de la ville du Caire, car le delta du Nil était alors couvert de plantations de cannes. Les Arabes, en étendant leur domination le long de la Méditerranée, répandirent la culture de la canne. Son extension vers les îles des Caraïbes fut assurée par les Français, les Portugais et Anglais. Le commerce du sucre prit une importance considérable. Olivier de Serres, jardinier d'Henri IV, découvrit, en 1605, dans la racine de betterave, un principe doux et sucré identifié cent cinquante ans plus tard comme étant le même que celui de la canne à sucre. Au début du XIXᵉ siècle, après quelques essais encourageants, se posait déjà la question de la fabrication du sucre de betterave. Le rapporteur de la commission de savants experts nommés par l'institut, concluait « qu'on ne pourrait jamais espérer, en France, tirer avec utilité pour le commerce, du sucre de la racine de betterave ». Cette affirmation lapidaire fut démentie par le blocus continental établi par les Anglais, qui amena une envolée du prix, et le démarrage fulgurant de la production du sucre de betterave en France. Mais la fin du blocus, en 1814, permit le retour du sucre de canne, et amena l'effondrement des cours. La lutte fratricide fut violente et meurtrière entre le sucre colonial et le sucre local. Les intérêts en jeu, la défense des activités portuaires, amenèrent diverses taxations. A une certaine période, le gouvernement proposa même l'interdiction de la fabrication du sucre de betterave, le rachat des fabriques et leur destruction!

Ce rappel historique souligne de manière anecdotique l'attirance de l'homme pour la saveur sucrée. L'édulcoration de son alimentation a été une préoccupation importante.

Les principaux sucres

Les sucres, que les nutritionnistes nomment les glucides, que les biochimistes appellent des oses, sont, en fait, multiples, dans leurs formules chimiques, dans leurs localisations comme dans leurs utilisations, sinon leurs utilités. Les sucres que l'homme est appelé à consommer dans son alimentation sont des molécules plus ou moins complexes. Elles se trouvent dans la nature : soit sous forme d'oses simples, monosaccharides, peu abondants à l'état naturel, soit sous forme d'osides formés par l'enchaînement de deux ou plusieurs oses (les disaccharides comme le saccharose, le maltose et l'isomaltose, le lactose) et les polyholosides dont les plus répandus dans notre alimentation sont les amidons, la cellulose, l'inuline et le glycogène.

Ces molécules, oses ou osides, sont appelées aussi hydrates de carbone car ils doivent leurs noms à leur formule chimique $((C+H_2O)n)$ qui ressemble à du carbone hydraté. Hormis le lactose du lait et à un moindre degré le glycogène du foie, tous les glucides alimentaires sont d'origine végétale. En sont particulièrement riches les farineux et les légumes secs (55 à 90 %), les sucreries (60 %), le pain (55 %), les pommes de terre (20 %). Les fruits frais en renferment de 10 à 20 %. En revanche, la viande, le poisson et les œufs en sont pratiquement dépourvus. Les légumes verts en contiennent un peu. Différence importante, le lait de femme contient deux fois plus de lactose que le lait de vache.

Lorsqu'il est au repos, l'organisme dirige les monosaccharides qu'il absorbe, ou qu'il fabrique à partir d'osides, vers différents sites d'utilisation. Ainsi, pour cent grammes de glucides absorbés et transformés en glucose, soixante grammes sont captés par le foie et transformés en glycogène (forme de stockage du glucose) en triglycérides et en métabolites, vingt-cinq grammes sont destinés au cerveau, aux reins et aux cellules du sang, notamment les globules rouges, et quinze grammes aux muscles et aux cellules adipeuses (les adipocytes).

Les sucres simples, *les oses*, possèdent, pour les plus usuels, cinq ou six atomes de carbone : ce sont les pentoses et les hexoses.

Parmi les pentoses, deux sont habituels : l'arabinose et le xylose. Le ribose, lui, est un composant des acides nucléiques et de certaines coenzymes présents dans toutes les cellules, mais en très faibles quantités. L'arabinose de l'aloès ou de certains fruits et bulbes, prune, cerise, oignon n'est pas métabolisé chez l'homme, il est donc éliminé par les reins. Après une forte consommation de fruits, il peut donc apparaître une élimination urinaire de pentoses qui évoque le diabète sucré si l'analyse est faite par des méthodes non spécifiques. Le xylose est peu abondant à l'état libre, on en trouve de petites quantités dans des fruits, comme l'abricot.

Parmi les hexoses, seuls quatre jouent un rôle important en biochimie alimentaire : le glucose, le galactose, le fructose et le mannose. Le premier est probablement le plus répandu dans les milieux végétaux et animaux, à l'état libre ou à l'état combiné. Il est l'essence de l'énergie pour l'organisme; sans lui la mort survient.

Le mannose est très peu abondant à l'état libre, dans les cellules animales et végétales c'est un composant des glycoprotéines animales. Il est contenu dans l'acide neuraminique rencontré en particulier dans des glycoprotéines et les glycolipides, qui jouent un rôle de premier plan dans le système nerveux.

Le galactose, l'un des composants de la gélose des algues, du mucilage des graines de lin, est peu abondant à l'état libre dans le sang, mais il est fréquemment présent dans des combinaisons (lactoses des laits), très répandu dans les lipides complexes. Il participe à la formule des cérébrosides qui sont des lipides spécifiques de la myéline, ils occupent une place importante dans la structure de cette membrane.

Le fructose, de son ancien nom lévulose, est abondant à l'état libre chez les végétaux, particulièrement, comme son nom l'indique, dans les fruits. Il est présent en très faibles quantités dans les cellules animales, à l'exception du liquide séminal, où il est le principal aliment énergétique des spermatozoïdes. Le fructose possède une propriété intéressante : son pouvoir sucrant est élevé (cent quatorze, contre cent pour le saccharose). Il cristallise très difficilement et, dans un mélange, il entrave la cristallisation des autres sucres en donnant la consistance mielleuse. Dans le miel des abeilles, il se trouve en partie égale avec le glucose.

Le sorbitol est un constituant important de nombreux aliments, notamment des fruits, alors qu'il est rare dans les tissus des mammifères. Il est métabolisé chez l'homme, et mieux utilisé que le glucose par le diabétique, en donnant la même quantité d'énergie. De ce fait, le sorbitol est employé dans la fabrication d'aliments de régime pour diabétiques. Sur le plan technologique, d'autres caractéristiques ont fait du sorbitol une substance auxiliaire importante pour l'industrie alimentaire et en particulier pour les produits de confiserie, où il remplace souvent le sucre. Il possède en effet des propriétés intéressantes et nombreuses, car elles donnent la consistance mielleuse et font résister au chauffage. Il a un effet retardateur sur la cristallisation du saccharose et du glucose, les cristaux formés restent petits et ne sont pas décelables dans la bouche. Il est aussi peu édulcorant, environ moitié moins que le saccharose. L'homme peut donc en consommer plus sans être incommodé... S'agit-il d'un avantage ou d'un inconvénient? Sa viscosité relativement faible dans les sirops facilite le travail du confiseur, les manipulations technologiques. Son aptitude à lier, enserrer et neutraliser les métaux lourds (les complexer disent les chimistes), qui initient le rancissement, contribue à améliorer la conservation des produits gras, car il évite l'oxydation des acides gras polyinsaturés.

Le xylitol se trouve à faible concentration dans beaucoup de fruits et de produits végétaux, on l'extrait du bois. C'est un nouvel agent édulcorant qui a la même valeur énergétique, le même aspect et à peu près le même pouvoir sucrant que le saccharose. Mais il possède une propriété très intéressante : le xylitol ne peut pas prendre part au processus normal de détérioration de la dentition. Il est donc recommandé depuis quinze ans comme « sucre non cariogénique » en industries alimentaires, malgré son prix élevé, quinze fois plus que le saccharose.

Des sucres d'intérêt biologique considérable ont une formule chimique fermée, en cycle, les inositols. Ils sont présents dans des tissus variés : le foie, le muscle, le sang, les urines et surtout dans le sperme. Ils ont été considérés comme une vitamine, qu'on appelait B_7. On n'a cependant jamais observé de carence spontanée chez l'homme. Par contre, elle a été constatée chez le rat par des troubles dermiques, la chute des poils, et une asthénie. Le rôle physiologique de l'inositol, constituant des phospholipides membranaires qui intervient dans le contrôle des machineries cellulaires, est tellement important que son absence totale semble incompatible avec la vie.

Après les oses, examinons *les diholosides* qui sont formés de deux oses simples. Les plus importants sont le saccharose et le lactose.

Le saccharose est le sucre ordinaire, de betterave ou de canne. Il est composé d'un glucose et d'un fructose. Très abondant dans la nature, on l'a retrouvé dans tous les végétaux chlorophylliens, car c'est le principal produit de la photosynthèse (en effet, à partir du gaz carbonique de l'air qu'elles peuvent fixer grâce à la chlorophylle, les plantes synthétisent des glucides, en utilisant comme source d'énergie la lumière solaire). Il est hydrolysé par une enzyme appelée « invertine » car le mélange obtenu de glucose et de fructose, du fait du fort caractère lévogyre du fructose, garde cette propriété optique que n'avait pas le produit de départ. On appelle d'ailleurs toujours ce mélange « sucre inverti ». L'invertine est largement répandue : on la trouve dans l'intestin humain. Le sucre inverti industriel est obtenu par l'action d'un acide sur le saccharose. Il est utilisé dans les industries des glaces et de la confiserie, en raison de ses aptitudes plastifiantes et anticristallisantes. Le miel est un sucre inverti naturel.

Le miel! Grâce à l'invertase, ou invertine contenue dans son jabot, l'abeille transforme presque tout le saccharose en glucose et fructose. Le miel contient donc du saccharose (6 %), du glucose (32 %), du fructose (32 %), et des dextrines (30 %). L'invertase en excès fait que la composition du miel évolue : au bout de cinq ans de stockage, le saccharose passe en moyenne de 6 à 3 %, au bout de dix ans l'interversion peut être complète. Le pouvoir sucrant du miel dépend des quantités relatives entre le fructose et le glucose, car le pouvoir sucrant de chacun est différent : celui du fructose est supérieur à celui du saccharose de 50 %, alors que celui du glucose est inférieur de 30 %. Il s'ensuit donc une saveur sucrée différente selon leur rapport, ce qui peut expliquer qu'un miel semble plus sucré qu'un autre, selon son origine. Le pouvoir sucrant global du miel est légèrement supérieur, de 20 à 30 %, à celui du saccharose.

La présence d'acide formique dans le miel est très intéressante, d'où, peut-être, l'explication de son utilisation populaire dans les infections bronchiques, comme antiseptique. Claude Lévi-Strauss considère l'invention de l'hydromel comme « un passage de la nature à la culture », un geste qui définit le comportement humain. N'est-il pas intéressant de savoir que les mots « miel » et « médecin » partagent la même racine indo-européenne *Medha?*

Le saccharose est un aliment glucidique très important. C'est d'ailleurs l'un des rares, sinon le seul, que l'homme consomme pur et cristallisé. Le saccharose entre dans la composition des caramels d'aromatisation. Il est intéressant, et peut-être inquiétant, de signaler que les solubilités partielles du glucose et du saccharose s'additionnent dans des solutions mixtes. Il est ainsi possible d'obtenir des concentrations totales très supérieures à celles obtenues avec un seul de ces sucres; on peut ainsi fabriquer des sirops à l'abri de la cristallisation et de la fermentation.

Le lactose, c'est le sucre du lait. On ne le trouve nulle part ailleurs. L'hydrolyse enzymatique, qui le scinde en ses deux molécules biologiquement actives, pose des problèmes. En effet, la lactase, l'enzyme qui réalise cette scission, est peu répandue. De rares levures la possèdent, les industriels utilisent celle de Kluyveromyees fragilis. L'intestin des enfants la sécrète au niveau du jéjunum. Elle disparaît plus ou moins rapidement selon les races humaines : chez les peuples de couleur, la perte se produit tôt, parfois vers trois ans. Chez les blancs, on observe une proportion importante d'individus adultes qui ont gardé cette enzyme. Aux USA, un septième seulement des blancs adultes sont alactasiques, c'est-à-dire qu'ils ont perdu l'activité de la lactase, contre trois quarts des noirs.

Les glycanes et mucopolysaccharides, des sucres lents, sont de grosses molécules, formées de plusieurs centaines ou de plusieurs milliers de molécules d'oses variés. On ne trouve pas dans la nature de polyholosides de poids moléculaire moyen, renfermant entre dix et deux cent cinquante monoses; il y a donc une rupture dans l'échelle des tailles que l'on n'observe pas avec les protides et les protéines. Leur variété est cependant limitée car un motif d'un ou deux monoses est répété de très nombreuses fois. La grande importance des glycanes tient à plusieurs raisons : ils comprennent les substances alimentaires les plus consommées (l'amylose et l'amylopectine, qui constituent, par exemple, les grains d'amidon des céréales, des légumineuses. Ils sont leur forme de réserve glucidique). Ils sont aussi la forme de stockage des glucides chez les animaux qui est le glycogène. Matières premières de transformation industrielle, enzymatique ou chimique, principalement par hydrolyse, ils sont de plus des agents technologiques importants, comme épaississants ou gélifiants.

Mais les sucres, s'ils ont un rôle énergétique primordial pour le cerveau, participent aussi à la structure des tissus en intervenant dans la formule de composés complexes et primordiaux, les glycolipides et les glycoprotéines. Glucides, lipides et protides, même combat! La reconnaissance et la sélection entre les cellules se font à l'aide de glycoprotéines et de glycolipides, qui définissent par exemple les groupes sanguins. Ces molécules complexes ont un rôle considérable. Si les cellules de deux organes sont dissociées, mélangées, puis mises en culture, elles se réassocient selon leur origine pour réformer une ébauche d'organe. On attribue, à ces molécules situées sur la surface des membranes cellulaires, des propriétés morphogénétiques. On les appelle molécules d'adhésion. L'organisation d'un groupe cellulaire en une forme pourrait être déterminée par l'expression d'un petit nombre de molécules membranaires et responsables de l'adhésion des cellules entre elles. A ce jour, trois molécules de ce type ont été mises en évidence, la N-CAM (adhésion entre neurones, N comme neurone), la L-CAM (adhésion entre cellules hépatiques, L comme liver, en anglais), la Ng-CAM (adhésion entre neurones et cellules gliales). Un élément important de la théorie est le petit nombre de ces molécules : on n'en prévoit qu'une vingtaine. Toute la spécificité de l'organisation pluricellulaire pourrait être issue essentiellement de phénomènes modulateurs tels que l'addition ou le retrait de sucres liés à ces molécules d'adhésion, leur synthèse à des moments privilégiés du développement embyronnaire, leur distribution à la surface de la cellule, les interactions entre molécules d'adhésion à la surface d'une même cellule modifiant les capacités de contact.

Les édulcorants : tromper les neurones

Le saccharose, le « sucre », n'a pas le monopole du goût sucré! Depuis de nombreuses années, la profusion et la surabondance entraînent l'excès de poids, créant dans le monde occidental une sorte de malnutrition opulente. Des recherches actives sont donc réalisées pour mettre sur le marché des produits sucrants d'origines diverses, mais qui soient le moins énergétiques possible. Comment s'accomplit leur cristallisation? Quelle est leur solubilité, leur fondant, leur résistance à la chaleur? Mais il faut se préoccuper aussi des conséquences nutritionnelles et toxicologiques de leur ingestion. Il y a des édulcorants intenses et des édulcorants pondéreux. Avec un tout petit peu des premiers on sucre énormément, les deuxièmes sont aussi sucrants que le sucre, à poids voisins. Quelques exemples :

Les édulcorants intenses ont par rapport au sucre un pouvoir édulcorant plus élevé, pour un apport calorique négligeable. Ainsi par exemple, l'aspartam vaut quatre kilocalories par gramme, mais son pouvoir sucrant est de deux cents fois celui du saccharose. Par ailleurs, les édulcorants se différencient en fonction de leur sécurité toxicologique, de leur stabilité, notamment thermique, car nombre d'entre eux ne peuvent être cuits avec les gâteaux : la chaleur les détruit. D'autres paramètres sont à prendre en compte : leur coût et leur saveur. Certains ont un arrière-goût, d'autres une durée de sensation brève ou très longue. Enfin, leur emploi nécessite un support pour le rendre utilisable : on ne peut sucrer son chocolat au lait avec un deux centièmes de cuillère à café!

Les principaux produits employés sont la saccharine, le cyclamate, l'aspartam et l'acesulfam. Mais il existe de nombreuses autres molécules testées par les laboratoires qui sont parfois autorisées dans certains pays.

L'aspartam coûte deux cent fois plus cher que le sucre, mais il a un pouvoir sucrant deux cents fois supérieur. Match nul! C'est une molécule composée de deux acides aminés : la phénylalanine et l'acide aspartique. Il ne pose pratiquement pas de problème de toxicité, mais certains centres de vigilance médicale et toxicologique soulignent que des consommateurs se plaignent de maux de tête, d'insomnie, de modification de l'humeur. L'affaire est donc à suivre. Les industriels se proposent de mélanger des édulcorants, chacun ayant des inconvénients propres, les effets toxiques étant dilués. Cette approche présente plusieurs avantages : une intensité sucrante plus forte que celle de chacun des composants, le masquage de certains arrière-goûts, la maîtrise du coût de revient. Ainsi, aux USA, le mélange employé en boisson serait pour trois quarts de la saccharine et pour un quart de l'aspartam. En Allemagne et en France, on trouve sur les tables un produit qui est un mélange composé principalement de cyclamate et d'aspartam.

Mais tous ces édulcorants ne sont peut-être pas anodins. Ils remplacent le sucre; mais celle qui veut maigrir mangera un peu plus de lipides, le choix est donc, pour elle, entre la peste et le choléra. Ces édulcorants perturbent indirectement le métabolisme; ils annoncent un plaisir métabolique qui ne vient pas, obligeant la machinerie à utiliser autre chose, les lipides par exemple, et favorisant donc la prise de poids. Observation préoccupante : des rats consommant de l'eau sucrée à la saccharine mangent 15 % de plus que ceux buvant de l'eau pure!

Par contre c'est avec plus d'enthousiasme, sinon de ferveur, qu'est accueillie *la thaumatine,* un extrait aqueux préparé avec le fruit du *Thaumatococcus daniellii* qui pousse en Afrique occidentale. Il s'agit d'un mélange de deux protéines, maintenant obtenues sous forme très pure, constituées d'acides aminés tout à fait banals. La thaumatine possède un pouvoir sucrant quelque deux mille fois plus élevé que celui du sucre, et de plus, elle agit comme « exhausteur » du goût, puisqu'elle est capable d'exalter certaines saveurs et d'améliorer les performances des arômes. Les applications s'offrent aisément dans le domaine des boissons et de la confiserie. En raison d'une longue expérience due à l'utilisation traditionnelle en Afrique occidentale sans aucune conséquence fâcheuse, semble-t-il, mais aussi d'après des données toxicologiques récentes et modernes, la thaumatine a été adoptée par de nombreux États. Un inconvénient toutefois au cours de son utilisation : en milieu acide la thaumatine est dégradée et le pouvoir sucrant réduit, ce qui risque d'entraîner un suremploi initial.

Encore plus extraordinaire, des chercheurs japonais viennent de découvrir, dans un autre fruit d'Afrique de l'Ouest, une molécule qu'ils n'ont pas hésité à baptiser miraculine, car elle change un goût acide en un goût sucré. Un citron mangé avec l'extrait de ce fruit se met à ressembler à une orange. Cette protéine contient un peu de sucre, c'est une glycoprotéine, mais pas assez pour rendre compte de ses propriétés. Nos papilles gustatives pourront-elles être trompées, au profit de notre gourmandise sinon de notre santé?

Saccharose glycyrizine	Cyclamate	Aspartam acesulfane	Stevioside	Saccharine	Monilline	Aspartam modifié	Thaumatine
I	I	I	I	I	I	I	I
1	50	150-200	200-300	300	1 500	2 000-3 000	3 000-5 000
							Intensité sucrante

Pour les sadiques et les masochistes, il y a l'amer, l'anti-sucré poussé à l'extrême. Des chercheurs américains ont synthétisé une molécule, le saccharate de denatonium, pour la société Atomergic Chemetals, les noms ne s'inventent pas! L'amer le plus répugnant, le plus effroyable, le plus repoussant. Cet additif est prévu pour les cables électriques, afin que les souris ne les grignotent pas. On a eu peur pour les enfants qui sucent leur pouce...

Les édulcorants pondéreux ont pour chef de file le saccharose qu'ils cherchent à copier. Leur choix dépend de paramètres technologiques (solubilité, viscosité, stabilité à la cuisson) ils tiennent compte des caractéristiques finales des produits obtenus (goût sucré, coloration, conservation, texture du produit). Leurs propriétés nutritionnelles, si on peut les appeler ainsi, sont bien sûr prises en compte (degré de métabolisation, voie d'ingestion, pouvoir cancérogène, par exemple). Leur pouvoir sucrant est voisin de celui du sucre.

Les polyols sont les sucres naturels qui ont été hydrogénés. Ils sont employés depuis longtemps. La plupart ne sont que partiellement métabolisés, ils ont donc une valeur calorique inférieure à celle du sucre. Leur emploi en quantité importante crée des problèmes laxatifs du fait d'une intensification du travail de la flore microbienne dans l'intestin. Les polyols ont un talent gustatif intéressant : ils donnent, en bouche, une sensation de fraîcheur, due à une de leurs propriétés physiques : une chaleur de dissolution négative. Ils sont appréciés dans les chewing-gums. D'une manière générale, les polyols sont présents dans la nature, mais leur extraction n'est pas rentable. Ainsi, le sorbitol tire son nom du fait qu'il est présent dans le fruit du sorbier, dans les pêches, poires, pruneaux, cerises. Mais il est produit industriellement par hydrogénation catalytique du glucose lui-même obtenu par hydrolyse de l'amidon! Le mannitol, comme son nom l'indique clairement, est présent dans la manne, l'exsudation du frêne.

Les polyols dérivent de l'amidon de maïs. Un chewing-gum sans sucre qui contient du sorbitol apporte quand même de l'énergie. La publicité est trompeuse! Il doit ce privilège administratif à une législation protectrice qui a réservé le terme de sucre au hobby betteravier. Cette restriction a été détournée à leur profit par les fabricants de polyols, revanche des industriels du maïs contre ceux de la betterave.

Mais le sucre, le saccharose, est loin d'être détrôné. Il sucre, bien sûr. Mais il colore quand on le transforme en caramel; en modifiant le point de congélation, il permet aux sorbets d'être onctueux à souhait et leur évite de fondre trop vite; il donne de la consistance aux crèmes et aux boissons (on dit alors qu'il sert d'agent de texture); il assure la pérennité des confitures (c'est alors un agent de conservation); il augmente la saveur des aliments, cuisinés ou non (le canard à l'orange, le sanglier aux airelles!); enfin, agent de fermentations, il aère les dérivés du blé (lors de la confection du pain) et fait pétiller le champagne.

Attention danger, toutefois! Nous consommons beaucoup trop de sucre en morceaux (appelé sucre rapide), en particulier dans les boissons sucrées (un litre de soda ou de boisson sucrée contient plus de vingt morceaux de sucre, et autant de calories qu'une bonne baguette!), et pas assez de sucres dits lents, comme le pain, les féculents, les pâtes ou le riz. En effet, un morceau de sucre est immédiatement absorbé, il rassasie les cellules pendant un temps très court et, en excès, il est transformé en graisse. Le premier morceau appelle un deuxième, et ainsi de suite. En revanche, les sucres lents sont libérés petit à petit lors de la digestion, l'organisme est nourri régulièrement, sans à-coup, en fonction des besoins.

Les obésités innombrables observées aux États-Unis sont largement dues au fait que là-bas, on y consomme trois fois trop de sucres rapides alors qu'il faudrait absorber au moins deux fois plus de sucres lents.

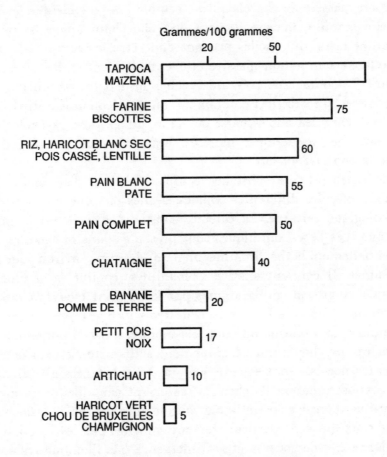

Grammes/100 grammes

TAPIOCA MAÏZENA	
FARINE BISCOTTES	75
RIZ, HARICOT BLANC SEC POIS CASSÉ, LENTILLE	60
PAIN BLANC PATE	55
PAIN COMPLET	50
CHATAIGNE	40
BANANE POMME DE TERRE	20
PETIT POIS NOIX	17
ARTICHAUT	10
HARICOT VERT CHOU DE BRUXELLES CHAMPIGNON	5

LES BONS SUCRES LENTS

Un plaisir divin : le chocolat

Cacahuaquchtl signifie non seulement cacaoyer mais aussi et surtout l'Arbre. Celui des dieux Mayas. Un arbre de quatre à dix mètres de haut, qui pousse dans les forêts vierges du Yucatan et du Guatemala. Maintenant, il y a des milliers de variétés de chocolat, souligne avec gourmandise Maguelonne Toussaint-Samat.

Dans l'état actuel de nos connaissances, étant donné la discrétion des effets toxiques à proprement parler lors de la consommation massive de chocolat, il ne semble pas possible de parler de « toxicomanie », mais seulement de « chocolatomanie », se délecte Chantal Bismuth. Quelles peuvent donc être les raisons d'accéder à cette consommation massive et éventuellement exclusive de chocolat ? Toujours retrouvés, une recherche d'optimisation des performances, un substitut émotionnel, ou une économie anti-rituelle, surtout chez les adolescents, ou enfin un étayage psychologique, surtout chez les femmes mariées, beaucoup plus rare cependant avec le chocolat au lait.

Le cacao est une substance complexe formée d'au moins huit cents molécules différentes. Quelques-unes ont une activité pharmacologique certaine. La caféine, substance d'éveil, est la mieux connue. Les bases xanthiques sont présentes dans le chocolat noir essentiellement la théobromine, un demi-gramme environ pour cent grammes. Il contient aussi les bioamines (comme la sérotonine, jusqu'à vingt-sept milligrammes par kilo). Sont trouvés aussi des vitamines (vitamine E : à raison de trois milligrammes pour cent grammes; la vitamine B3 cinq fois moins), des sels minéraux. Les éléments psychopharmacologiquement actifs actuellement détectés dans le chocolat, sont essentiellement des substances d'éveil.

La consommation de chocolat, associant par ailleurs un apport calorique intense sous un faible volume apparaît donc performante pour ceux qui sont particulièrement sollicités par les fonctions de vigilance... et de gourmandise. Il demeure que l'homme reste « un mammifère excitable et craintif », et que l'absence d'anxiété notée chez les forts consommateurs de ce nutriment stimulant peut avoir une base biochimique, non encore reconnue. Il serait intéressant de la préciser.

Les effets secondaires de la « chocolatomanie » paraissent réduits : il n'y a pas d'insomnie, de rares maux de tête souvent antérieurs à la prise, pas d'agitation psychomotrice. La prise de poids peut être manifeste, bien sûr, mais seulement si le chocolat s'additionne au régime normal. Mais ce nutriment apporte plus de quatre mille kilocalories par kilogramme ! Aucun sujet n'est désocialisé par sa

« chocolatomanie » : ce comportement n'est en effet pas jugé extravagant. La bonne acceptabilité collective, l'accessibilité facile à cet aliment et son coût faible rendent bien compte de cette absence de toxicité sociale.

Il existe cependant un risque nutritionnel indiscutable si la consommation de chocolat devient exclusive. Cent grammes de chocolat contiennent en effet, avec de grandes variations selon la marque, en moyenne : cinq grammes et demi de protides, vingt grammes de lipides et cinquante-cinq grammes de glucides, donc un rapport déséquilibré des trois nutriments essentiels.

L'état de manque chez le « chocolatomane » sevré est particulièrement discret. Pas d'hypersomnie, mais une certaine anxiété de recherche apaisée par la provision. En fait, les performances sportives, professionnelles et sexuelles du chocolatomane sevré n'ont pas été testées.

On cherche des volontaires.

VI

Les ouvriers de l'usine : les protéines

Du pain au bifteck

Au siècle dernier on « gagnait son pain », aujourd'hui on « défend son bifteck ». Ces expressions populaires situent le niveau des ambitions par rapport à l'alimentation. Après la nécessaire énergie glucidique du pain et les indispensables et seules disponibles protéines végétales, l'homme est passé au luxe des protéines animales. Dans le contexte où nous vivons, notamment sous la pression de la publicité, la notion de prestige attachée à une denrée devient un facteur de plus en plus prépondérant dans les motivations de l'acheteur : quel aliment symbole succédera au pain et à la viande?

La surconsommation actuelle de protéines animales est bénéfique au moins dans un domaine : elle nous a permis de retrouver la taille de nos ancêtres de l'époque de Cro-Magnon. En effet, les hommes du paléolithique se nourrissaient de la viande d'animaux sauvages, qui était pauvre en graisses, formées surtout par des acides gras polyinsaturés, ce qui est loin d'être le cas des animaux que nous élevons industriellement aujourd'hui. Il semble que les différents hominidés qui se sont succédés à travers les âges ont eu des pratiques alimentaires très variées. Pendant le miocène, il y a cinq à vingt millions d'années, les fruits représentaient l'essentiel de la ration. Vers la fin de cette époque, il y a cinq millions d'années, commença à augmenter la consommation de viande, qui provenait de la chasse ou... de charognes. Celle-ci prit ensuite une place essentielle, d'abord avec Homo habilis, il y a deux millions et demi d'années, qui savait fabriquer des outils et des armes, et surtout avec Homo erectus, il y a un million et demi d'années avant nous, chez qui la ration carnée atteignait, voire dépassait, la moitié de la ration totale. Cela produisit enfin l'Homo sapiens, il y a trente-cinq mille ans, de grande taille, au squelette puissant, jusqu'au néolithique et ce n'est que plus tard, que l'agriculture fut à l'origine de squelettes moins épais et plus petits.

Les métamorphoses des protéines

Les protéines ont des vertus alimentaires évidentes : sans protéines, sans acides aminés, point de vie. D'ailleurs, le mot lui-même signifie premier en grec. Plus que tout autre organe, le cerveau requiert un apport judicieux, contrôlé et très précis, en acides aminés afin d'élaborer ses innombrables protéines et synthétiser ses neuromédiateurs. Tout déséquilibre peut donc être catastrophique pour le fonctionnement cérébral. Jeanne-Marie Lefauconnier, dans mon laboratoire, a montré que le transport des acides aminés est très étroitement maîtrisé par la barrière hémato-encéphalique, qui délivre les acides aminés pertinents en qualité, en quantité et en temps.

Mais les protéines jouent également un rôle primordial dans le traitement des aliments grâce à leurs caractéristiques physico-chimiques. Elles contribuent à rendre nos aliments plus solubles, elles favorisent l'épaississement, le gonflement, la coagulation et la gélification, le moussage, le foisonnement, l'émulsification, la liaison des lipides, la formation de films, l'agrégation, la compatibilité avec les additifs, la fixation d'acides aminés ainsi que l'acquisition et la fixation d'arômes. Grâce à elles, nous pouvons rendre notre alimentation moins uniforme, moins triste, par les modulations infinies qu'elles offrent à notre art culinaire.

L'hémorragie alimentaire moderne draine les protéines de toute la planète vers les pays du Nord afin de satisfaire notre désir de protéines animales. De plus, les modifications de l'alimentation ont conduit à une augmentation de la consommation de viandes blanches qui proviennent d'animaux « monogastriques » se nourrissant d'aliments utilisables par l'homme, au détriment de la viande rouge issue d'animaux capables de digérer la cellulose. La quantité d'aliments disponibles pour l'homme s'en trouve réduite. Plus de la moitié des protéines végétales produites chaque année sur la terre est en effet utilisée par l'animal; et le tiers du poisson pêché sert à faire de la farine qui entre dans l'alimentation du bétail! N'est-ce pas du gâchis? Car l'animal est un piètre transformateur de l'énergie alimentaire qu'il consomme. Pour pouvoir obtenir un kilo de chair animale, il faut utiliser entre deux et dix kilos de protéines végétales. Le rendement de transformation des protéines végétales en protéines animales n'est guère supérieur à un cinquième. La production d'un seul kilo de viande nécessite, pour le bœuf, seize kilos de protéines végétales, pour le porc six kilos, la dinde quatre kilos, le poulet trois kilos. Pour obtenir cent kilos de poulet, il faut employer trois cents kilos d'aliments dont cinquante-cinq kilos de soja.

L'essor démographique, pour toutes les populations, est allé de pair avec une diminution de la ration carnée : choisir entre la malnutrition et la mort! Les champs produisent des céréales et ne sont plus des pacages : un hectare de prairie fournit trois cent cinquante mille kilocalories de viande mais quatre millions de kilocalories de blé...

Conscient de ces problèmes, l'homme a cherché des méthodes alternatives pour produire des protéines : la chimie et les biotechnologies ont été mises à contribution. Ainsi les recherches sur la culture des biomasses se sont développées intensément depuis vingt ans : elles portent sur des levures élevées sur la paraffine, des bactéries qui oxydent le méthane, le méthanol ou l'éthanol, des algues, telles les spirulines, qui croissent sur milieu riche en bicarbonates, des champignons filamenteux. Mais ces protéines n'ont pratiquement été utilisées que chez l'animal. Elles posent en effet des problèmes de saveur et de tolérance digestive; leur teneur élevée en acides nucléiques les rend peu adaptées à ceux qui craignent, ou endurent, la maladie de la goutte.

Les protéines issues du pétrole ont également donné lieu à d'importantes recherches, des installations industrielles ont été mises au point. Mais la crise pétrolière a stoppé net ces développements car les produits ainsi obtenus ne sont plus aujourd'hui compétitifs.

Avec un peu d'imagination, on aurait pu substituer au champ du fermier les derricks du pétrolier.

Quoi qu'il en soit, l'apport protéique de sécurité chez l'homme adulte est de cinquante à soixante grammes de protéines de référence pour un homme de soixante-dix kilogrammes. Soit encore, exprimé en protéines alimentaires usuelles dans un pays comme la France, quatre-vingt grammes de protéines par jour. Ce chiffre est très inférieur à ce que consomme la population française, et de façon plus générale inférieur à ce que tous les peuples du monde consomment spontanément, quand les disponibilités alimentaires sont suffisantes.

Chez l'enfant, le besoin en protéines est plus important : de la naissance à deux mois révolus, il en faut quatre fois plus. Chaque état physiologique implique des besoins spécifiques en qualité. Il en découle qu'une même alimentation ne peut être à la fois satisfaisante pour l'ensemble d'une population hétérogène comprenant enfants, adultes et vieillards. Il faut donc prévoir autant d'équilibres en acides aminés qu'il y a d'états physiologiques différents. La vitesse de renouvellement des protéines du cerveau, par exemple, est divisée par cinq chez les vieillards. Il faut donc impérativement des protéines, qui contiennent des acides aminés en bonne proportion, pour ne pas aggraver les vicissitudes de la vieillesse. De même, les fortes exigences des enfants en ce qui concerne la lysine, un acide aminé, sont une des causes les plus graves de la malnutrition dans les zones tropicales. Dans ces régions, on enregistre un manque dramatique de ressources alimentaires riches en lysine, déficience qui se traduit par l'apparition du kwashiorkor et du marasme, fléaux qui déciment les jeunes enfants d'âge préscolaire.

Quelques acides aminés mis bout à bout définissent un peptide. Un peptide volumineux s'appelle un polypeptide et s'il est plus gros encore, une protéine. Les propriétés chimiques des acides aminés qui composent l'architecture de cette molécule, la présence éventuelle d'autres éléments tels que le soufre ou le phosphore, des acides gras ou des sucres, conditionnent ses propriétés physiques et chimiques. C'est ainsi qu'on distingue généralement les holoprotéines des hétéroprotéines.

La structure des premières ne comporte que des chaînes polypeptidiques. Parmi elles, les scléroprotéines sont des protéines fibreuses, insolubles, ce qui les rend peu sensibles à l'attaque enzymatique, et généralement leur confère une importante résistance mécanique. C'est le cas du collagène des tissus conjonctifs, de la kératine des poils, plumes, écailles, oreilles et dents. Ces protéines de structure sont souvent déficientes en acides aminés essentiels et leur valeur nutritive est faible. Il faut donc être vraiment affamé, ou bizarre, pour en consommer. Les sphéroprotéines comprennent les très solubles albumines (dans le blanc d'œuf, le lait, le plasma sanguin); les globulines, molécules plus volumineuses telles que la myosine trouvée dans les muscles, la viande; les glutélines et les prolamines des graines de céréales.

Les hétéroprotéines ont un groupement non peptidique lié à la chaîne d'acides aminés : le phosphore dans les phosphoprotéines de la caséine du lait et la vitelline du jaune d'œuf. Les glycoprotéines contiennent des glucides; les lipoprotéines sont associées à des lipides; les chromoprotéines sont unies à une métalloporphyrine comme la chlorophylle ou l'hémoglobine; enfin les nucléoprotéines possèdent un acide nucléique.

L'hydrolyse partielle des protéines libère des chaînes peptidiques de moyenne ou petite longueur. Certains de ces peptides sont présents naturellement à l'état libre : le glutathion, tripeptide soufré, la carnosine et l'ansérine, dipeptides présents dans le muscle. L'hydrolyse complète d'un protide aboutit à un mélange d'acides aminés. Ces composés relativement simples sont rarement à l'état libre dans la nature.

Les acides aminés sont formés d'une chaîne carbonée de deux à douze atomes, toujours terminée par une fonction acide, l'avant-dernier chaînon carboné portant une fonction amine. Cette amine contient de l'azote : on estime donc généralement le métabolisme des acides aminés en mesurant l'azote : on résume et simplifie en parlant de bilan azoté. Les acides aminés naturels les plus courants sont au nombre d'une vingtaine. La plupart possèdent une chaîne linéaire, mais certains ont aussi un noyau aromatique. Quelques-uns ont une seconde fonction acide, amine ou alcool, ou sont porteurs d'un atome de soufre.

Parmi les acides aminés, certains peuvent être fabriqués par notre organisme à partir de corps chimiques plus ou moins voisins. D'autres au contraire ne le peuvent pas, ou ne sont synthétisés qu'en quantité beaucoup trop restreinte pour répondre aux besoins. Ils sont alors dits indispensables ou essentiels. Ce sont la lysine, la thréonine, le tryptophane, la méthionine, la valine, l'isoleucine, la leucine, la phénylalanine. Les besoins correspondants sont proportionnellement plus élevés chez l'enfant que chez l'adulte, et ils sont particulièrement importants chez le nourrisson. Pour celui-ci, l'histidine est également indispensable. Les autres acides aminés, qui ne sont pas indispensables, ne sont pourtant pas négligeables, car ils tiennent une place importante dans le métabolisme protéique et participent aux synthèses.

L'absence d'un seul de ces acides aminés essentiels empêche la synthèse protéique. (Mais la méthionine et la cystine sont mutuellement remplaçables; de même, dans une certaine mesure la phénylalanine et la tyrosine.) On tient compte de ce fait quand on évalue les besoins en acides aminés. L'acide aminé manquant ou fourni en quantité insuffisante par une protéine alimentaire donnée s'appelle le facteur limitant primaire. Si on ajoute à une protéine donnée l'acide aminé manquant, ce facteur limitant primaire, il apparaît souvent alors un déficit relatif en un autre acide aminé ou facteur limitant secondaire. L'équilibre entre tous les acides aminés est très subtil! Nous avons d'ailleurs déjà entrevu cette notion d'équilibre lors de l'examen de la barrière hémato-encéphalique. L'homme doit impérativement manger un mélange de protéines.

Étant donné la composition des protéines des aliments usuels, seuls trois acides aminés sont susceptibles d'être limitants : le tryptophane, la lysine et la méthionine. D'une façon générale les protéines d'origine végétale contiennent une quantité insuffisante de lysine. Par contre, les protéines d'origine animale contiennent en quantité adéquate tous les acides aminés et lorsque leur ingestion est importante et variée, la connaissance des facteurs limitants présente en fait peu d'intérêt pratique.

La valeur alimentaire des différentes protéines est variable en fonction de leur nature et de leur origine. On utilise généralement comme référence les protéines de l'œuf, dont l'équilibre est considéré comme optimal pour les synthèses de l'organisme. Par comparaison, les facteurs limitants les plus usuels sont la lysine pour les céréales et leurs dérivés, la méthionine et la cystine pour les légumineuses et certaines protéines animales. Il est clair que l'association dans une alimentation de protéines d'origine différente permet habituellement de compenser leurs insuffisances respectives. D'une manière générale, les protéines animales ou celles des légumineuses complètent bien celles des céréales. Par exemple, les céréales ajoutées au lait constituent, chacun le sait bien, un petit déjeuner idéal; les facteurs limitants du lait étant la cystéine, et celui des céréales la lysine. On ne trouve ni lysine ni tryptophane dans le maïs; les haricots et les pois sont une source intéressante de lysine, mais manquent de méthionine; le tryptophane est présent dans les légumes verts à feuilles, mais il manque plusieurs acides aminés importants dans les légumes verts... Toutes les cultures, toutes les civilisations, à la suite d'une très longue sélection, ont fini par pallier les déficiences des plantes alimentaires en mettant au point des plats qui les combinent en équilibrant les effets, en compensant les défauts. Les Mexicains accompagnent leurs tortillas de maïs, de haricots, de riz et de légumes à feuilles. Les Jamaïcains mangent du riz et du blé ou du maïs avec des pois. Et beaucoup d'Amérindiens consomment une sorte de purée faite d'un mélange de maïs et de haricots.

Par contre, le bifteck de soja est une inepsie, une escroquerie nutritionnelle. Il ne contient en effet que des protéines végétales dont les acides aminés ne sont pas des plus favorables. De plus, il est pauvre en facteurs indispensables comme les acides gras polyinsaturés, les oligo-éléments, les vitamines... Les meilleures protéines pour l'homme sont bel et bien les protéines animales. Dommage sans doute pour les végétariens!...

Au sens strict, la digestibilité est le résultat final des opérations se déroulant tout au long de la traversée de l'appareil digestif. Elle correspond à la quantité de l'aliment ou du nutriment qui franchit la membrane intestinale; elle est mesurée par le pourcentage de l'élément ingéré qui ne se retrouve pas dans le rejet fécal. Mais la digestibilité et la vitesse de transit du bol alimentaire dans l'appareil digestif sont deux phénomènes différents, indépendants l'un de l'autre. Par exemple, les graisses animales exigent un travail stomacal important et leur évacuation est très lente. Malgré ces handicaps, leur digestibilité est aussi élevée que celle des huiles végétales

qui sont apparemment beaucoup plus digestes, de l'avis du consommateur. A l'inverse, l'œuf gobé cru, considéré comme digestible,
n'offre en réalité qu'un intérêt alimentaire médiocre : son transit
digestif est tellement rapide que les enzymes digestives ne peuvent
l'attaquer, et qu'une proportion élevée est éliminée dans les excré-
ments, faute d'avoir pu être dégradée. Si l'œuf est cuit, son transit
à travers l'appareil digestif est beaucoup plus lent, ce qui permet
aux enzymes de transformer ses constituants en nutriments simples,
assimilables par la paroi intestinale. C'est dire que les œufs à la
coque ou mollets constituent les préparations optimales sur le plan
nutritionnel.

De nombreux produits alimentaires renferment un principe anti-
enzymatique qui s'oppose à l'action de la trypsine, cette enzyme
sécrétée par le pancréas qui dégrade les protéines (c'est pourquoi
on l'appelle protéolytique). Dans la plupart des cas, ce principe n'est
présent qu'en concentrations minimes et n'entraîne pas de réper-
cussions sur le plan pratique. Seuls le blanc d'œuf, la graine de
soja crue et le colostrum (la première sécrétion mammaire au
moment de la naissance) renferment une antitrypsine dont l'activité
est notoire. Tous ces facteurs, détruits par la chaleur ont disparu
après cuisson. En conséquence, leur incidence dans l'alimentation
humaine demeure tout à fait insignifiante. Mais il n'en est pas
toujours de même pour l'alimentation animale : le tourteau de soja
est cuit pour constituer un apport protidique important.

Enfin, les traitements thermiques appliqués en milieu humide
peuvent aussi avoir un effet favorable direct sur la digestibilité des
protéines, en modifiant leur structure physique, en les dénaturant,
et en les rendant plus accessibles à l'action des enzymes digestives.

Les protéines ne sont en effet absorbées qu'après avoir été dégradées en acides aminés, grâce à des enzymes protéolytiques qui
interviennent dans l'estomac et dans l'intestin. Les sensations subjectives du consommateur et l'observation objective des phénomènes
de la digestion aboutissent parfois à des conclusions apparemment
opposées !

Le charme du grillé

La coagulation par la chaleur est un phénomène marquant au cours de la cuisson. La brutalité ou la progressivité du chauffage, ainsi que la température atteinte, ont une grande importance lors de la cuisson des œufs et des viandes. Les protéines pures sont absolument insipides et inodores.

Les acides aminés modifiés à la suite d'un traitement thermique sont partiellement assimilables. Mais l'organisme, ne disposant d'aucun moyen pour les régénérer sous leur forme initiale, ne peut pas les utiliser en tant qu'acides aminés. Ces molécules vont donc être rejetées dans l'urine, faute d'avoir pu participer au métabolisme azoté.

Lors de la cuisson, dans les aliments, peut se développer un ensemble très complexe de réactions qui aboutissent à la formation de pigments bruns ou noirs, et modifient parfois très favorablement les qualités sensorielles comme l'odeur et la saveur. Ce sont ces réactions chimiques qu'on appelle la « condensation de Maillard », où s'unissent les sucres et les acides aminés. Elle est fortement stimulée aux températures élevées, mais la chaleur n'est pas une condition indispensable. Elle peut aussi survenir pendant les périodes de stockage, d'autant plus lente que la température est plus basse. L'intensité de la réaction augmente d'une manière générale avec l'élévation de l'acidité. Ces composés sont de couleur brune, ils donnent cette couleur alléchante que prennent les bords des œufs au plat, ou les rôtis. Contrairement à ce qu'on croit généralement, il ne s'agit pas alors d'une simple caramélisation, mais bien d'une réaction plus complexe dans laquelle l'eau joue un rôle important : une humidité relative de 30 à 60 % correspond en général aux meilleures conditions de la condensation de Maillard. Mais les métaux jouent aussi un rôle non négligeable. Certains inhibent la réaction, comme le manganèse ou l'étain, d'autres au contraire la catalysent, c'est le cas du cuivre et du fer.

Cette réaction de Maillard n'est donc pas favorable à la qualité nutritionnelle des protéines, car elle les détruit et les rend inutilisables. En revanche, elle rend sublime l'entrecôte ou l'andouillette sur la braise.

Enfin, au-delà des réactions de Maillard, la cuisson à la flamme ou sur braise, sur le barbecue, est peu recommandable. En effet, elle produit des substances présumées cancérigènes, à partir des lipides et des protéines, des viandes et des poissons. Ce phénomène s'accroît d'ailleurs, en même temps que la destruction des vitamines, avec l'intensité et la durée de la cuisson. De ce point de vue, la viande saignante est préférable à la viande bien cuite. La cuisine simple, mais délicieuse, que fait le barbecue n'est donc peut-être pas des meilleures : un kilo de viande bien braisée peut contenir autant d'hydrocarbures cancérigènes que la fumée de deux cent cinquante cigarettes... Heureusement, les avaler est beaucoup moins toxique que les fumer.

Les réactions subtiles des protéines à la cuisson ne doivent pas cacher que c'est le gras qui donne le goût subtil de la viande, et non le maigre. Au goût, le bœuf maigre auquel on ajoute de la graisse de porc passe pour du porc, et réciproquement !

Acides aminés romains et vietnamiens

Pour l'anecdote, une source d'acides aminés très nutritive : le garum... et le nuoc-mâm. Il s'agit de protéines en quelque sorte prédigérées (les chimistes appellent le produit un hydrolysat, les technologues un autolysat); les traitements fournissent un mélange constitué principalement d'acides aminés.

L'usage du garum, une liqueur de poisson obtenue à partir du dernier stade de la décomposition des chairs de poisson, est apparu en Grèce, dès le VIᵉ siècle avant Jésus-Christ. Sa réputation fut longue à s'établir, et Pline s'étonnait de l'engouement des Romains pour cette précieuse sanie de poissons à l'odeur nauséabonde. Dans un vase d'une contenance d'une trentaine de litres, on plaçait une première couche de poissons gras, saumons, anguilles, aloses, ou sardines, puis on disposait dessus des herbes très odorantes, aneth, coriandre, fenouil, céleri, sarriette, menthe sauvage, serpolet, origan, ou argémone. On ajoutait ensuite une autre couche de poissons sur laquelle on plaçait deux doigts de sel. On remplissait ainsi le vase jusqu'au sommet en alternant les couches d'herbes, de poissons et de sel. On fermait ensuite avec un couvercle et on laissait mariner une semaine. Ensuite, pendant une lune, c'est-à-dire vingt-huit jours, on remuait ce mélange. Après, il suffisait de recueillir la liqueur qui, mise en jarres après avoir été filtrée, devenait le fameux garum. Mais il existait également, pour respecter les règles culinaires des Juifs, un garum de poissons à écailles, dit *garum castimoniale :* un garum casher, en somme!

Parmi tous les dérivés du garum, on pouvait trouver aussi un savoureux « garum au vin », mélange de garum, de vin et d'épices, réduit à la cuisson. Il était constitué de poivre broyé, de rue, de miel, de vin, de liqueur de poisson, de vin cuit, le tout chauffé à feu très doux.

Au Moyen Age, cette variante fut particulièrement appréciée, car elle permettait aux moines comme aux laïcs d'absorber, en temps d'abstinence, un substitut de viande. La ration en acides aminés était sauvegardée, la santé corporelle et spirituelle aussi!

Étant donné la complexité d'une telle préparation et les difficultés évidentes pour se procurer du garum aujourd'hui, on peut lui substituer le nuoc-mâm, en usage dans le Sud-Est asiatique. Cet ingrédient possède, en effet, toutes les qualités du garum.

Acides aminés à tout faire

Les acides aminés ont mille rôles. Ils sont donc les éléments des édifices de protéines; ils sont aussi les précurseurs d'hormones (thyroïdiennes par exemple), de neuropeptides aux multiples fonctions (hormonales, neuromodulatrices, neuromédiatrices) et des acides nucléiques, si importants dans la structure des gènes et dans leur expression.

VII

Des auxiliaires indispensables : les vitamines

Les réactions biochimiques ne sont possibles qu'en présence de protéines spécialisées, les enzymes. Certaines, par exemple, permettent d'extraire l'énergie des carburants alimentaires de façon progressive, coordonnée, minutieuse et économique; tandis que d'autres élaborent les constituants de l'édifice cellulaire. Mais pour agir, elles ont besoin, en très faibles quantités, des vitamines ou de leurs dérivés, qui ont encore bien d'autres fonctions plus importantes les unes que les autres. On peut donc dire que ces vitamines sont les auxiliaires vitaux de tous les rouages de la vie, que ce sont des nutriments essentiels pour tous les organes, et en particulier pour le cerveau. Certaines, en outre, agissent comme de véritables hormones ou précurseurs d'hormones, c'est le cas de la vitamine D. D'autres, comme la vitamine C ou E, sont des antioxygènes qui piègent les radicaux libres.

Mais d'où vient leur classification? On l'a élaborée progressivement, dans l'ordre de leur découverte, à mesure qu'étaient identifiées les maladies carentielles. Ainsi s'expliquent leurs numéros et leurs sobriquets : « rétinol » vient de rétine, l'acide ascorbique supprime le scorbut, la vitamine PP prévient la pellagre.

Les nutritionnistes disposent désormais de connaissances approfondies sur le métabolisme des vitamines, connaissances bien supérieures aux simples données traditionnelles des taux sanguins et de l'élimination urinaire. Mais on ne sait pratiquement rien, encore, de leur mode de transport entre le sang et le cerveau, à travers la barrière hémato-encéphalique! Cependant les symptômes de carence chez d'autres organes que le cerveau ne sont-ils plus uniquement constatés, mais expliqués, compris et même prévus dans les circonstances à risque. Cette véritable révolution résulte des progrès de l'investigation biochimique et génétique qui, par l'étude approfondie de mutations exceptionnelles du métabolisme, a permis bien souvent de disséquer entièrement les divers mécanismes d'action des vitamines.

Les avitaminoses ont d'abord été définies comme des formes de déficit en facteurs alimentaires que l'organisme est incapable de synthétiser, bien qu'ils soient indispensables à son bon fonctionnement et au maintien de son intégrité. Ces carences en vitamines peuvent avoir des origines multiples. La plus commune, la plus anciennement connue, est une alimentation insuffisante ou inappropriée. Mais bien d'autres facteurs peuvent intervenir, isolément ou en association : défaut d'absorption, destruction dans le tube digestif, déperdition excessive – causée par des troubles digestifs durables – excès de consommation; lors de déséquilibres diététiques, d'infections, de grossesse ou d'efforts physiques excessifs; présence de substances compétitives à action antivitaminique, comme le sont certains médicaments ou même certains nutriments. L'alcoolisme chronique offre l'exemple le plus triste et le plus courant de l'intrication de plusieurs facteurs.

Parmi les diverses carences vitaminiques qui s'observent en clinique humaine, celles du groupe B sont de très loin les plus importantes pour le système nerveux. Elles sont à l'origine de divers troubles et lésions neurologiques. En revanche, l'avitaminose A n'a pas d'expression neurologique nette, hormis les anomalies de la vision. Les avitaminoses C et K peuvent occasionner des hémorragies. L'avitaminose D cause un déficit calcique qui altère l'excitabilité des cellules nerveuses. Enfin, l'avitaminose E est susceptible de donner des lésions nerveuses et musculaires en entraînant la peroxydation de certains acides gras, accélérant ainsi le vieillissement.

Certains pays en voie de développement connaissent encore de graves carences. Mais l'existence de déficits minimes a été récemment confirmée dans différents pays industrialisés (France, États-Unis, Canada, Allemagne, Angleterre, Suisse, Pays-Bas), où la population a des besoins accrus, de façon momentanée ou prolongée, du fait de son mode de vie ou de certaines pathologies spécifiques. Les habitudes soit disant modernes ne satisfont plus les besoins élémentaires. L'hypovitaminose, portant habituellement sur plusieurs vitamines, s'instaure alors progressivement et il s'écoule le plus souvent plusieurs mois entre le moment où l'organisme commence à puiser dans ses réserves et celui où apparaissent les premiers signes cliniques de carence. Pendant cette période, appelée parfois précarence, les taux sanguins commencent par diminuer, puis des perturbations du métabolisme cellulaire se manifestent. Ces carences minimes peuvent n'être jamais manifestes cliniquement mais donner lieu à un certain nombre d'anomalies infracliniques, métaboliques, immunitaires; elles conduisent à un ensemble mal défini de symptômes non spécifiques dont le médecin a du mal à discerner l'origine : perte d'appétit, amaigrissement, apathie, fatigue, irritabilité, moindre résistance aux infections, insomnie.

Quelques exemples, entre cent. Elle est trop enveloppée et démoralisée lorsqu'elle se regarde dans la glace. Un remède? La privation de nourriture, ou, méthode tout aussi exécrable, l'ingestion d'un seul type d'aliment. Un résultat : spirale infernale, la dépression pure et dure par carence de vitamine B1. Il est mal dans sa peau et au travail, il oublie par l'alcool. Lui aussi manque de la même vitamine, avec le même résultat : encore la dépression, puis la confusion mentale. De même, dépressif toujours pour la même raison, le vieillard esseulé, abandonné, triste. Le prisonnier au fond de sa geôle est résigné, indolent, désespéré, car il ne supporte pas le poids de la privation de liberté, mais aussi par manque de vitamine B1. Dans un autre pays, une autre prison, le détenu se jette contre les murs, se mutile, par exaspération et fureur, mais aussi par manque de vitamine B3, dont l'absence entraîne la démence. Le végétarien excessif et sousalimenté n'est pas pacifique, il est apathique par manque de vitamines, mais aussi d'acides aminés.

Les principaux groupes à risque aujourd'hui sont nombreux. D'abord les femmes pendant la grossesse et en période d'allaitement, mais aussi celles qui utilisent des contraceptifs oraux. Ceux-ci provoquent en effet un besoin accru en particulier de vitamine B_6. Les enfants à peau pigmentée peuvent également être carencés : la vitamine D leur est particulièrement nécessaire. Les adolescents ne sont pas indemnes : leurs besoins sont importants, d'autant que leur alimentation est souvent fantaisiste. Risquent de manquer aussi de vitamines, les obèses, toute personne qui suit un régime hypocalorique ou déséquilibré, ainsi que les buveurs excessifs dont les mauvaises habitudes alimentaires et une absorption déficiente sont responsables d'une insuffisance de plusieurs vitamines, en particulier du groupe B. En fait, les alcooliques chroniques constituent plus qu'un groupe à risque : leurs carences majeures en font bel et bien un groupe pathologique.

Même les fumeurs, pour lesquels des études récentes ont mis en évidence un renouvellement plus rapide de la vitamine C, ont des besoins accrus. Les personnes âgées ne sont pas épargnées car elles souffrent fréquemment de troubles de l'absorption digestive et ont une alimentation monotone et déséquilibrée. De même, peuvent être carencés les anciens opérés du tube digestif, les patients sous traitement antibiotique ou ceux qui prennent de façon régulière certains médicaments pouvant avoir un effet antivitaminique (par exemple les anticonvulsivants, l'acide para-aminosalicylique, les biguanides, la cholestyramine, la colchicine...).

Il n'est pas indifférent de savoir qu'une carence vitaminique perturbe l'élaboration du système nerveux en particulier dans ses étapes les plus précoces. Des enquêtes épidémiologiques récentes ont montré que certaines malformations cérébrales et de la moelle épinière de l'enfant étaient dues à une carence en vitamine de leur mère en début de grossesse!

A l'inverse, si des risques d'hypervitaminose existent pour certaines vitamines utilisées à des doses pharmacologiques, il n'en est rien lorsqu'elles sont ingérées aux doses nutritionnelles habituelles. Les aliments, même enrichis, présentent peu de risques puisque leur consommation en quantité courante ne peut pas amener à des apports supérieurs à cinq fois les doses journalières recommandées, ce qui est sans danger. Seules des erreurs alimentaires flagrantes pourraient être responsables d'hypervitaminose. Toutefois, la vitamine D doit être l'objet d'une attention particulière.

Vision de la vitamine A

Une croyance populaire fort répandue affirme que la consommation de grandes quantités de carottes permet de mieux voir la

APPORTS QUOTIDIENS CONSEILLÉS OU RECOMMANDÉS
(voir aussi p. 284)

		Enfants de 1-3 ans		Adulte masculin	
		France (1981)	FAO/OMS (1974)	France (1981)	FAO/OMS (1974)
Vitamine A	UI	1 330	833	3 330	2 500
Vitamine D	UI	400-600	400	400	100
Vitamine E	mg	5-7		12-15	
Vitamine C	mg	35	20	60-100	30
Vitamine B1	mg	0.7	0.5	1.3-1.5	1.2
Vitamine B2	mg	0.8		1.8	1.8
Vitamine B6	mg	0.8		2.2	
Vitamine PP	mg	9	9	18	19.8
Pantothénate	mg	3		7-10	
Vitamine B12	ug	1	0.9	3	2
Acide folique	ug	100	100	400	200
Biotine	ug	50-90		100-300	

		Adulte femme		Femme enceinte	
		France (1981)	FAO/OMS (1974)	France (1981)	FAO/OMS (1974)
Vitamine A	UI	2 670	2 500	4 000	2 500
Vitamine D	UI	400	100	600	400
Vitamine E	mg	12-15		15	
Vitamine C	mg	60-100	30	80-100	50
Vitamine B1	mg	1.3-1.5	0.9	1.8	1.0
Vitamine B2	mg	1.5	1.3	1.8	1.5
Vitamine B6	mg	2.0		2.5	
Vitamine PP	mg	15	14.5	20	16.8
Pantothénate	mg	7-10		7-10	
Vitamine B12	ug	3	2	4	
Acide folique	ug	400	200	800	300
Biotine	ug	100-300		100-300	

nuit. Elle permit d'ailleurs, au cours de la Seconde Guerre mondiale, à la Royal Air Force de garder secrète plus longtemps l'invention du radar : l'armée répandit le bruit que la précision de tir des pilotes en mission nocturne tenait à leur vision améliorée par les énormes quantités de carottes qu'on leur faisait absorber. Les Allemands, qui partageaient le même préjugé, se laissèrent abuser un temps... Cette croyance ne repose que sur de rares preuves scientifiques, même si un des symptômes de carence en vitamine A, présente dans les carottes, est précisément la difficulté pour l'œil à s'adapter rapidement à des changements d'intensité lumineuse.

Après la Seconde Guerre mondiale, le Danemark, pour acquérir des devises, vendit son beurre. Les Danois utilisèrent en remplacement de la margarine. Le résultat fut préoccupant : de nombreux enfants devinrent malvoyants, car la margarine d'alors n'était pas supplémentée en vitamine A.

Les déficiences en vitamine A se traduisent d'une manière générale par des atteintes oculaires comme la diminution de la vision crépusculaire, la cécité nocturne, mais aussi par l'hyperkératose cutanée avec atrophie des glandes sébacées et sudoripares ou un retard du développement staturo-pondéral.

En pédiatrie, une simple action préventive pourrait abolir la sécheresse, l'atrophie et l'opacité de la cornée, éviter la diminution ou la perte de la vue. Pourtant, cinq cent mille enfants sont chaque année touchés dans la seule région du Sud-Est asiatique, et la moitié d'entre eux deviennent effectivement aveugles. Bien plus, le déficit en vitamine A est directement la cause de l'augmentation de la mortalité infantile. Dans les pays industrialisés, il est possible de trouver des déficits importants en vitamine A dans les classes sociales défavorisées, chez des sujets aux habitudes alimentaires particulières, dans certains groupes de patients tels les enfants atteints d'un arrêt de l'écoulement biliaire, de mucoviscidose, ou de malabsorption chronique. C'est dire que le déficit en vitamine A ne doit pas être méconnu, il est probablement plus fréquent qu'on ne l'estime.

La vitamine A présente une action physiologique fondamentale au niveau de la rétine. L'aldéhyde de la vitamine A, qui s'appelle rétinal, se combine en effet à une protéine spécifique de la rétine pour former la rhodopsine ou pourpre rétinien, dont les modifications sous l'effet de la lumière permettent la vision nocturne. Par ailleurs, la vitamine A est nécessaire au renouvellement des tissus épithéliaux, à la croissance, à la reproduction, à la régulation de la production sébacée. Des chercheurs ont récemment découvert qu'elle a également un rôle important au niveau du matériel héréditaire, par l'intermédiaire d'une protéine. Mais qu'en est-il du cerveau en phase de développement? Dans l'étude du métabolisme et de la biochimie de la vitamine A certains problèmes fondamentaux restent à résoudre : les mécanismes d'action moléculaire au niveau du génome, l'affinement des connaissances sur le stockage, le transport, la libération cellulaire, les mécanismes de captation par le cerveau.

Le risque d'hypervitaminose existe pour des doses de vingt à cinquante fois plus importantes que celles qui sont recommandées quotidiennement. Les cas décrits sont le plus souvent provoqués par des erreurs nutritionnelles ou font suite à l'utilisation non médicale de vitamine A. Les signes sont des manifestations aiguës d'hypertension intracrânienne avec bombement de la fontanelle chez l'enfant, d'augmentation pathologique du calcium dans le sang (hypercalcémie), d'épanchement pleural, de vomissements, d'irritabilité, de troubles de la coordination des mouvements. De manière plus diffuse, l'hypervitaminose peut conduire à des manifestations cutanées chroniques telles que desquamation, sécheresse, hyperpigmentation, démangeaisons, perte des cils et des cheveux, mais aussi à des troubles neurologiques, comme la fatigue, l'irritation ou une vision double. De même, une diminution des globules blancs du sang (appelée leucopénie), une cirrhose, des douleurs articulaires, une déformation due à l'épaississement des os (dénommée hyperostose), une ossification ligamentaire, une fermeture prématurée des cartilages de conjugaison peuvent être les témoins d'une intoxication chronique.

Une hyperprovitaminose A (ou hypercaroténémie, car le carotène est le précurseur de la vitamine A) est très fréquente, en particulier chez les enfants qui mangent de grandes quantités de carottes ou de tomates, mais aussi chez les diabétiques, au cours de l'hypothyroïdie et de certaines hyperlipidémies, chez les personnes qui utilisent les nouveaux produits de « bronzage ». Une coloration orangée de la peau, particulièrement aux paumes des mains et plante des pieds, est évidente dès que le taux de carotène sérique est excessif. Fort heureusement, elle n'entraîne jamais d'hypervitaminose A.

La vitamine A est présente dans les aliments sous deux formes : esters de rétinyl et provitamine A. Les esters de rétinyl se trouvent uniquement dans les aliments d'origine animale tels que le foie et les huiles de foie de poissons, le lait, le beurre (cette richesse a fait dire à certains que le beurre est un coulis de vitamines), les fromages, les œufs, les poissons. Les provitamines A (les différentes formes de carotènes) se trouvent dans le règne végétal. Certains légumes et fruits sont particulièrement riches. Ce sont par exemple les carottes, les épinards, les choux, les courges, les abricots, les

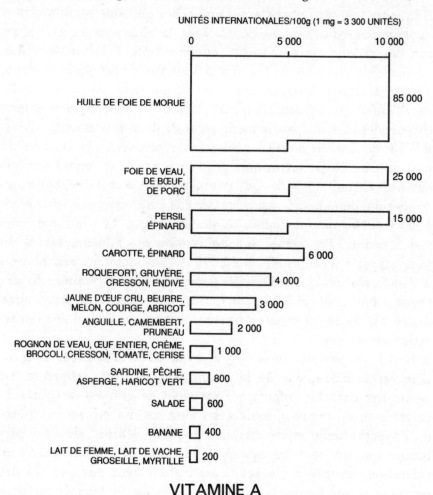

VITAMINE A

oranges, les melons. Mais les concentrations peuvent être très variables selon l'origine des produits, elles sont aussi fonction des conditions techniques de conservation.

La vitamine A est transportée au foie où elle est stockée pour constituer les neuf dixièmes des réserves de l'organisme. Le bêta-carotène est, pour une part hydrolysé et absorbé par le tube digestif sous forme de vitamine A, et pour une autre part absorbé tel quel, si bien qu'un tiers seulement du carotène disponible est absorbé pour être, soit transformé en vitamine A, soit stocké sous forme de provitamine. Tous les dérivés vitaminiques A n'ont donc pas la même activité biologique. La teneur des aliments et les besoins sont exprimés en microgrammes de rétinol ou en équivalent de rétinol calculé en tenant compte de la capacité des caroténoïdes à se transformer en vitamine A dans l'organisme.

Les besoins quotidiens sont apportés pour moitié sous forme de rétinol, c'est-à-dire par les aliments d'origine animale, et pour moitié sous forme de provitamine c'est-à-dire par les aliments végétaux. Il est important de noter que la vitamine A, et plus encore les provitamines nécessitent un apport protéique suffisant pour être correctement métabolisées.

Force de la vitamine C

Connu depuis l'Antiquité, le scorbut est une maladie due à la carence en vitamine C. Ascorbique signifie : qui s'oppose au scorbut. Il survient lorsque les fruits et les légumes crus font défaut dans la nourriture pendant un temps prolongé (trois à six mois). Décrit déjà par les Romains, il fut plus tard dénommé « peste », lors de la septième croisade, car il apparaissait de façon épidémique dans des places fortes assiégées ou chez les équipages de navires lors de voyages prolongés. L'épuisement des réserves physiologiques survenait sensiblement dans le même délai chez la plupart des individus soumis au même régime carencé. Le scorbut frappait donc avec prédilection des soldats, des marins, c'est-à-dire des individus soumis, lors de longues campagnes, à toutes sortes d'efforts physiques et psychiques au cours desquels le besoin en vitamine C s'accroît.

Le scorbut provoquait des douleurs dans les articulations, des hémorragies des micro-vaisseaux sanguins qui irriguent les muqueuses, la réouverture des plaies anciennes et une perte de poids. Anecdote émouvante, des marins mourants furent abandonnés sur une île des Caraïbes, où ils survécurent et guérirent en mangeant des fruits, avant d'être recueillis, un peu plus tard, par un bateau portugais. Cette guérison parut tellement miraculeuse aux Portugais, qu'ils donnèrent à cette île le nom de « guérison », Curaçao dans leur langue, nom qui lui est d'ailleurs resté jusqu'à nos jours... Jadis, cette maladie était fréquente en raison de la difficulté de conserver et de transporter des aliments contenant la vitamine C. Les chercheurs d'or, il y a cent trente ans, l'ont subie en Californie, ceux de l'Alaska il y a moins d'un siècle. Bien que les voyageurs les plus perspicaces, sinon les plus intelligents, aient exprimé l'opinion que le jus d'agrumes, oranges, citrons et limettes (les citrons verts), étaient un bon substitut de fruits et légumes frais pour la prévention du scorbut, leur acceptation fut lente. Les jus de fruits étaient chers, de sorte que les commandants et les propriétaires de bateaux trouvaient opportun et économique d'être sceptiques. Dans cette controverse, quelques essais furent entrepris pour trouver une solution : les jus d'oranges, de citrons et de limettes furent bouillis pour en faire un sirop. Mais ce fut un échec. En effet, l'acide ascorbique est presque entièrement détruit par une longue cuisson. La controverse sur la valeur du jus d'agrumes frais continua donc de plus belle. L'Amirauté britannique en 1795 ordonna cependant de donner aux marins une ration quotidienne de jus de limettes frais. Le scorbut disparut aussitôt de la marine britannique. Depuis cette pratique salutaire, le marin britannique est surnommé « Lime-juicer » ou « Limey ».

L'avitaminose ne se voit maintenant que chez le nourrisson ne recevant ni supplémentation en vitamine C, ni jus de fruits frais. Elle est exceptionnelle chez l'adulte, mais moins rare chez le vieillard, lorsqu'il est plus ou moins délaissé, et se nourrit depuis au moins deux mois uniquement de conserves. Car la vitamine C est souvent détruite si les techniques de conservation utilisent la haute température. Chez le nourrisson, jusqu'à huit mois, et s'il n'est pas nourri au sein, une maladie évoquant une leucémie peut être observée. Le diagnostic repose essentiellement sur l'enquête alimentaire qui montre l'absence d'absorption de fruits ou de légumes frais depuis plusieurs semaines. Le scorbut ne se voit guère, exceptionnelle faveur, dans les pays sous-développés où la consommation de fruits frais est facile.

La vitamine C (ou acide L-ascorbique) est une vitamine soluble dans l'eau (hydrosoluble), largement répandue dans le monde vivant. Isolée en 1928 à partir de la surrénale, elle s'est révélée identique au facteur antiscorbutique précédemment découvert dans le jus de citron. Cette molécule comporte deux hydroxyles portés par deux atomes de carbone unis par une double liaison. En perdant deux atomes d'hydrogène, l'acide ascorbique se transforme en acide déhydro-ascorbique. Au point de vue biochimique, la vitamine C se caractérise par une oxydation réversible en acide déhydro-ascorbique. Cette possibilité d'oxydo-réduction est à la base de son activité physiologique et de ses applications technologiques très nombreuses, telle la fabrication du pain.

L'acide ascorbique est facilement synthétisé par les végétaux, et par de nombreux animaux, dans le cadre de leur métabolisme glucidique. Mais le Cobaye, les Primates et l'Homme en sont incapables.

L'acide ascorbique est impliqué dans de nombreux systèmes biochimiques vitaux, il joue un rôle important dans diverses réactions d'oxydation qui mettent en jeu l'oxygène moléculaire. Ses propriétés réductrices et sa réaction avec les radicaux libres oxygénés semblent être au centre de ses fonctions biologiques. Il intervient directement, par exemple, dans la synthèse du collagène. La transformation du procollagène en collagène nécessite l'hydroxylation de deux acides aminés, la proline et la lysine, qui demande absolument l'acide ascorbique. Une synthèse déficiente du collagène est responsable de l'un des symptômes essentiels du scorbut : l'anomalie de trabéculation du tissu conjonctif. Le collagène peut cependant se former en absence d'acide ascorbique, mais les fibrilles sont alors peu nombreuses et porteuses d'anomalies. Cette anomalie du collagène explique les hémorragies et la réouverture de plaies lors de carences. La guérison de blessures requiert la génération et le dépôt de collagène à l'endroit même, elle ne peut se réaliser qu'en recourant à la vitamine C, du fait de son rôle dans la synthèse du collagène.

L'acide ascorbique a aussi de subtiles influences sur l'élaboration du tissu nerveux : il permet par exemple, à la lame basale de se fabriquer, autorisant la cellule de Schwann à se différencier et donc à fabriquer de la myéline.

La vitamine C rend possible la biosynthèse de la carnitine, nécessaire à l'entrée des acides gras dans les mitochondries, où ils sont oxydés. L'énergie nécessaire à l'effort musculaire prolongé dépend de cette oxydation. C'est dans le muscle strié que la concentration de carnitine est la plus forte. Mais dans le cerveau, les acides gras ne sont pas utilisés comme générateur d'énergie. En revanche, ils doivent être renouvelés, les nouveaux arrivants remplaçant les anciens qui doivent être détruits.

La biosynthèse des catécholamines, adrénaline et noradrénaline, requiert la présence d'acide ascorbique (au niveau de la transformation de la dopamine en noradrénaline). Cette étape est catalysée par la dopamine bêta-hydroxylase, une enzyme qui fonctionne en présence d'oxygène moléculaire, de cuivre et d'acide ascorbique. La biosynthèse des catécholamines a, du reste, lieu dans des tissus riches en acide ascorbique comme le cerveau, mais aussi la surrénale. Par ailleurs, l'acide ascorbique pourrait contribuer au recyclage d'une àutre vitamine, l'acide folique, requit pour l'hydroxylation de la phénylalanine et de la tyrosine, deux acides aminés précurseurs de neuromédiateurs. La vitamine C a donc un rôle très important dans l'élaboration de certains neuromédiateurs, on en trouve d'ailleurs des quantités très grandes dans les vésicules synaptiques. L'acide ascorbique intervient aussi dans le métabolisme de l'histamine et module les réponses endocriniennes et allergiques.

Grâce à ses propriétés réductrices, à ses possibilités de former des complexes avec diverses molécules, l'ascorbate possède un large éventail d'actions sur les ions métalliques qu'il s'agisse de leur absorption, de leur mobilisation ou de leur distribution. L'acide ascorbique favorise l'absorption intestinale du fer et il influence sa répartition dans l'organisme. Enfin la destruction des radicaux libres oxygénés représente une fonction biologique importante de l'acide ascorbique.

La vitamine C est absorbée dans la partie initiale de l'intestin grêle, transportée par le sang et concentrée au niveau du cerveau. L'organisme contient environ un gramme et demi d'acide ascorbique, stock très limité compte tenu des besoins tissulaires. De quoi tenir un petit mois pour l'adulte, trois semaines pour la femme enceinte. Les principales sources de vitamine C sont les fruits frais, le jus d'orange ou de citron qui apportent, dans cent grammes, la ration journalière de vitamine, tout comme les légumes frais, chou blanc, chou-fleur et chou de Bruxelles. La vitamine C est détruite par la chaleur, l'oxydation, la dessication, une alcalinisation même faible. Elle fuit facilement dans les liquides de cuisson. La conservation des légumes et des fruits frais à la température ambiante diminue également la teneur de ces aliments en vitamine C. En revanche, la surgélation et la congélation conservent l'activité vitaminique. Le lait maternel humain apporte la quantité nécessaire de vitamine C, mais pas le lait de vache ni, bien sûr, ses dérivés.

Les confitures de grand-mère, préparées dans un chaudron en cuivre, ne sont pas une idée de génie, sauf s'il est parfaitement étamé. La cuisson, comme pour toutes les vitamines, et la présence de cuivre, catalysent en effet sa destruction.

Le comité pour la nutrition des animaux de laboratoire de l'Académie nationale des Sciences des États-Unis et le Conseil national de la Recherche, recomandent bien plus de vitamine C pour les singes que pour les êtres humains. N'est-ce pas étonnant? Le premier comité a déterminé la quantité optimale dont ont besoin les singes. Le second rationne les vitamines à une quantité légèrement

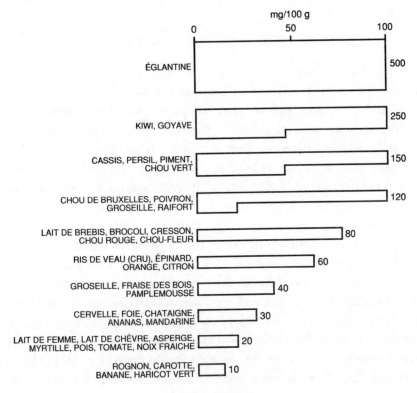

VITAMINE C

supérieure à l'apport journalier minimal requis pour prévenir les maladies de carences. Aucune preuve ne permet de conclure que la dose minimale de chaque vitamine correspond à la quantité optimale pour être en bonne santé. Pour qu'un singe en cage maintienne le niveau de vitamine C de son sang qu'il avait quand il était sauvage, il lui faut plus de dix fois la dose qu'on considère nécessaire à l'homme! D'autres ont même mesuré une relation entre le taux sérique de vitamine C et le quotient intellectuel : celui-ci augmente de quatre unités lorsque la concentration plasmatique de vitamine C augmente de 50 %!

Dix milligrammes par jour évitent le scorbut. Pour une santé florissante, il en faut au moins quatre-vingts milligrammes.

Muscle de la vitamine D

Vitamine ou hormone? Le calciférol, nom donné par les biochimistes à la vitamine D, tient une place à part parmi les vitamines puisqu'il peut être produit par l'organisme. La formation de son dérivé le plus actif requiert l'efficacité et la coopération de deux organes, le foie et le rein. Son action sur le squelette, en contrôlant le métabolisme du phosphore et du calcium, est reconnue; mais le calciférol semble en avoir bien d'autres, comme en témoignent les résultats récents d'études *in vitro*, sur la différenciation cellulaire par exemple.

Les aliments naturels ne contiennent que très peu de vitamine D, en dehors de certains poissons comme le thon, la sardine, le hareng ou le saumon. Cependant, il faut rappeler que la source principale de vitamine D est la peau elle-même. La production cutanée est la plus importante chez les sujets au régime pauvre en calcium ou en phosphore, chez les enfants surtout pendant les périodes de croissance rapide, et chez les femmes en fin de grossesse. Mais elle peut être insuffisante si la peau reçoit un rayonnement ultraviolet qualitativement et quantitativement inadéquat (latitude trop élevée, pollution atmosphérique, habitudes sociales et vestimentaires inadaptées). Ainsi les petits Africains, qui fuient le soleil torride en restant tout le temps sous les cases, à l'ombre, sont-ils carencés. Dans les pays où l'on n'enrichit pas les aliments, les risques de déficit ne sont pas négligeables. L'apport prophylactique de vitamine D aux enfants est alors une nécessité pour prévenir l'apparition du rachitisme.

Les besoins sont estimés à dix microgrammes par jour. Mais cette estimation usuelle est deux à trois fois supérieure pendant les deux premières années, puis pendant les mois d'hiver, jusque vers l'âge de cinquante-cinq ans. Une quantité équivalente devrait également être proposée aux femmes en fin de grossesse.

Fécondité de la vitamine E

En 1922, on montra qu'un facteur soluble dans les graisses était capable de prévenir la mort fœtale et l'atrophie testiculaire chez le rat soumis à des régimes artificiels qui n'étaient pas carencés en vitamine A, B, C, D, seules connues à l'époque. Ce facteur fut appelé vitamine E, puis tocophérol (de *tocos* : descendance, *pherein* : porter et *ol* comme alcool). On crut longtemps qu'il favorisait seulement la fécondité, ou même améliorait la virilité et retardait le vieillissement. Cette vitamine E possède toutefois un champ d'action beaucoup plus vaste.

Le rôle physiologique majeur de la vitamine E est un effet antioxydant : piégeant les radicaux libres, elle protège principalement les acides gras polyinsaturés et stabilise les lipides membranaires. Elle est donc extrêmement importante dans le système nerveux où les membranes doivent d'autant plus être protégées qu'elles sont formées de nombreux acides gras polyinsaturés, et qu'elles ont un renouvellement lent. Le cerveau est l'organe le plus riche en lipides, mais il consomme également des quantités d'oxygène très importantes. Il faut donc que les acides membranaires cérébraux soient très bien protégés contre les peroxydations, d'autant que le renouvellement des neurones et des oligodendrocytes est nul. Comment le sont-ils ? Là réside l'inconnue. C'est là encore un mystère fantastique. Une peroxydation membranaire diminue l'efficience de la cellule, la rend plus fragile, et la fait disparaître prématurément, ce qui accélère, voire provoque, le vieillissement.

La vitamine E participe de plus, à la formation et à la structure des phospholipides membranaires et possède une action stabilisatrice indépendante de son effet antioxydant, par relation privilégiée avec un acide gras très insaturé, l'acide arachidonique. J'ai d'ailleurs trouvé, avec Michel Clément, que le contenu en vitamine E du nerf est en relation avec les acides gras polyinsaturés de la famille linoléique, mais pas avec ceux de la famille alpha-linolénique, pourtant plus exigeante en protections car plus insaturée. Les mystères de la vitamine E sont encore nombreux...

Les apports nutritionnels en vitamine E conseillés sont, selon les tranches d'âge, de trois à quinze milligrammes par jour. Les besoins sont augmentés en cas d'apport important en acides gras polyinsaturés : environ un milligramme de vitamine E par gramme d'acide gras polyinsaturé.

Les déficiences en vitamine E sont dues à une carence de réserves et d'apports – comme chez les prématurés – ou d'absorption, par mauvaise assimilation des graisses, ou une déficience de transport due à une absence de bêta-lipoprotéines (des associations moléculaires de protéines et de lipides, trouvées dans le sang, qui transportent entre autre, la vitamine E). Les carences de l'enfant se traduisent par la constitution progressive de neuropathies et de rétinopathies. L'enfant qui naît à terme avec un stock vitaminique normal, mais qui ne peut ensuite le compléter ou le renouveler du fait d'un trouble d'absorption lipidique, développe un déficit très progressif dont les manifestations vont être retardées, insidieuses, et essentiellement neurologiques. Les patients exposés à un déficit chronique en vitamine E doivent par ailleurs être soumis à une surveillance neurologique, ophtalmologique, hématologique et musculaire.

Dans le cadre des insuffisances biliaires et pancréatiques, le tableau le plus caractéristique concerne l'enfant atteint d'une réduction des voies biliaires, où le déficit d'absorption est très sévère mais compatible avec une vie prolongée. Dans la mucoviscidose, le déficit est moins sévère et plus long à se révéler. Le syndrome dû à un intestin grêle trop court constitue également une cause non négligeable. D'autres anomalies potentiellement liées, au moins en partie, à un déficit cellulaire en vitamine E, ont été décrites au cours de malabsorptions chroniques des graisses, chez l'adulte. Tel est le cas du « Brown Bowel Syndrome », qui présente un aspect anatomique et endoscopique correspondant à l'accumulation massive de pigments lipidiques dans les cellules de l'épithélium digestif. Les symptômes cliniques basés sur l'existence de globules rouges crénelés en forme d'oursins sont caractéristiques.

Les éléments du syndrome neurologique sont d'abord une atteinte des nerfs périphériques, de révélation insidieuse, vers six-dix ans, avec difficultés de la marche et constitution de pieds creux. L'abolition des réflexes peut être décelée dès la fin de la première année. (L'étude anatomique révèle une dégénérescence axonale prédominante sur les grosses fibres, des dépôts de pigments lipidiques à la fois intraneuronaux et dans les cellules schwanniennes; ces anomalies sont comparables à celles connues de plus longue date chez le rat ou le singe carencés.) L'atteinte musculaire, chez l'enfant, résulte à la fois de la dénervation chronique et d'une myopathie avec dégénérescence des fibres musculaires. Celle-ci reste beaucoup plus discrète que celle observée chez des animaux comme le caneton ou les petits rongeurs, qui développent d'importantes destructions de cellules musculaires.

L'atteinte du système nerveux central se traduit, cliniquement, par des troubles de la motricité des yeux caractérisés par une incoordination des mouvements volontaires; il y a aussi une diminution du volume du cortex du cervelet.

L'atteinte rétinienne se traduit précocement par une perturbation de l'électrorétinogramme. Elle est probablement rendue possible par le déficit en vitamine A fréquemment associé, ce qui est observé dans de nombreux modèles animaux. La haute teneur des photorécepteurs en acides gras insaturés et l'action de la lumière expliquent probablement en grande partie la susceptibilité particulière de ces cellules aux phénomènes de peroxydation des lipides.

Les dégénérescences du système nerveux peuvent être stabilisées ou partiellement neutralisées par un traitement vitaminique injectable, mais une guérison complète n'apparaît guère possible dans les cas évolués. En l'absence de bêta-lipoprotéine sanguine, il faut des doses massives de vitamine E pour relever le taux de tocophérol du plasma et du tissu.

La vitamine E est susceptible de réduire considérablement les symptômes neurologiques observés, par exemple la difficulté tardive à faire les mouvements, qui survient souvent chez des patients ayant reçu une thérapeutique médicamenteuse antipsychotique. Les causes de cette atteinte tardive demeurent encore mystérieuses. Elle produit en tout cas un handicap extrêmement important, engendrant des mouvements anormaux. Il ne serait pas impossible que les perturbations de certains états parkinsoniens puissent être amoindries par l'utilisation de la vitamine E. Mais il ne faut pas oublier que certains médicaments sont générateurs de radicaux libres, toxiques s'ils ne sont pas piégés par la vitamine E, par exemple. Plusieurs toxiques peuvent accroître la peroxydation des tissus hépatiques (tétrachlorure de carbone, paracétamol), du tissu myocardique (adriamycine), du tissu nerveux (méthylmercure, plomb). Le champ des applications cliniques de la vitamine E s'élargit graduellement.

Dans l'alimentation, la vitamine E est présente quand il y a des acides gras polyinsaturés : les tocophérols sont largement répandus dans les produits naturels d'origine végétale ou animale. Mais sous le terme de vitamine E, on désigne en fait différents tocophérols. L'alpha-tocophérol est le seul présent dans l'organisme des mam-

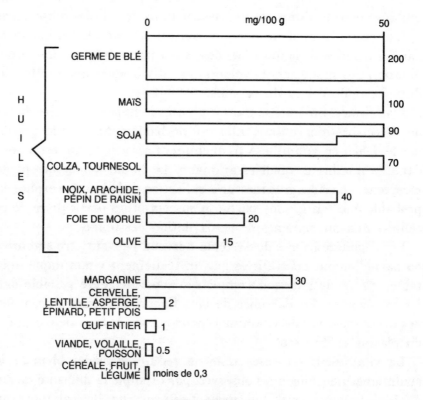

VITAMINE E

mifères. Le bêta-tocophérol, le gamma-tocophérol et le delta-tocophérol ont une activité biologique inférieure, respectivement un tiers, un septième et un centième. Attention : une huile végétale, riche en acides gras polyinsaturés contient aussi obligatoirement une vitamine E, mais qui n'est peut-être pas l'alpha-tocophérol. L'organisme intègre dans sa structure des acides gras polyinsaturés, mais il n'a pas à sa disposition l'antioxydant approprié, ce qui peut être source de problèmes. Attention aussi aux huiles de poisson, bien que très riches en acides gras polyinsaturés, elles sont peu pourvues en vitamine E, ce qui est logique car le poisson vit dans un milieu pauvre en oxygène, et, quand ils ne sont pas dans les mers tropicales, à température basse. Cette faible température réduit les phénomènes d'oxydation, le besoin en vitamine E du poisson est abaissé.

Le surdosage au-delà d'un gramme de vitamine E par jour pour un adulte augmente l'effet des antivitamines K, crée ainsi des risques d'hémorragie, mais ne donne pas lieu à des signes neurologiques.

Les bienfaits des vitamines B

Énergie de la vitamine B1

La vitamine B1, (appelée aussi thiamine ou aneurine), est une coenzyme indispensable à un grand nombre de réactions enzymatiques, en particulier celles de la dégradation des sucres, source primordiale d'énergie. Cette vitamine est concentrée dans certains organes, mais n'est pas stockée : une quantité judicieuse doit donc être présente quotidiennement dans l'alimentation. A l'opposé, un apport excessif est immédiatement éliminé dans les urines. Les besoins quotidiens de vitamine B1 sont de un milligramme chez la femme, un milligramme et demi chez l'homme, la femme enceinte ou allaitante, éventuellement plus en fonction de l'apport calorique (à raison d'un demi-milligramme pour mille kilocalories). La vitamine B1 se trouve en très petite quantité dans le lait pasteurisé, le pain, les fruits et légumes, un peu dans la viande et dans l'œuf, essentiellement concentré dans le jaune, beaucoup dans le foie. L'aliment le plus riche est la viande de porc. Seule une alimentation variée permet un apport suffisant, d'autant que la cuisson en fait perdre entre le dizième et la moitié de la teneur.

L'avitaminose B1 est une menace pour la vie. La carence alimentaire est responsable du béribéri en Orient, chez les mangeurs de riz raffiné. Endémique sous les climats tropicaux et particulièrement en Extrême-Orient, il peut sévir sporadiquement dans les régions tempérées, ou de façon épidémique dans des groupes malnutris, pendant les guerres, les famines, dans les camps de prisonniers.

Deux séries de symptômes peuvent apparaître : une forme sèche ou une forme humide, caractérisée par la formation d'œdèmes. Les deux manifestations majeures du béribéri sont la polynévrite et l'insuffisance cardiaque. La première est surtout nette dans les formes d'évolution chronique, sèches et modérément œdémateuses. Sa symptomatologie est analogue à celle de la polynévrite alcoolique : elle commence aux extrémités inférieures et se caractérise par des douleurs et des sensations anormales qui vont des cuisses aux membres supérieurs, des troubles respiratoires et laryngés. La tachycardie (augmentation du rythme cardiaque) est également de règle.

La polynévrite se traduit d'abord par des lésions dégénératives des gaines de myéline. A un stade ultérieur, les axones sont aussi atteints. Ces lésions frappent aussi bien les nerfs moteurs que sensitifs. Pour certains auteurs, elles ont pour origine un trouble fonctionnel du corps cellulaire neuronal, qui n'arrive plus à assurer la nutrition des parties les plus éloignées de ses prolongements.

Le béribéri peut être mortel en quelques heures chez un enfant. Dans nos pays, l'avitaminose B1 se rencontre essentiellement chez les alcooliques chroniques ou chez les sujets qui ont des vomissements incoercibles, dus à un rétrécissement de l'orifice de sortie de l'estomac, ou pendant la grossesse, et quelquefois chez les sujets en réanimation prolongée. En effet, une carence aiguë en vitamine B1 responsable du même syndrome neurologique peut s'observer chez les malades recevant des perfusions importantes ou prolongées de sérum glucosé. Le métabolisme exige de grandes quantités de vitamine B1, les stocks existants étant faibles et vite épuisés.

L'avitaminose B1 a une part de responsabilité, avec la dénutrition globale dans la polynévrite alcoolique. Elle est directement responsable, en outre, de l'insuffisance cardiaque des alcooliques, et du

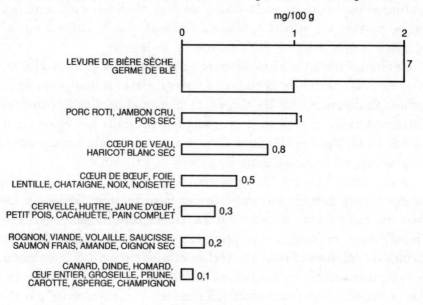

VITAMINE B1

syndrome de Gayet-Wernicke qui se caractérise par une confusion mentale, une paralysie du mouvement des yeux, une perte de la coordination de mouvements volontaires et un coma. Ce syndrome qui ne s'observe pas dans le béribéri oriental est une extrême urgence médicale. La meilleure confirmation du diagnostic est la réponse spectaculaire à la vitamine B1 intramusculaire, à la dose de cent milligrammes par jour, qui sauve la vie du malade, et fait rétrocéder les signes neurologiques. Les résultats sur la polynévrite sont d'autant meilleurs et plus rapides que le traitement intervient à un stade moins avancé. Tardivement appliqué, il n'a souvent que des effets partiels et laisse des séquelles. Les cas mortels sont heureusement exceptionnels dans les régions tempérées.

Il existe divers facteurs antithiamine dans les aliments, qu'il convient de détruire par la cuisson ou par un traitement approprié. L'un, de nature protéique, une enzyme détruite par la chaleur (on dit thermolabile) présente dans les viscères et dans la chair de nombreux animaux aquatiques, a défrayé la chronique. En effet, il a provoqué l'apparition de paralysie, de troubles neurologiques, et a décimé les élevages de renards alimentés en partie avec du poisson, il a conduit au renchérissement des fourrures. Depuis, ce facteur a été identifié dans diverses bactéries du tube digestif de l'homme et surtout dans de nombreux poissons, crustacés, mollusques et cœlentérés. La consommation fréquente de tels produits à l'état cru peut faire apparaître effectivement des symptômes de déficience en vitamine B1, ce qui est fréquent au Japon. Les autres facteurs alimentaires antithiamines constituent un groupe hétérogène de substances de faible poids moléculaire, résistant à la chaleur de la cuisson, extraites par exemple des fougères et responsables des signes d'avitaminose chez les herbivores, pathologie neurologique bien connue des vétérinaires.

L'activité antithiamine des composés phénoliques est étroitement dépendante de la position des substituants de la molécule. Or, plusieurs composés souvent présents dans l'alimentation normale ont cette structure. Les effets de l'un des plus courants, l'acide caféique, sont bien connus; ainsi, chez l'homme, l'excrétion urinaire de vitamine B1 diminue à la suite de l'ingestion de café. Ceci témoigne d'une destruction de la vitamine B1 présente dans l'organisme!

La vitamine B2

La vitamine B2, appelée aussi riboflavine, est particulièrement importante pour les processus énergétiques.

Elle est le précurseur de deux coenzymes qui jouent un rôle majeur dans les nombreuses réactions d'oxydation et de réduction de l'organisme : le FAD et le FMN, flavine-adénine dinucléotide et flavine-mononucléotide. Outre les flavines nucléotides, certaines flavo-protéines contiennent des métaux, en particulier du fer et du molybdène, absolument indispensables à l'activité catalytique. Encore plus intéressant, les flavo-protéines qui contiennent du fer contiennent également du soufre très réactif.

Le rôle du FAD dans le métabolisme des acides gras et des acides aminés a récemment été mis en évidence par la découverte, chez l'homme, de maladies héréditaires affectant plusieurs étapes enzymatiques, qui toutes ont pour point commun l'utilisation du FAD comme coenzyme. En effet, les dégradations des acides gras, que l'on appelle bêta-oxydation car l'acide gras est littéralement tronçonné par tranches de deux atomes de carbone, ainsi que celle de six acides aminés (leucine, isoleucine, valine, lysine, hydroxylysine et tryptophane) nécessitent la présence de FAD. La connaissance de ces maladies héréditaires du métabolisme de la

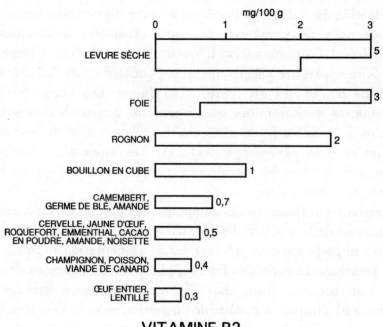

VITAMINE B2

flavine a éclairé d'un jour nouveau les possibles conséquences biochimiques et cliniques d'une carence en cette vitamine. De ce fait, sur un plan pratique, tout syndrome hépatique mal étiqueté, surtout s'il s'accompagne de troubles de la conscience ou de signes neurologiques, suscite une recherche au niveau des métabolismes auxquels participe la vitamine B2.

On sait, depuis longtemps, que la carence maternelle pendant la grossesse donne lieu à de sévères malformations chez le nouveau-né.

La vitamine B2 est très répandue dans la nature végétale et animale. Sauf dans le lait où elle est contenue sous forme libre, elle est, dans la plupart des tissus, liée à des protéines. Les apports journaliers sont donc très supérieurs aux besoins (qui sont de l'ordre de deux milligrammes par jour), si bien que les carences sont très rares dans les pays industrialisés. Dans le sang et les tissus, huit dixièmes de la riboflavine sont sous forme de FAD et pratiquement tout le reste de FMN. Moins de un pour cent est constitué par la riboflavine elle-même. Donc, dans l'organisme, seule une très petite quantité se trouve stockée telle quelle. Mais attention, neuf dixièmes de la vitamine du lait sont détruits par exposition au soleil! Elle est très sensible à la lumière et à la chaleur.

Folies de la vitamine B3 (PP)

La vitamine B3, dite PP, la vitamine antipellagreuse, appelée aussi niacine, est une coenzyme des enzymes respiratoires.

Elle existe sous deux formes chimiques, également actives, l'acide nicotinique et la nicotinamide. Cette vitamine est stockée dans le foie. C'est une coenzyme indispensable au métabolisme énergétique, avec les vitamines B1 et B2. Son énorme intérêt biologique tient au fait qu'elle est un des constituants fondamentaux des deux coenzymes pyridiniques nécessaires au métabolisme des glucides, des protéides et des lipides : le nicotinamide-adénine-dinucléotide ou NAD, et le nicotinamide-adénine-dinucléotide-phosphoryle ou NADP.

Ceux-ci sont impliqués dans toutes les réactions d'oxydo-réduction de l'organisme. Inutile de les passer ici en revue. Il faut insister néanmoins sur le fait que le NAD est utilisé dans la plupart des réactions d'oxydation alors que le NADP est plutôt réservé aux réactions de réduction. Le NAD est surtout mitochondrial : c'est l'accepteur d'hydrogène dans les grandes réactions d'oxydation de l'organisme (glycolyse, lipolyse, cycle de Krebs). Le NADP se trouve surtout dans le liquide intracellulaire : c'est le grand donneur d'hydrogène (sous forme de $NADPH_2$), en particulier pour la synthèse des acides gras.

Le fait que les voies d'utilisation du NAD et du NADP, ainsi que leur intérêt biologique, soient fondamentalement différentes, alors que la différence de structure entre les deux coenzymes est si faible, n'a encore reçu à ce jour aucune explication satisfaisante. Il y a là un mystère à éclaircir. Un de plus.

La vitamine PP n'est cependant pas une vitamine pour l'homme, à proprement et strictement parler. En effet, elle peut être synthétisée à partir d'un acide aminé essentiel, le tryptophane, en particulier dans les bactéries intestinales. C'est donc le tryptophane qui, chez l'homme, joue un rôle essentiel. Dans ce cas précis, le caractère vitaminique de la vitamine PP n'apparaît donc qu'au second degré. Quel est le taux de transformation du tryptophane alimentaire ? Soixante milligrammes de tryptophane, qui constitue un centième environ des protéines alimentaires, donnent naissance à un milligramme d'acide nicotinique. Ceci explique que les carences et les maladies du métabolisme du tryptophane reproduisent en partie ou en totalité le tableau classique de la carence en vitamine B3, c'est-à-dire la pellagre.

Celle-ci est une affection d'extension quasi universelle, qui sévit principalement dans les régions pauvres dont l'alimentation protidique est insuffisante ou repose sur le maïs. L'histoire de la pellagre et de son développement en Europe coïncide avec l'introduction du maïs dans l'alimentation humaine. Les observations faites sur cette maladie ont d'ailleurs conduit à la découverte de la vitamine PP à travers des démarches compliquées et alambiquées. Le problème fut d'autant plus difficile à résoudre que la pellagre était inconnue dans le Nouveau Monde, où le maïs constituait la base de l'alimentation. Difficulté supplémentaire, le dosage chimique montre que le maïs contient des quantités substantielles de provitamine PP biologiquement inactive. En fait, les habitudes alimentaires des Indiens étaient adaptées. Elles le sont restées : au Mexique, les tortillas traditionnelles sont préparées en traitant d'abord le maïs par de la bouillie de chaux pendant une demi-heure à chaud, puis le tout est laissé une nuit à température ordinaire. Dans ces conditions la provitamine (le niacinogène), libère la vitamine. Mais ce traitement détruit aussi divers principes nutritifs qui sont opportunément compensés par l'apport d'autres aliments. La pellagre se rencontre donc surtout dans les populations paysannes pauvres nourries presque exclusivement de maïs. Un peu de viande suffit à s'en préserver. Lors de la guerre russo-japonaise, en 1904, le gouvernement japonais interdit, par loi martiale, l'usage du riz poli dans l'armée : mesure sanitaire importante, qui contribua à la victoire du petit Japon sur le colosse russe.

La symptomatologie de la pellagre est surtout caractérisée par la démence, la dermatose, la diarrhée. Elle comprend, associée à des manifestations cutanées, une rougeur de la peau (un érythème) variable avec l'ensoleillement, des difficultés digestives, une anorexie, une inflammation de la langue (appelée glossite), une diarrhée, et des troubles neuropsychiques qui en font toute la gravité. Ces derniers sont les plus précoces et les plus constants. Au début, les modifications du comportement prennent souvent une allure psycho-névrotique, puis apparaissent des états d'excitation ou de dépression, des états confusionnels, et dans les cas prolongés s'installe une démence progressive qui pourra devenir irréversible et conduire à la mort ou à l'internement, alternative peu réjouissante!

L'évolution de la pellagre est habituellement prolongée sur plusieurs mois ou années, mais des épisodes aigus neurologiques peuvent survenir. Le traitement par la vitamine PP a généralement une action rapide sur les troubles cutanés et digestifs. Elle n'agit de façon efficace sur les troubles neuropsychiques que s'ils sont d'installation récente. De multiples formes cliniques ont été décrites pour la pellagre. Elles semblent surtout dépendre des anomalies alimentaires associées : carences protidiques, autres déficits vitaminiques, alcoolisme, insuffisance rénale chronique.

Une avitaminose peut être provoquée par certains antibiotiques intestinaux. Son expression est toujours discrète, essentiellement au niveau de la peau et des muqueuses, sa durée brève.

Les besoins quotidiens de vitamine PP sont de sept milligrammes pour mille kilocalories, soit seize à vingt milligrammes chez l'homme, douze à quatorze milligrammes chez la femme, davantage chez la femme enceinte ou allaitante. Les sources en vitamine sont doubles, alimentaires et endogènes, mais de toute façon, un apport protéique alimentaire suffisant est indispensable. Les viandes en contiennent beaucoup, le foie encore plus, les légumes peu. Cette vitamine est très stable à la chaleur mais facilement perdue dans l'eau de cuisson.

Administré à fortes doses (trois grammes par jour), l'acide nicotinique limite la formation du cholestérol. Il inhibe en effet la synthèse des lipides, selon un mécanisme qui reste pour l'instant obscur. Une étude portant sur près de huit cents malades a pourtant montré l'efficacité de l'acide nicotinique, qui pourrait même réduire la fréquence des infarctus du myocarde.

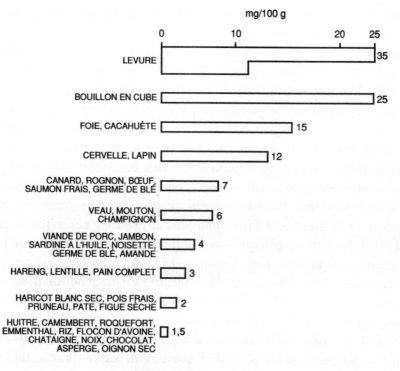

VITAMINE B3 (Pp)

Ubiquité de la vitamine B5

Comme son nom l'indique, l'acide pantothénique (du grec *pantos*) ou vitamine B5, dont au moins dix milligrammes par jour nous sont nécessaires, est présent dans presque tous les aliments. On la trouve en particulier dans le foie, le jaune d'œuf, le blé et le riz, la gelée royale et... la levure de bière. Cette vitamine est à la source du coenzyme A, dont l'un des rôles les plus importants est d'intervenir dans le métabolisme des acides gras. Une carence d'apport ne peut s'extérioriser que lors de l'administration de substances compétitives. Elle se traduit alors par une fatigue générale, des maux de tête, des nausées, des douleurs gastriques et abdominales. Aucune toxicologie de surcharge n'a encore été décrite à ce jour.

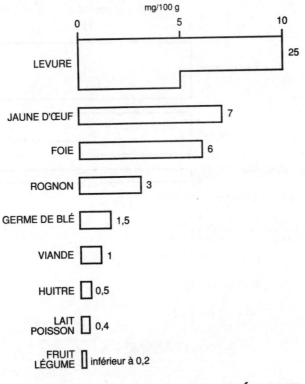

mg/100 g

LEVURE	25
JAUNE D'ŒUF	7
FOIE	6
ROGNON	3
GERME DE BLÉ	1,5
VIANDE	1
HUITRE	0,5
LAIT POISSON	0,4
FRUIT LÉGUME	inférieur à 0,2

VITAMINE B5 (ACIDE PANTOTHÉNIQUE)

Polyvalence de la vitamine B6

Le complexe vitaminique B6 est constitué de trois molécules : la pyridoxine, le pyridoxal et la pyridoxamine, d'activité égale. Elle a une action importante dans les processus métaboliques cérébraux, entre autres dans la synthèse de neurotransmetteurs : conversion de l'acide glutamique en acide gamma-amino-butyrique et du tryptophane en sérotonine. Cette molécule simple sert de coenzyme à tous les grands processus fondamentaux du catabolisme des acides aminés. C'est pourquoi son importance biologique est exceptionnelle car elle participe à un grand nombre de réactions enzymatiques, dont plus d'une cinquantaine ont été dénombrées.

Les besoins quotidiens en vitamine B6 sont de deux milligrammes chez l'adulte, un peu plus chez la femme enceinte ou allaitant. Ils

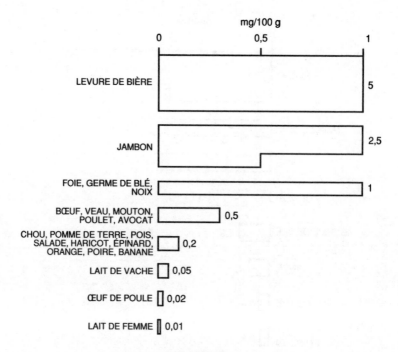

VITAMINE B6

sont apportés par les viandes (surtout de porc et d'agneau), les laitages, les œufs, les légumes, les pommes de terre, certains fruits (en particulier les bananes). La vitamine B6 est extrêmement sensible à la cuisson.

En clinique humaine, sa carence provoque des troubles nerveux, retrouvés en thérapeutique antituberculeuse par l'isoniazide, qui se comporte comme une antivitamine B6. Ces troubles mineurs, ne s'observent qu'après l'administration de doses fortes et prolongées, et généralement à la faveur de prédispositions, chez les névropathes, les épileptiques, les alcooliques, les dénutris. Les désordres les plus fréquents sont les modifications de l'humeur, des sensations anormales aux extrémités, une difficulté à uriner. Cependant de véritables états maniaques, confusionnels, des crises de convulsion, des polynévrites, ont été observés chez des sujets dépourvus de tout antécédent pathologique. Aussi est-il de règle de prescrire préventivement de la vitamine B6 lors de nombreux traitements.

Chez le nourrisson, des convulsions liées à la carence en vitamine B6 ont été observées au cours de certains types d'allaitement artificiel. Un déficit léger a été mis en évidence au cours de la grossesse et en cas d'insuffisance rénale chronique. Au cours d'une contraception orale (œstroprogestative), une avitaminose B6 a été nettement individualisée, qui pourrait expliquer le syndrome dépressif et le trouble de la régulation des sucres fréquemment décelés lors de la prise de ce médicament. Il existe enfin un certain nombre d'affections, génétiques (telles que l'homocystinurie), ou non héréditaires (telles que l'anémie sidéroblastique), qui sont dépendantes en totalité ou en partie de l'administration intraveineuse de vitamine B6.

Cette vitamine est considérée comme l'un des médicaments les moins toxiques. Toutefois vingt-quatre grammes par jour, soit plus de dix mille fois la quantité nécessaire, administrés de façon prolongée pendant plusieurs mois peuvent produire une neuropathie périphérique purement sensitive avec incoordination des mouvements volontaires, curable à l'arrêt du traitement, chez l'homme et l'animal.

La vitamine B12

Les conséquences de la carence sont principalement hématologiques, mais également neurologiques et psychiatriques. Les signes neurologiques peuvent précéder de loin les signes hématologiques, or un diagnostic précoce doit être apporté pour éviter les atteintes irréversibles du système nerveux. Il s'agit de pertes de mémoire, de douleurs et de sensations anormales aux extrémités des membres, de refroidissement, d'engourdissement ou de brûlure, de difficultés de la marche. Parfois le malade se plaint d'avoir les jambes sans repos, il ressent le besoin irrésistible de bouger les membres, de déambuler, ce qui le soulage en général. La carence grave confine le malade au lit.

Le déficit en vitamine B12 d'origine alimentaire est très rare, car cette vitamine est très répandue dans les aliments d'origine animale; les besoins quotidiens sont faibles (deux à trois millièmes de milligrammes) et les réserves hépatiques de vitamine B12 sont très grandes, pour mille à cinquante mille jours. La réduction en vitamine B12 (ou facteur extrinsèque) est plus fréquemment secon-

daire à l'absence de facteur intrinsèque, une glycoprotéine sécrétée
par l'estomac, du fait de la destruction élective (et auto-immune),
des cellules de la paroi gastrique (dans l'anémie de Biermer par
exemple, ou après gastrectomie totale). La carence peut aussi être
due à la malabsorption de vitamine B12 au niveau de l'intestin,
lors d'hypothyroïdie, par exemple. On la rencontre aussi quand les
besoins sont accrus de façon importante, lors de la grossesse, après
prise de médicaments comme certains antiépileptiques et de contraceptifs oraux, ou bien chez les dénutris et les alcooliques.

La diminution en vitamine B12 entraîne le blocage du métabolisme des folates que nous allons maintenant découvrir.

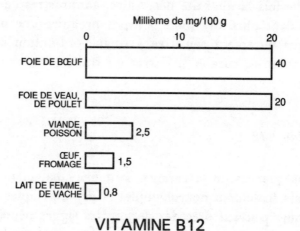

VITAMINE B12

L'acide folique

Il a d'abord été découvert dans les feuilles d'épinard (folios), il
lui doit son nom... Popeye s'en souvient-il? On l'appelle aussi
vitamine B9.

Cette vitamine participe à la genèse et au transfert des fragments
monocarbonés. L'acide folique proprement dit, et les nombreux composés
qui en dérivent par l'adjonction de nouvelles molécules d'acide glutamique, dont on ne connaît pas encore avec précision le rôle, constituent
autant de molécules différentes. Les dérivés polyglutamiques sont les
plus actifs. La majorité des folates alimentaires sont liés aux protéines
alimentaires.

Dans le liquide céphalo-rachidien la concentration en folates est bien supérieure à la concentration sérique. L'apport des folates cérébraux est assuré par la traversée de la barrière hématoméningée. Il peut avoir pour origine le liquide céphalo-rachidien élaboré au niveau des plexus choroïdes, qui possèdent un système de transport spécifique des folates.

La carence en acide folique peut être responsable d'anomalies neurologiques variées (neuropathie périphérique, syndrome cérébelleux, troubles psychiques). De la même façon, certaines erreurs innées du métabolisme des folates s'accompagnent de retards mentaux et de troubles du comportement. Leur cause n'est pas claire. Enfin, divers troubles neurologiques (convulsions, retard mental, troubles du comportement avec attitude autistique) font partie du tableau clinique des enfants atteints d'erreurs innées du métabolisme de cette vitamine.

La symptomatologie de la carence chronique en acide folique est assez similaire à celle décrite lors de la carence en B12. Elle s'installe progressivement, avec apparition d'une fatigue générale, de troubles du sommeil, de troubles de mémoire puis d'une irritabilité. Chez l'adolescent, elle peut être responsable d'un retard de la puberté et de la croissance. L'atteinte neurologique est assez mal définie. Il a été noté une amélioration du comportement chez les épileptiques traités.

La carence aiguë, telle qu'on la rencontre après administration d'antifolique, ou plus rarement au cours de la grossesse associée à une infection urinaire, se manifeste par des troubles digestifs, une anorexie, des nausées, des diarrhées, une chute des cheveux et une dermatose, mais les signes neurologiques sont pratiquement absents.

La carence en folates est probablement l'avitaminose la plus fréquente dans nos pays, en particulier au cours de la grossesse. Un Français quadragénaire sur cinq, en bonne santé apparente, est carencé en folates, un vieillard sur deux! Les besoins quotidiens sont de l'ordre du demi-milligramme. Les stocks de l'organisme sont théoriquement de l'ordre de cinquante jours. Les besoins sont accrus de façon importante lors de la grossesse (car le fœtus est une véritable pompe à folates) ou après la prise de médicaments.

L'absorption intestinale varie, suivant l'aliment considéré, entre 30 et 80 %. Enfin, selon leur origine, il existe aussi une différence de qualité d'absorption des folates. C'est ainsi que ceux qui sont contenus dans la banane, les haricots, le foie, la levure sont très absorbables, alors que ceux contenus dans le jus d'orange, le jaune d'œuf, le sont moins. Les folates sont très sensibles à tous les modes de cuisson qui engendrent une destruction pouvant atteindre 90 %. Celle-ci est différente selon les aliments (les folates du foie et de la viande de poulet sont plus stables à la cuisson que ceux contenus dans les légumes) ou les modes de préparation familiale ou industrielle.

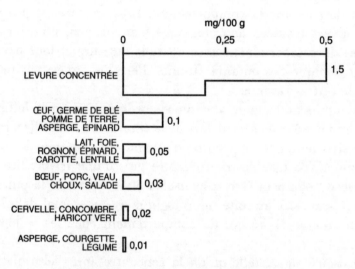

ACIDE FOLIQUE (VITAMINE B9, H)

VIII

Les métaux et les oligo-éléments : les mouches du coche

Les minéraux, les métaux, les éléments ont précédé la vie, et l'ont rendue possible. Pour nous humains, le principal maillon qui nous relie aux métaux est une alimentation à base de plantes, de

LES DIVERS MICRO-ET MACRO-ÉLÉMENTS DANS L'ORGANISME ENTIER.
LEURS QUANTITÉS TOTALES CHEZ UN HOMME DE SOIXANTE-DIX KILOS

Macro-éléments en grammes		Oligo-éléments en grammes	
– Oxygène	45 500	– Fer	4,2
– Carbone	12 600	– Zinc	2,33
– Hydrogène	7 000	– Silicium	1,4
– Azote	2 100	– Rubidium	1,1
– Calcium	1 050	– Fluor	0,8
– Phosphore	700	– Zirconium	0,3
– Soufre	175	– Strontium	0,14
– Potassium	140	– Niobium	0,1
– Sodium	105	– Cuivre	0,1
– Chlore	105	– Aluminium	0,1
– Magnésium	35	– Plomb	0,08
		– Antimoine	0,07
		– Cadmium	0,03
		– Étain	0,03
		– Iode	0,03
		– Vanadium	0,02
		– Sélénium	0,02
		– Manganèse	0,02
		– Baryum	0,016

végétaux, et d'animaux, qui ingèrent des plantes, ou mangent leurs congénères qui en ont absorbé. Mais seuls les végétaux extraient les minéraux du sol, sur lequel ils poussent. Les minéraux sont donc notre lien biologique direct avec l'univers et ses origines.

Le corps humain – et le cerveau – contiennent des quantités parfois énormes de macro-éléments, comme leur nom l'indique. En revanche, les oligo-éléments sont présents en quantités variables, mais leur importance physiologique ne peut être déduite de la simple estimation de leurs faibles quantités.

Les métaux, les oligo-éléments ont probablement un rôle considérable au niveau du cerveau. La porte s'entrouvre sur un vaste domaine. Sait-on que, par rapport au sang, le manganèse est cinquante fois plus concentré dans le cerveau, le cuivre cinq fois, le zinc deux fois? Pourquoi les différences du contenu en oligo-éléments sont-elles aussi importantes selon les régions et les structures cérébrales? Pourquoi les métaux ne participeraient-ils pas de manière active à la structure et à la fonction des membranes, y compris nerveuses? J'ai découvert que la myéline renferme des quantités très importantes de manganèse, de cuivre, de zinc; beaucoup plus de zinc qu'il n'en faut pour faire fonctionner une enzyme qui en a besoin (l'anhydrase carbonique). Pour quoi faire? Pour permettre quelles activités enzymatiques? Pour contrôler les radicaux libres, et éviter ainsi la péroxydation catastrophique des lipides? Pourquoi, s'est demandé dans mon laboratoire Isabelle Cloez, des enzymes (les superoxydes dismutases) qui protègent contre les radicaux libres, ne sont-elles pas liées aux concentrations tissulaires de manganèse, cuivre et zinc, alors que les métaux leur sont indispensables pour fonctionner? Mais comment les oligo-éléments sont-ils transportés à travers la barrière hémato-encéphalique? Le mystère est complet. Pour certains macro-éléments, on commence à comprendre, pour d'autres, comme le magnésium, on ignore presque tout, et pourtant il est mis, si l'on peut dire, à toutes les sauces.

Certains éléments sont indispensables : l'organisme, le cerveau en ont absolument besoin pour fonctionner. Ce sont des perles. Cela ne les empêche pas, parfois, d'être toxiques s'ils sont absorbés en quantité trop importante. D'autres sont peut-être utiles, ils sont un espoir. D'autres enfin sont manifestement uniquement toxiques.

Un très grand nombre de métaux présentent donc une affinité

spéciale pour le système nerveux. Mais à doses élevées ou massives, ils entraînent des perturbations neurologiques aiguës, parfois graves, mais souvent réversibles. Quelques-uns d'entre eux, l'arsenic, le plomb et ses dérivés organiques comme ceux de l'étain et du mercure occupent une place particulière dans la pathologie toxique aiguë, car ils déterminent des encéphalopathies qui surviennent brusquement, un certain temps après leur ingestion. Ces affections sont l'évolution prolongée et elles sont souvent grevées de séquelles. Le traitement des formes aiguës d'intoxication, si on les détecte précocement, consiste soit à précipiter le métal à l'intérieur du tube digestif en recourant à des solutions salines, soit à injecter des agents qui neutralisent spécifiquement (les chélateurs) par voie intraveineuse.

Les perles

Certains atomes sont tellement indispensables que leur absence, ou leur réduction, est incompatible avec la vie : sans sodium, sans potassium, point de transmission nerveuse. Le calcium participe à l'édifice osseux et à l'activité musculaire, mais sa fonction dans la vie cellulaire est tout aussi fondamentale. Curieusement il est dix mille fois plus concentré à l'extérieur de la cellule qu'à l'intérieur. Le barrage est très puissant. Une entrée en petite quantité, une redistribution de sa localisation à l'intérieur de la cellule, colligent l'efficacité d'un signal, d'un message, d'une hormone. Une invasion tue.

Médicalement, un crétin est un faible d'esprit par carence en iode. Cet iode participe à la structure des hormones thyroïdiennes, qui concourent à la bonne marche des centrales énergétiques, en particulier des mitochondries. Dans les Alpes, en Suisse plus particulièrement, l'alimentation était très déficiente en iode. Ils étaient donc nombreux, ceux dont le cerveau était peu agile. D'où la locution populaire, l'injure enfantine de « crétin des Alpes ».

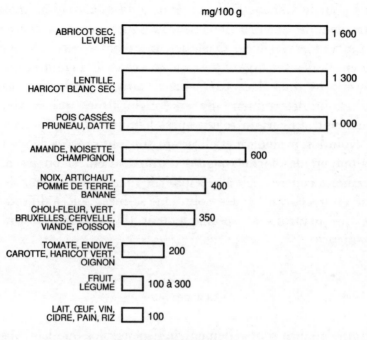

POTASSIUM

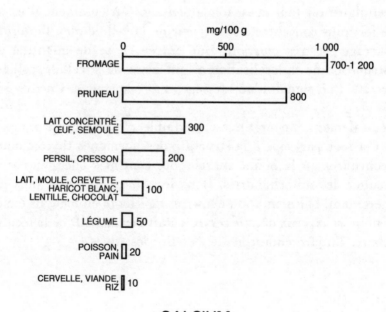

CALCIUM

Le fer. Le cerveau martial? Certes, le cerveau en contient d'appréciables quantités, mais la carence en fer provoque une anémie, donc une moindre oxygénation du cerveau, et un déficit de sa fonction. Moins de fer le perturbe en l'empêchant de respirer. Mais attention : seulement 20 % du fer du lait est absorbé par l'organisme, 2 % de celui qui est présent dans les légumes et le pain complet, et 5 % de celui des œufs et des épinards!

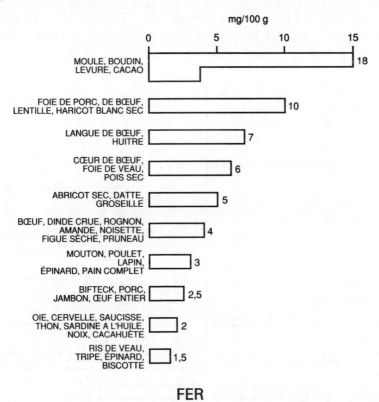

FER

Le cuivre. Une altération de son métabolisme, en particulier pendant l'élaboration de l'organisme, affecte avec une intensité particulière le cerveau. En effet, celui-ci est le deuxième organe, pour la concentration en cuivre, chez l'homme. Les quantités de ce métal sont très variables selon les régions cérébrales : cinq à sept milligrammes par kilo de poids dans le cortex (mais dix dans le corps calleux et la moelle épinière, deux dans le chiasma optique, douze dans la substance noire, quarante dans le locus caeruleus). Le besoin journalier est de trois milligrammes.

Le cuivre est particulièrement impliqué dans de nombreuses activités enzymatiques très importantes : par exemple, l'activité de la cytochrome oxydase, enzyme qui permet la respiration cellulaire, composant terminal de la chaîne respiratoire – et assure donc l'utilisation de l'oxygène – est diminuée par sa réduction. Un quart de cuivre cérébral est associé à la superoxyde dismutase qui détourne les attaques par les radicaux libres. Par contre seulement un dix-millième du cuivre cérébral est associé à la dopamine bêta-hydroxylase, enzyme fondamentale puisqu'elle contrôle la synthèse d'un neuromédiateur, la dopamine. Une autre enzyme, la lysyl-oxydase réalise les ponts entre collagène et élastine, et par consé-quent participe à l'intégrité de la peau, mais aussi du tissu vasculaire. Une déficience de cette enzyme permet d'expliquer la vascularisation

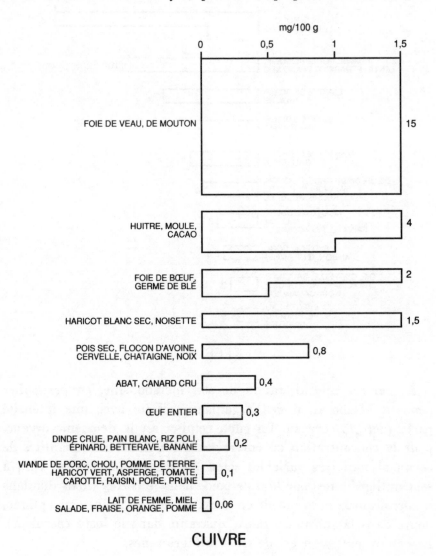

anormale et de justifier les hémorragies cérébrales provoquées par une déficience en cuivre chez certains malades. La synthèse de la mélanine, à partir de la tyrosine, est très active dans la substance noire. Or cette mélanine aurait un lien avec la dépression...

Le métabolisme du cuivre peut être perturbé dans les maladies héréditaires, chez l'homme comme chez l'animal. La maladie de Menkès, avec convulsions, troubles psychomoteurs et retard intellectuel chez l'homme, l'ataxie enzootique (ou Swayback) chez le mouton, sont dues à une déficience alimentaire en cuivre. Innombrables sont les fermiers qui ont été ruinés par cette maladie, aux États-Unis et en Australie. Mais l'excès de cuivre peut également être neurotoxique, comme le montre la maladie de Wilson.

Présent dans les fongicïdes, les insecticides, le cuivre provoque lors d'intoxication, des troubles digestifs intenses — avec coloration bleu-vert des vomissements et de la diarrhée — des douleurs et des contractures musculaires précèdent la paralysie. La confusion mentale est suivie de peu par le collapsus et la mort. Dans les formes curables, la récupération est progressive et complète.

Le magnésium (il nous en faut 350 milligrammes par jour) est nécessaire à l'intégrité cellulaire. Il se répartit dans tout l'organisme, et participe directement aux principales fonctions physiologiques : la formation puis l'utilisation des liaisons riches en énergie, qui constituent le socle de toutes les réactions de synthèse et de toutes les activités cellulaires. Cela suffit déjà à situer l'importance biologique capitale du magnésium, comme l'a souligné Jean Durlach. L'énergie indispensable au fonctionnement de la dynamo cellulaire, celle du neurone par exemple, a besoin d'être mise en réserve sous une forme d'énergie chimique potentielle : les liaisons riches en énergie. Or, le magnésium est nécessaire à la synthèse des divers composés à liaisons chimiques riches en énergie, quel qu'en soit le type, le plus important étant l'ATP, le principal combustible de la vie. C'est aussi qu'il active un très grand nombre d'enzymes, trois cents environ. De plus, il est indispensable à l'utilisation de l'ATP, après l'avoir été pour sa synthèse : toutes les réactions enzymatiques dépendantes de l'ATP présentent un besoin absolu en magnésium, enzymes du métabolisme glucidique, lipidique, nucléique et protidique.

Les propriétés cytologiques du magnésium sont remarquables. Cet ion est en effet en quasi-totalité contenu à l'intérieur de la cellule, et ses propriétés sont conditionnées par l'extrême hétérogénéité de sa répartition tant physico-chimique qu'anatomique. Cette dernière s'observe non seulement entre les diverses structures de la cellule, mais aussi à l'intérieur même d'une structure. Dans une mitochondrie, le compartiment intermembranaire est beaucoup plus riche en magnésium que les membranes externes ou internes. La distribution subcellulaire du magnésium correspond à une large compartimentalisation, qui est essentiellement fonction de la propension de ce métal à former des complexes, bien souvent en compétition avec le calcium et divers constituants cellulaires. Les phospholipides forment avec le magnésium, comme avec le calcium, des complexes au sein desquels le magnésium joue le rôle de stabilisateur de la structure des diverses membranes, cellulaires ou subcellulaires. Il réduit en effet la fluidité de la membrane et diminue sa perméabilité. Les acides nucléiques forment aussi avec le magnésium des complexes qui agissent dans le noyau des cellules. En effet, le magnésium est nécessaire à l'intégrité physique de la double hélice de l'ADN porteur de l'information génétique.

Le magnésium est un ion sédatif nerveux. Son déficit provoque une hyperexcitabilité neuromusculaire diffuse. La tétanie latente consécutive à un déficit magnésien chronique représente la forme la plus couramment observée en pathologie humaine. Le tableau clinique est absolument dénué de tout caractère de spécificité et correspond à celui décrit sous le vocable de spasmophilie. La symptomatologie associe des manifestations centrales, périphériques, végétatives et trophiques.

Les manifestations centrales sont innombrables : hyperémotivité anxieuse, sensation de « boule », de striction et de sécheresse, voix fatigable, modification dépourvue de raison du rythme respiratoire, oppression thoracique, respiration bloquée, tremblements, fatigue matinale nerveuse excessive, parfois « coups de pompe », maux de tête, vertiges, insomnies, malaises passagers associés à des angoisses, qui aboutissent parfois à l'évanouissement total.

Les manifestations périphériques sont aussi nombreuses : sensations anormales, picotements, fourmillements, crampes, contractures, secousses musculaires incontrôlées, fatigues exagérées. Quant aux dérèglements fonctionnels, ils sont multiples : cardiaques (palpitations, douleurs thoraciques dans la région du cœur), vasculaires (pâleur, bouffées de chaleur accompagnées de transpiration, syncopes), hépato-biliaires (atonie vésiculaire, difficulté d'écoulement biliaire), gastro-intestinaux (crampes épigastriques), pulmonaires (respiration difficile ressemblant à des crises d'asthme), oculaires (inconfort visuel)... Mais des troubles comme une fragilité des ongles, des cheveux et des dents sont également liés à une carence en magnésium.

Curieusement, le déficit en magnésium provoque des perturbations musculaires sans pour autant porter atteinte à l'intégrité anatomique. Toutefois, l'hypomagnésémie chronique et prolongée peut aboutir à des lésions irréversibles profondes. D'ailleurs, Yves Reyssignier a démontré l'importance de ce métal pour la prévention des maladies vasculaires, cardiaques, mais aussi cérébrales.

A l'inverse, un excès de magnésium est tout aussi dangereux, puisqu'il peut provoquer un arrêt respiratoire. C'est ainsi que les très hautes doses de magnésium intraveineux longtemps utilisées comme procédé d'euthanasie vétérinaire doivent être radicalement proscrites, car elles prétendent tuer l'animal par syncope, alors qu'elles le font en fait mourir cruellement par asphyxie.

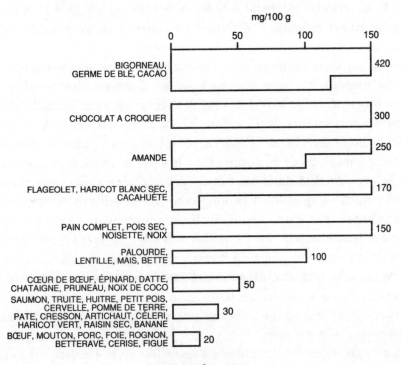

MAGNÉSIUM

Le manganèse et ses dérivés sont utilisés comme pigments, sic-
catifs, mordants (des substances utilisées en teinture pour fixer le
colorant sur la fibre), antiseptiques, oxydants (permanganates), fongicides, additifs de carburants.

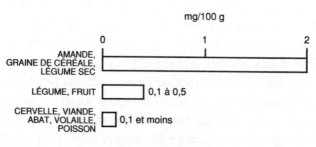

MANGANÈSE

La principale manifestation de l'intoxication chronique est le
« Parkinson manganique ». Les premiers signes sont discrets et peu
spécifiques : fatigue, anorexie, troubles du sommeil, diminution de
la libido, irritabilité, instabilité émotionnelle, maux de tête, crampes
des membres inférieurs, difficulté de concentration, troubles de la
mémoire. A un stade ultérieur, apparaissent une difficulté d'élocution, un tremblement, une micrographie, une augmentation du
tonus musculaire, une difficulté de se mouvoir, des troubles de
l'équilibre et de la marche, une détérioration intellectuelle et des
troubles importants de l'humeur et du comportement. A la phase
d'état, la démarche de l'intoxiqué est typique : jambes écartées,
genoux tendus, pieds en équin : c'est le « pas de coq ». Une régression
de la personnalité dans un sens puéril ou névrotique, une torpeur
intellectuelle s'ajoutent à la longue au triste tableau. L'association
d'une hépatite et d'une néphrite chroniques n'est pas toujours apparente cliniquement, bien que les troubles métaboliques qu'elles
entraînent puissent jouer un certain rôle pathogène pour le système
nerveux. D'autres atteintes ont été plus rarement décrites chez les
ouvriers exposés au manganèse ou à ses dérivés minéraux : une
neuropathie périphérique associée à une maladie de peau, un asthme
allergique, une anémie.

La régression des troubles est possible si le patient est mis à
l'abri de tout apport manganique. Elle est souvent incomplète,

d'autant plus que le diagnostic et les mesures d'éloignement auront été plus tardives.

La fameuse folie des chapeliers était due à une intoxication par le manganèse, présent dans certains produits utilisés pour traiter les cuirs!

Donc le trop est à éviter. Mais le trop peu se situe en dessous de trois milligrammes par jour.

Le sélénium, rappelle Jean Lederer, rétrospectivement, est attaché à Marco Polo qui perdit ses chevaux en Chine occidentale au voisinage du Turkestan et du Tibet. Ses destriers avaient consommé des plantes connues des gens de la région comme toxiques, car elles provoquaient une altération grave des sabots. C'était la séléniose. Le dépouillement des archives de l'institut géographique de Bogota a fait découvrir que les premières descriptions de séléniose chez l'homme ont été faites en 1560 par le père Pedro Simon sur les Indiens. « Le seigle et d'autres plantes vivrières poussent bien et sont sains; mais dans certaines régions, ils sont si toxiques que celui qui en consomme, un homme ou un animal, perd ses poils. Les femmes indiennes mettent au monde des bébés d'apparence monstrueuse qui sont abandonnés par leurs parents. Certains enfants anormaux nés de mère indienne sont recouverts de poils grossiers et cassants. Un nombre de voyageurs et de prêtres ont à diverses reprises fait le récit de ces enfants avec malformations, abandonnés. Parfois un village entier était déserté. » La maladie ressemblait à la maladie du bétail. Les hommes aussi perdaient leurs cheveux et leurs dents.

Les premiers cas aux États-Unis frappèrent les chevaux de la cavalerie installée à Fort Randall. Les chevaux de quatre compagnies de dragons furent frappés simultanément et beaucoup moururent. La victoire changea de camp! Au début du siècle des dizaines de milliers de moutons périrent; l'intoxication était due à la consommation des plantes poussant dans la région. Le seul remède consistait à fournir du fourrage venu d'ailleurs. Plusieurs plantes furent déclarées suspectes, mises à l'index, mais incriminées en vain.

A l'autre bout du monde, dans la province de Hubei, en Chine, l'attention fut attirée sur l'existence d'une maladie caractérisée par la perte des cheveux et des ongles, au début des années soixante.

La moitié des habitants de cinq villages était malade. Dans le village le plus fortement touché, neuf dixièmes des habitants étaient atteints, seuls deux hommes largement octogénaires et quelques nourrissons nourris au sein étaient indemnes! Au début, les malades se plaignaient de fatigue anormale, de sensations anormales, de douleurs des extrémités ou d'engourdissement, ils étaient atteints de convulsions, de paralysies, de troubles moteurs et même d'hémiplégie. Tous les habitants furent évacués vers des régions où la maladie ne sévissait pas et ils se remirent assez rapidement, sauf ceux qui présentaient des lésions au système nerveux. On s'aperçut que le seigle de cette région était toxique. Le germe des céréales qu'ils consommaient présentait une coloration rose, il contenait des spores de moisissure. On songea donc à une mycotoxicose. Mais en réalité le toxique était le sélénium.

Chez l'animal, l'ingestion de végétaux riches en sélénium produit un syndrome (« blind staggers ») associant myopathie et cécité. les individus intoxiqués meurent de paralysie respiratoire. L'intoxication chronique par le sélénium est responsable de « l'épizootie sèche » (« alcali disease ») affection vétérinaire, dont le tableau clinique associe un amaigrissement, une perte des poils, une atteinte des sabots qui sont déformés et friables, une cirrhose hépatique et une atteinte rénale.

En milieu industriel, pour les ouvriers, l'exposition répétée au sélénium ou à ses dérivés minéraux produit un affaiblissement généralisé, des douleurs épigastriques, un goût métallique lancinant dans la bouche, une odeur alliacée de l'haleine, une irritabilité, une irritation des yeux et des voies respiratoires, des maladies de peau, des cancers, si l'intoxication est longue et importante.

Quelques cas d'intoxication aiguë, secondaires à l'ingestion de dérivés minéraux du sélénium, ont été reconnus. La symptomatologie observée associe diversement un syndrome dysentérique, un coma, des convulsions et une atteinte hépatique.

A l'inverse de l'intoxication, une carence en sélénium provoque de graves troubles, en particulier cardiaques : il s'agit de la maladie de Keshan.

Du sélénium, il en faut absolument (un dizième de milligramme par jour environ) mais la distance entre la carence et la toxicité est très courte. Prudence donc!

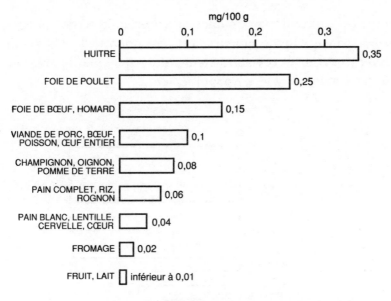

mg/100 g

HUITRE	0,35
FOIE DE POULET	0,25
FOIE DE BŒUF, HOMARD	0,15
VIANDE DE PORC, BŒUF, POISSON, ŒUF ENTIER	0,1
CHAMPIGNON, OIGNON, POMME DE TERRE	0,08
PAIN COMPLET, RIZ, ROGNON	0,06
PAIN BLANC, LENTILLE, CERVELLE, CŒUR	0,04
FROMAGE	0,02
FRUIT, LAIT	inférieur à 0,01

SÉLÉNIUM

Il existe une corrélation inverse entre la teneur en sélénium de l'alimentation et la concentration sanguine de sélénium d'une part, et l'incidence des cancers toutes localisations confondues d'autre part. Chose curieuse, le sélénium avant d'être reconnu comme un agent protégeant contre le cancer, avait été identifié comme un agent provoquant le cancer, mais il s'agit d'une question de dose. L'effet protecteur du sélénium est lié à la présence de séléno-cystéine au site actif de l'enzyme appelée glutathion peroxydase qui assure la neutralisation de l'eau oxygénée et des peroxydes lipidiques; le soufre, dans la molécule de cystéine, est donc remplacé par du sélénium.

Le zinc. Le besoin en zinc est aujourd'hui évalué entre cinq et vingt-cinq milligrammes par jour selon la nature de l'alimentation. Cent grammes de viande ou de poisson contiennent d'appréciables quantités de zinc : pratiquement le besoin journalier. Le taux de zinc des légumes est faible.

L'inhalation de fumées d'oxyde de zinc, occasionnées par la fonte du laiton, le découpage et soudage de zinc ou de tôle galvanisée, est responsable de la « fièvre des fondeurs ». Ce syndrome apparaît quelques heures après le début de l'exposition. Il associe une hyperthermie, des douleurs musculaires, des nausées, des vomissements, des maux de tête, une fatigue générale dépourvue de raison, une irritation pharyngée, des douleurs thoraciques et une gêne respiratoire. La survenue de troubles de conscience et de convulsions, signalée par quelques auteurs, est exceptionnelle. Ce syndrome pseudo-grippal ne dure habituellement que quelques heures, au plus un à deux jours. Il guérit spontanément.

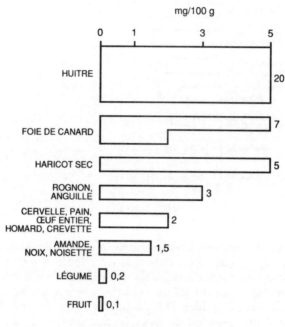

ZINC

En revanche, les carences en zinc sont caractérisées par la perte du goût (agueusie) et celle de l'odorat (anosmie), symptômes rendus familiers grâce à Louis de Funès dans son film « L'aile ou la cuisse ». Le goût revient avec la supplémentation en zinc. Elles se manifestent aussi par la perte du goût à vivre chez les vieillards carencés qui trouvent leur alimentation insipide, mangent moins et meurent d'inanition.

Pas assez de zinc chez la mère enceinte risque de produire des malformations du bas de la colonne vertébrale et de la moelle épinière chez l'enfant.

On a souvent cherché à corréler les troubles d'acquisition du langage et de la lecture à des anomalies de la concentration en certains métaux. Des chercheurs anglais se sont intéressés au zinc, dont l'importance pour le développement cérébral a été démontrée expérimentalement. Comme un déficit en zinc se traduit par une baisse du taux de ce métal dans la sueur, ils l'ont dosé avec dix autres métaux dans la sueur et les cheveux d'enfants de six à quatorze ans. La concentration moyenne du zinc dans la sueur des dyslexiques était, au mieux, la moitié de celle des témoins; vingt-cinq sur vingt-six enfants montraient cette diminution. Une baisse plus discrète était observée pour le chrome, tandis que le cuivre était élevé. Dans les cheveux, curieusement, si on retrouvait l'élévation du cuivre et la baisse du chrome, le zinc était normal. Il existe donc une association entre dyslexie et diminution de la concentration du zinc. Ce travail demande confirmation; si celle-ci était obtenue, il pourrait conduire à des tentatives de supplémentation, et, pourquoi pas, à une amélioration des performances scolaires de certains enfants... car il est bien connu que chez l'animal la carence en zinc diminue les facultés d'apprentissage.

L'hippocampe, région cérébrale dont l'activité est très importante, contient des concentrations en zinc considérables. Le zinc, bon pour la tête... et le sexe? Le liquide prostatique en est riche. Les dyalisés rénaux deviennent impuissants par carence en zinc. Quelques traditions populaires attribuent même au zinc des pouvoirs aphrodisiaques.

Les espoirs

L'arsenic bien connu, porté sur la cimaise par des procès historiques retentissants, est un métal toxique. Il ne faut pourtant pas négliger son intérêt pharmacologique, maintenant passé, comme médicament, et son rôle physiologique qui reste encore à découvrir. Marie Besnard doit se retourner dans sa tombe, avec tous ceux qu'elle y aurait peut-être envoyés. C'est un oligo-élément, dont les besoins journaliers indispensables seraient de quarante millièmes de milligrammes.

L'intoxication avec des aliments contaminés par l'arsenic fut tristement illustrée au début de ce siècle, en Angleterre, dans le Lancashire et le Staffordshire. Elle causa plus de six mille victimes, dont presque cent morts. Ces accidents étaient liés à la consommation de bière souillée par de l'arsenic provenant de l'acide sulfurique très impur qui avait servi à fabriquer du glucose. Ce dernier contenait par kilo plusieurs centaines de milligrammes d'arsenic; il conférait à la bière une teneur de plusieurs milligrammes par litre de ce toxique, capable d'entraîner assez rapidement l'apparition d'une polynévrite arsénicale classique. En fait, il est probable qu'avant la découverte de cette cause en 1900, plusieurs centaines de morts avaient été attribuées par erreur, à l'époque, à l'alcool!

Ce furent surtout les intoxications aiguës, d'origine souvent criminelle, qui illustrèrent pendant des siècles la toxicologie de l'arsenic minéral. L'empoisonnement était dominé par des troubles digestifs avec douleurs abdominales intenses, vomissements et diarrhées entraînant une déshydratation importante. D'où le nom de « choléra arsénical », qui lui était donné autrefois. La mort survenait dans les douze à quarante-huit heures. Si le malheureux intoxiqué survivait, apparaissaient ensuite des troubles cutanés et nerveux, une lésion des nerfs périphériques engendrant des difficultés à marcher et des anomalies de la perception associées à des sensations pénibles et soudaines, comme des fourmillements, des engourdissements, des picotements, ou encore l'impression de marcher sur du coton et une faiblesse généralisée.

Les intoxications chroniques, connues depuis moins de temps, ont une origine professionnelle ou alimentaire. Leur symptomatologie est dominée cette fois par des troubles nerveux, des lésions de la peau ou des muqueuses. Elles peuvent provoquer également une atteinte générale avec pigmentation de la peau, une callosité de la paume des mains et de la plante des pieds, ou l'apparition de stries blanches caractéristiques sur les ongles. Il faut ajouter une possible affection hépatique évoluant vers la cirrhose, ainsi qu'une atteinte de la circulation périphérique, qui produit une gangrène des extrémités et plus spécialement du pied nommée « blackfoot disease ».

Il est intéressant de noter que les algues et les organismes marins contiennent des dérivés organiques de l'arsenic (les arsénophospholides). Les crustacés – les homards par exemple – et les poissons plats en recèlent des quantités importantes qui peuvent dépasser, en arsenic, une centaine de milligrammes par kilo. Cette forme d'arsenic ne s'accumule pas chez les sujets humains ni chez l'animal. Un dosage d'arsenic urinaire total chez un consommateur de produits de la mer n'a donc pas de signification valable.

Les dérivés arsénicaux organiques ont par ailleurs été utilisés, depuis le début du siècle en thérapeutique... parce qu'ils avaient déjà la réputation d'être facilement éliminables, donc peu cumulatifs. Parmi eux, il faut citer des dérivés employés comme fortifiants, ou d'autres comme antisyphilitiques (comme le fameux salvarsan) utilisés jusqu'à l'avènement de la pénicilline. De nos jours, quelques préparations homéopathiques contiennent de l'arsenic.

Actuellement, l'intoxication à l'arsenic est due à l'ingestion de pesticides, de mordants, de peintures, de conservateurs du bois, parfois de médicaments, d'insecticides souillant les fruits. L'arseniate de sodium est très employé comme insecticide et fongicide dans le traitement de la vigne... expliquant les traces d'arsenic dans le vin de table!

Les mécanismes d'action de l'arsenic sont difficiles à étudier car il n'a pas été possible d'obtenir un modèle animal de neuropathie à l'arsenic. On sait toutefois que l'arsenic métal inhibe la respiration cellulaire, car il a une affinité très grande pour l'acide lipoïque, avec lequel il engage une liaison physico-chimique très stable. La machinerie cellulaire est très perturbée (l'acide lipoïque est une co-enzyme de transfert des atomes d'hydrogène; il a été considéré comme étant une vitamine).

L'étain n'existe qu'en faibles quantités dans les denrées d'origine végétale et même animale. En revanche, les aliments conservés en boîtes métalliques peuvent en contenir deux cents fois plus. La boîte de fer-blanc constitue, de ce fait, la principale source de ce métal dans notre alimentation (quand elles ne sont pas vernies pour éviter l'attaque des aliments) et particulièrement du jus de fruit. En fait, heureusement, aucun cas d'intoxication mortelle n'a encore été observé chez l'homme à la suite de la consommation d'aliments ou de boissons fortement contaminés par l'étain minéral. La symptomatologie clinique est limitée, chez l'homme comme chez l'animal, à une irritation du tube digestif qui se traduit par des vomissements et de la diarrhée. Cependant, l'étain perturbe le métabolisme des principaux oligo-éléments, tels le zinc, le cuivre, le fer et le magnésium, et même le sélénium. L'action sur le métabolisme du calcium a été également démontrée : elle se traduit par une diminution de sa fixation osseuse, sans doute explicable par une diminution de l'absorption intestinale.

Mais l'étain est, comme le plomb, capable de donner des composés organiques liposolubles utilisés à des fins industrielles : certains sont inoffensifs ou relativement peu toxiques et, par exemple, peuvent être utilisés en technologie alimentaire, pour les emballages. D'autres sont toxiques. Le triéthylétain par exemple est un catalyseur, mais il sert aussi de conservateur et de stabilisateur pour les polymères. Sa neurotoxicité a été malheureusement illustrée lors de l'intoxication au stalinon (tout un programme!), qui causa œdème cérébral (et myélinopathie). Les signes cliniques étaient des nausées, des vomissements, des vertiges, des migraines intenses, des perturbations de la vigilance, des troubles visuels, des convulsions, des paraplégies (une paralysie des deux membres inférieurs). Les troubles sensitifs, la diminution des réflexes et la perte du contrôle sphinctérien étaient constants. La mort survenait en quatre à dix jours, à la suite d'un coma profond ou d'une hypertension intracrânienne gravissime. Un tiers des malades ont survécu, mais ils ont gardé des séquelles psychiques, des perturbations intellectuelles et visuelles.

Le germanium, dont le nom évoque la lourdeur teutonique, fut glorieux dans la guerre des semi-conducteurs, qui ont fait la fortune de l'industrie électronique. Il connaît actuellement un renouveau car, paraît-il, sous forme organique, il est aussi thérapeutique et traiterait la psychose, la schizophrénie, l'épilepsie et les neuropathies. Mais on ne doit pas oublier que les semi-conducteurs et le germanium organique sont cousins... germains. Ses propriétés de semi-conducteur pourraient en faire un piège pour les radicaux libres... sans perfidie politique bien sûr.

Le lithium est largement utilisé en psychiatrie. Le chlorure de lithium a été malencontreusement prescrit comme substitut du chlorure de sodium (le sel) dans certains régimes. Une ingestion, pourtant inférieure à deux grammes, provoque des secousses musculaires et des tremblements, des fourmillements et des engourdissements, des sensations anormales et pénibles, des vertiges, des céphalées, une démarche ébrieuse, avec apathie, insomnie, désorientation. Ces signes disparaissent si on arrête d'en absorber.

Les poisons

L'aluminium, troisième constituant de l'écorce terrestre (après l'oxygène et le silicium), s'y trouve sous forme de silicate ou d'oxyde, mais jamais à l'état natif en raison de son affinité pour l'oxygène. Déjà utilisé par les romains (à l'état d'alun) pour la purification des eaux, les sels antiseptiques furent longtemps considérés comme non toxiques, malgré quelques observations troublantes. En 1962 seulement, la première encéphalopathie humaine fut suspectée. Elle était provoquée probablement par l'inhalation de poussières d'aluminium.

L'aluminium est un constituant fréquent de l'environnement naturel des végétaux. Il est largement répandu sous forme minérale et parfois aussi sous forme organique. Certaines espèces végétales en accumulent d'énormes quantités (tel le chêne cardwellia sublimis qui en renferme jusqu'à 20 % de son poids sec, sous forme de succinate). En dehors de cet exemple, la présence de l'aluminium s'avère défavorable au développement des végétaux, qui constituent notre principale source d'absorption alimentaire de cet élément. Présent dans l'alimentation sous forme très peu soluble, l'aluminium est dissous dans l'estomac et reprécipité dans l'intestin. Très faiblement absorbé, il est éliminé en quasi-totalité dans les matières fécales. Le régime alimentaire normal aboutit à une ingestion de deux à trois milligrammes par jour, et seule une très faible fraction est absorbée, qui se répartit dans les tissus. L'accroissement de l'absorption peut être dû à l'emploi de l'hydroxyde d'aluminium, ou d'autres composés aluminiques, comme anti-acide dans le traitement de l'ulcère. D'usage limité dans le temps, à condition que la fonction rénale soit bonne, cette utilisation ne semble pas avoir entraîné de troubles neurologiques.

L'élimination urinaire est majeure et voisine de dix à quinze millièmes de milligrammes par jour. Elle est susceptible d'être multipliée par quarante, tant que la fonction rénale est normale. L'emploi de préparations d'aluminium chez l'insuffisant rénal chronique (en vue de diminuer l'absorption des ions phosphates) a, par contre, contribué à l'installation de maintes encéphalopathies, car l'administration s'effectue pendant de nombreuses années, alors que la fonction rénale est diminuée ou même totalement absente. L'insuffisant rénal dialysé s'intoxiquait donc avec l'aluminium et, outre des troubles osseux et une anémie, il développait une encéphalopathie. Quels sont les symptomes de l'intoxication?

L'atteinte neurologique, d'abord fluctuante, est caractérisée par la survenue de bégaiement et de difficultés d'élocution, de troubles du débit verbal voire même de mutisme transitoire, d'épisodes confusionnels temporaires, de secousses musculaires brusques et anarchiques, involontaires et se reproduisant à intervalles variables (ou myoclonies), de troubles des fonctions supérieures (mémoire, attention, jugement, calcul), de modifications du caractère, d'accès de somnolence diurne. La discrétion et la labilité des symptômes à la phase initiale en font généralement mésestimer la signification. Par la suite, ces troubles deviennent permanents pour conduire à une détérioration intellectuelle, qui aboutit finalement au syndrome appelé « démence des dialysés ». Des crises d'épilepsie peuvent s'y associer, conduisant parfois à l'état de mal. Contrastant avec la sévérité du tableau psychiatrique, il n'existe habituellement pas de déficit sensitif ou moteur. Dans les formes sévères, on observe également une dénutrition progressive et la survenue d'infections graves, voire de septicémies qui entraînent alors la mort.

L'aluminium franchit la barrière hémato-encéphalique et se fixe sur le cerveau, en particulier sur la substance grise et le cervelet; sa concentration peut y être décuplée lors des encéphalopathies. Ces fortes concentrations ne sont pas liées à un pouvoir particulier de concentration du tissu nerveux, mais à l'incapacité d'éliminer les précipités insolubles. Les neurones n'ayant aucun pouvoir de division, ils amoncellent l'aluminium, sous forme de phosphate, grâce aux ions phosphates libérés à partir de substrats biologiques tel l'ATP, et finissent par mourir.

Chez celle ou celui qui est atteint par la maladie d'Alzheimer, la concentration en aluminium est quatre fois supérieure à celle des sujets sains de même âge. Les patients atteints de démence sénile n'étant pas plus exposés que les autres, on s'est d'emblée interrogé sur le rôle causal de l'aluminium dans cette affection. Il semble que l'aluminium soit une conséquence plus qu'une cause, car les modifications histo-pathologiques observées ne sont pas provoquées expérimentalement par l'aluminium. D'autres observations d'ordre enzymatique confirment cette opinion.

Les mécanismes biochimiques de l'intoxication par l'aluminium sont mal connus, car le problème est d'emblée complexe. En effet, l'énorme accroissement de sa concentration bouleverse la répartition des anions minéraux physiologiques (tels que les phosphates, les carbonates, les sulfates), des ions organiques (comme l'acétate, le citrate, le tartrate) ou encore des protéines à fonction hormonale (parathormone) ou enzymatique. Les relations de l'ion aluminium avec les anions, les acides aminés aromatiques ou hétérocycliques (histidine) sont aussi impliquées. Dans le sang, la majeure partie de l'aluminium est liée à des protéines de haut poids moléculaire (et à la transferrine).

L'aluminium altère de nombreux mécanismes : il inhibe, entre autres, la production d'un neuromédiateur, l'acétylcholine, réduit l'activité de la première enzyme du métabolisme du glucose. Enfin, l'aluminium perturbe les mouvements du calcium.

Globalement, à condition que la fonction rénale soit normale, les intoxications à l'aluminium ne sont plus à craindre.

L'argent et ses sels sont utilisés, ce n'est pas une surprise, en orfèvrerie. Ils entrent aussi dans la composition de médicaments. Aux États-Unis, l'argent est parfois utilisé comme désinfectant dans les réservoirs d'eau. La toxicité aiguë des sels d'argent est très faible sauf celle du nitrate d'argent. Mais leur absorption prolongée est responsable d'encéphalopathie, et donne une coloration bleu-gris de la peau et des muqueuses (que l'on appelle argyrie) prédominant au niveau des parties découvertes, aggravée par l'exposition au soleil. Elle n'a pas d'autre inconvénient que d'être inesthétique, mais elle est définitive.

Le bismuth, et ses sels, entre autres emplois, eut une longue carrière de médicaments comme pansement gastrique. Les ulcéreux en ont absorbé des tonnes, avant et après leur repas. Malheureusement, au cours des années soixante-dix, de nombreux cas d'encéphalopathie ont été décrits, principalement en France et en Australie, chez des malades traités au long cours. La symptomatologie associait diversement : agitation, somnolence, hallucinations, confusion mentale, difficulté à parler et à se mouvoir, secousses musculaires anormales. Ces troubles disparaissaient progressivement à l'arrêt du traitement. Des neuropathies périphériques et des atteintes hépatiques ont également été décrites. Environ un dixième des intoxiqués sont décédés pendant la phase aiguë.

Le cadmium se transfère faiblement du sol vers le végétal, ce qui le différencie du plomb. Mais les êtres marins peuvent le concentrer : le record est détenu par certaines huîtres qui l'accumulent trois cent mille fois par rapport à leur milieu environnant. L'homme, après avoir ingéré du cadmium, ne l'élimine pratiquement pas. Le cadmium et ses sels sont utilisés par exemple pour la fabrication de pigments, de matières plastiques. Il contamine les minerais de zinc, les engrais phosphatés. Il est aussi présent dans la fumée de cigarette, redoutable souillure pourtant négligée. La principale source de pollution par le cadmium est constituée par les abats, mais aussi par l'eau de boisson qui peut être contaminée par le système de distribution. En effet, les conduites en plomb, interdites, ont été généralement remplacées par des canalisations en fer galvanisé, dont le zinc, toujours impur, peut relâcher, lorsque l'eau stagne plus ou moins longtemps, des quantités de cadmium non négligeables. On a signalé la corruption de boissons comme le café lors de sa préparation dans des appareils automatiques comportant des pièces métalliques constituées d'alliages de cadmium... Enfin, la technologie alimentaire peut également être à l'origine de diverses contaminations, non pas dans les conserves en boîtes métalliques mais dans des poteries et des céramiques dont certains émaux colorés peuvent libérer, au contact d'aliments à réaction acide, des quantités importantes de cadmium.

L'augmentation de la production mondiale de ce métal et de ses utilisations industrielles est sans cesse croissante. En effet, de douze tonnes en 1900, elle est passée à plus de mille six cents tonnes, deux tiers de siècle après, et on estime qu'elle double tous les dix ans ce qui devrait avoir pour conséquence de multiplier par deux la concentration de cadmium dans la chaîne alimentaire tous les vingt ans. Il y a là matière à grave préoccupation.

L'intoxication, qui jaunit l'émail des dents, se traduit principalement par une symptomatologie osseuse qui serait liée à un trouble du métabolisme du calcium, elle touche notamment les femmes, après la ménopause, chez qui elle entraîne des douleurs violentes dans le bassin et les membres inférieurs. Ces douleurs ont justifié, au Japon, la désignation, par onomatopées, de la maladie nommée « ITAI-ITAI disease ». Elle est aussi appelée « OUCH-OUCH disease » par les américains !... Le cadmium comporte essentiellement des risques d'hypertension et de cancer. La seule épidémie connue concerne l'ingestion, au Japon, de riz contaminé, car il était cultivé avec une eau polluée. Le cadmium diminue les tests d'apprentissage et perturbe le comportement en augmentant l'agressivité de l'animal. Qu'en est-il chez l'homme?

Le mercure, ou plutôt ses sels minéraux, sont employés comme pigments, catalyseurs, antiseptiques, explosifs, éclaircissants cutanés. Le nitrate mercurique est utilisé pour le bronzage des métaux et la fabrication du feutre. Les dérivés organiques sont surtout employés comme antiseptiques désinfectants, fongicides, algicides et insecticides. En France, les piles usées représentent près du dixième du mercure rejeté dans les ordures ménagères, source de pollution considérable et préoccupante.

La principale manifestation de l'intoxication par le métal est une encéphalopathie. Au début, les manifestations cliniques sont discrètes et peu spécifiques : maux de tête et fatigue anormale, émotivité, irritabilité, troubles du sommeil, difficulté de concentration, diminution de la libido, troubles de la mémoire. Ensuite apparaît un tremblement, puis un manque complet de coordination des mouvements et une importante détérioration intellectuelle.

Le mercure s'est révélé, d'une façon inattendue, à l'origine d'une maladie très particulière qui peut affecter les nourrissons et les petits enfants (l'acrodynie) bien décrite par André Depaillat. Débutant insidieusement, quelquefois avec de la fièvre, elle se caractérise par une insomnie, une anorexie, une irritabilité, une grande instabilité psychomotrice, alternant avec des phases d'apathie. Les mains et les pieds sont rouges, gonflés, humides et douloureux, avec une violente démangeaison. Le visage, la muqueuse nasale participent souvent à cette vaso-dilatation et à cette irritation. L'atteinte du système nerveux périphérique se manifeste par l'hypotonie, le manque de sensibilité à la douleur, la diminution des réflexes. Le pronostic est constamment favorable, avec une guérison spontanée complète. Longtemps considérée à tort comme une maladie infectieuse, en faveur de laquelle semblait plaider une recrudescence saisonnière, cette intoxication s'accompagne régulièrement d'une élimination anormale de mercure dans les urines, mercure apporté par des pommades, des désinfectants ou la prise de Calomel (une substance utilisée comme purgatif et antiseptique intestinal).

L'intoxication due aux dérivés organiques fut observée au cours d'épidémies bien connues. La catastrophe de Minamata a été à l'origine d'une longue série de travaux qui ont permis de découvrir l'extraordinaire pouvoir de concentration du mercure dans les chaînes alimentaires en milieu aquatique, par suite de sa transformation en mercure organique, encore plus accumulable dans les cellules et les organismes parce que liposoluble. L'intoxication massive par le mercure s'est soldée, dans les années 1950 par cent vingt et un cas d'intoxications, à symptomatologie nerveuse, dont cinquante-quatre décès. La population était une communauté de pêcheurs qui consommaient une forte quantité de chair de poisson contenant du méthylmercure. Il provenait de la méthylation, par des bactéries proliférant dans les eaux stagnantes de la baie de Minamata, du mercure minéral contenu dans les eaux résiduaires d'une usine produisant du chlorure de vinyle (qui sert à fabriquer des matières plastiques) en utilisant le chlorure et le sulfate de mercure comme catalyseur.

L'intoxication touche aussi les poissons de certaines rivières d'Amazonie, car le mercure est utilisé par les chercheurs d'or. La contamination mercurielle des farines provenant de plantes traitées par des fongicides (à base d'alkylmercure) a été observée à Pont-Saint-Esprit, en 1951; en Iraq, en 1971-1972. Les malheureux avaient fait du pain avec des semences désinfectées avec un dérivé du mercure!

Le méthylmercure, absorbé à plus de 80 % par le tube digestif, est un neurotoxique puissant. Dans les conditions de contamination habituellement rencontrées, il conduit, après quelques semaines ou quelques mois de latence, à des paresthésies des membres et de la région péri-buccale, ainsi qu'à des troubles visuels, qui peuvent aller jusqu'à la cécité. L'intoxication s'accompagne souvent d'une baisse de l'acuité auditive, de difficulté dans l'élocution, de troubles moteurs comme des tremblements, de troubles mentaux. Ces symptômes sont très souvent irréversibles, conséquence de lésions du cerveau et des nerfs périphériques. Le petit enfant se montre particulièrement sensible en raison de la fragilité de sa barrière hémato-encéphalique.

Par ailleurs, l'effet toxique du méthylmercure se manifeste également au niveau de la synthèse des protéines, perturbant les flux métaboliques à l'intérieur de l'axone. C'est enfin un inhibiteur enzymatique puissant, qui s'attaque en particulier à l'ATPase, à la synthèse des neuromédiateurs. Il diminue la fabrication des polyamines (la spermidine et la spermine), impliquées dans la division et la différenciation cellulaires.

Le mercure est donc un toxique redoutable qu'il convient de pourchasser.

L'or et le platine sont utilisés sous forme de médicaments, et peuvent donc provoquer des phénomènes neurotoxiques. Mais ils ne risquent pas, pour le moment, de contaminer l'alimentation. Sauf peut-être les privilégiés atteints de potomanie forcenée qui ingurgitent l'eau issue de leurs tuyaux et robinets d'or...

Le plomb, un des métaux le plus anciennement connu, est un élément ubiquitaire que l'on trouve naturellement dans les sols à la moyenne de seize milligrammes par kilo. La découverte d'une statuette en plomb dans les ruines de Troie ferait remonter les origines de son emploi à trois mille cinq cents ans avant Jésus-Christ! Les Égyptiens utilisaient le plomb deux mille cinq cents ans avant Jésus-Christ comme agent de soudure; les Assyriens en faisaient leur monnaie. A cette époque, il était extrait des mines de Sardaigne et de Carthage dans le golfe de Tunis. Au Ier siècle, les Romains usèrent abondamment de ce métal, en Grande-Bretagne occupée; à un degré tel qu'il faudra attendre le Moyen Age pour en compter un tonnage équivalent. Entre mille emplois, les Romains recouraient à des feuilles de plomb pour assurer l'étanchéité des joints de leurs aqueducs. Un alliage d'argent et de plomb leur servait à traiter la surface de leurs ustensiles de cuisine en cuivre. Mais l'un des usages le plus courant consistait à employer le plomb dans la fabrication et la conservation des vins. Il était obtenu par la réduction (au tiers de son volume) du jus de raisin, chauffé dans des récipients en bronze dont la surface intérieure était recouverte d'un film de plomb. Le sirop ainsi préparé, appelé « sapa » servait ensuite principalement à traiter le vin pour lui donner une saveur particulière, appréciée des gourmets, et à permettre sa conservation. Une reconstitution a permis d'obtenir des vins contenant environ cinq cents milligrammes de plomb par litre!... Mais le plomb servait également à sucrer et à conserver les olives, ainsi que différentes sortes de fruits; car le sucre de canne, importé à l'époque de l'Inde, n'était pas d'un usage courant. Il était aussi employé dans les peintures; mais l'ornementation des assiettes était lentement dissoute par les aliments acides, intoxiquant d'autant mieux et d'autant plus vite le gourmet — ou le goinfre — qu'il était plus riche, c'est-à-dire que ses ustensiles étaient très décorés et qu'il les renouvelait plus souvent. On a effectivement retrouvé des teneurs en plomb énormes dans les ossements lors de fouilles romaines. En analysant le mode de vie et en étudiant l'évolution démographique des différentes classes de la société de l'époque, des médecins érudits et chimistes ont constaté que le plomb a joué un rôle déterminant dans la chute de l'Empire romain par diminution de la durée de vie et de la fertilité de la classe dirigeante, plus exposée que les autres aux pratiques de luxe. Les familles patriciennes ont été décimées par les intoxications au plomb. Les écrivains romains ont bien décrit ces femmes et ces hommes, fussent-ils empereurs, paralysés, épileptiques, goutteux, et stériles.

En Angleterre, les épidémies de goutte, survenues au XVIIIe et XIXe siècles dans l'aristocratie, étaient dues à la consommation de vins de Porto contaminés, sans doute volontairement, par addition de plomb pour en améliorer leur saveur. Plus récemment des intoxications endémiques par le plomb ont été notées aux États-Unis au temps de la prohibition. Elles étaient consécutives à la consommation de whisky distillé frauduleusement au moyen de dispositifs rudimentaires de condensation constitués de vieux radiateurs automobiles comportant des soudures au plomb. En France on décrivait encore, il y a quelques décennies seulement, des cas d'intoxications familiales par consommation de cidres aigres neutralisés par la litharge (un oxyde de plomb, jaune rougeâtre, qui entre dans la fabrication des vernis pour poterie et des huiles de peinture).

Les artistes peintres utilisaient autrefois un blanc au plomb (du carbonate de plomb), la céruse. Antoine Watteau en est mort. Il humectait avec sa salive les poils de ses pinceaux. Les peintures au plomb intoxiquent encore de nombreux enfants qui lèchent les murs ou absorbent leurs fragments tombés en décrépitude.

La voie digestive a toujours joué un rôle essentiel dans les cas d'intoxication par le plomb. Le plomb est, avec l'arsenic, un des poisons les plus anciennement connus. D'ailleurs l'intoxication chronique par le plomb, ou saturnisme, a été la première maladie professionnelle officiellement reconnue en France. De ce fait, les différentes formes d'intoxication aiguë et chronique par le plomb ont été longuement décrites dans leurs manifestations cliniques. Mais un aspect nouveau de la toxicologie du plomb est apparu depuis une dizaine d'années par les tonnages importants de plomb répandus dans l'environnement par l'intermédiaire des gaz d'échappement d'automobile. Les États-Unis utilisaient chaque année deux cent mille tonnes de plomb, le cinquième de leur production annuelle, comme antidétonnant dans l'essence! On estimait à environ une tonne le rejet journalier de plomb, par les gaz d'échappement automobiles, dans l'air de Paris. Sait-on, par ailleurs, que des activités individuelles comme la chasse entraînent une libération surprenante de plomb. Il suffit d'une salve de tous les chasseurs de France pour en répandre soixante tonnes, chaque cartouche en contenant trente-quatre grammes?

Le plomb est utilisé dans l'industrie pour sa résistance à la corrosion. Mais il est très facilement attaqué, en présence de l'oxygène de l'air, par des acides faibles tels que l'acide carbonique dû au gaz carbonique dissous, à l'état libre, dans les eaux de consommation dites agressives. Il est aussi attaqué par des acides organiques trouvés habituellement dans des fruits ou des préparations culinaires (comme les acides citrique, tartrique et malique). Même les acides gras libérés par le rancissement de certaines huiles insaturées, telle l'huile d'olive des Romains, le dissolvent facilement.

Le pourcentage de pénétration du plomb ionisé à travers la paroi intestinale est faible, moins d'un dixième. Mais ce pourcentage peut atteindre des proportions beaucoup plus élevées, et varier de manière importante en fonction de l'âge, de l'imprégnation alcoolique, du contenu en glucide (le lactose facilite son absorption intestinale), en lipides ou en vitamines (les vitamines C et D augmentent aussi l'absorption intestinale). Mais, heureusement, les aliments sont, en général, peu contaminés naturellement par le plomb.

L'eau de certaines sources a été signalée pendant longtemps comme pouvant être à l'origine de nombreux cas de saturnisme. En réalité, elle n'est pratiquement pas contaminée par le plomb, même après passage sur un sol souillé par des retombées atmosphériques, car le plomb, à la différence du cadmium, s'y absorbe. La distribution, par des canalisations en plomb neuf, d'eaux agressives en provenance de terrains granitiques, était en fait à l'origine de ces intoxications. Fort heureusement, cet usage est désormais interdit dans les nouveaux locaux d'habitation et le nombre de ces accidents a été, depuis vingt ans, en constante régression.

Le vin peut être à l'origine d'une imprégnation non négligeable. En France, la consommation de vin, si elle est excessive, contribue de manière importante à l'apport quotidien de plomb! Le vin ordinaire peut contenir un quart de milligramme par litre, surtout pour le blanc et le rosé à réaction généralement plus acide. Cette pollution est due aux traitements des vignes, pendant des décennies (avec de l'arséniate de plomb). Elle est provoquée aussi par le stockage au contact de surfaces métalliques étamées ou recouvertes de minium, mais elle n'a rien de comparable à l'apport beaucoup plus massif que l'on peut observer sur des vins capsulés. Les vins de qualité supérieure ont l'extrémité du goulot recouverte d'une chape prétendument d'étain, en fait constituée principalement de plomb. Lors de leur conservation, pendant plusieurs années de vieillissement, la perméabilité toute relative du bouchon permet l'écoulement de quelques gouttes de vin, dont l'alcool s'oxyde en acide acétique (le vinaigre) qui attaque la capsule, formant de l'acétate de plomb qui revient contaminer la masse du liquide. Certes, la consommation de nombreuses bouteilles millésimées n'est pas journalière, le risque est donc étalé dans le temps. De tels vins acquièrent parfois en moins de six mois des taux de plomb de l'ordre du milligramme par litre!

L'intoxication alimentaire au plomb est souvent due aux ustensiles utilisés en cuisine et aux emballages. L'utilisation de matériel culinaire, plus spécialement de poteries et de céramiques colorées par des émaux plombifères, se trouve à l'origine de l'absorption journalière de quantités anormales de plomb. Certaines de ces poteries, de nos jours, vendues à des fins décoratives, mais utilisées comme saladiers, ont même été à l'origine d'intoxications aiguës. Un autre mode de contamination est dû à l'utilisation très répandue d'emballages métalliques. La plupart des boîtes de conserve comportent une soudure métallique, constituée par du plomb pratiquement pur. Il peut en résulter, lors de la coulée du métal, ou lors de l'ébarbage (opération qui consiste à limer l'aspérité de la soudure), une contamination interne due à la conservation plus ou moins prolongée d'aliments à réaction acide. Il n'est pas exceptionnel d'en déceler plus d'un milligramme par litre de jus de fruits, considérés pourtant comme une boisson de choix pour les jeunes enfants. Vigilance donc!

L'intoxication alimentaire classique, notamment dans les pays en voie de développement, est due à une ingestion de débris de peinture à la céruse, provoquant les tristes encéphalopathies à la « pica », dont le nom dérive de celui de la pie, par allusion à sa voracité de cleptomane, et traduisant un goût prononcé, mais morbide, pour des substances non comestibles.

Les intoxications par le plomb peuvent être aussi professionnelles, chez les travailleurs de l'extraction et de la métallurgie du plomb et du zinc, ou chez les récupérateurs de vieux métaux. Les sources d'intoxication sont nombreuses : le découpage au chalumeau de ferrailles peintes, les soudures, la manipulation de caractères d'imprimerie, de canalisations de distribution et d'évacuation d'eau, la fabrication et l'utilisation de munitions.

Le tableau de l'intoxication chronique associe diversement des troubles cliniques et biologiques. L'encéphalopathie est plus fréquente chez l'enfant que chez l'adulte. Elle se manifeste de manière variable par un délire, un coma, des convulsions. Chez l'enfant, le tableau observé est habituellement celui d'une hypertension intracrânienne. En milieu professionnel, l'atteinte neurologique centrale est presque toujours bénigne : maux de tête et fatigue anormale, troubles de la mémoire, irritabilité, difficultés de concentration, diminution de la libido, troubles du sommeil. Les formes graves de l'encéphalopathie saturnine sont responsables du décès de l'intoxiqué dans un quart des cas. Chez les survivants, les séquelles neurologiques et psychiatriques sont fréquentes.

Les atteintes neurologiques périphériques se caractérisent par une paralysie. Sa première manifestation clinique est l'impossibilité d'extension du médius et de l'annulaire, le malade fait les cornes avec une main « en griffe » autrefois couramment décrite chez les ouvriers fortement exposés. La paralysie s'étend ensuite aux autres doigts et au poignet. L'atteinte sensitive est inconstante et toujours discrète. D'autres régions du corps peuvent être touchées.

Certains signes d'imprégnation saturnine, parfois spectaculaire et marquant les mémoires, manifestations classiques du saturnisme, sont en fait rarement observées. Ils bénéficient d'appellations exotiques : le liséré de Burton est un liséré gingival, bleu ardoisé, localisé au collet des incisives et des canines; il est dû à l'élimination salivaire de sulfure de plomb. Les taches de Gubler sont également bleu ardoisé, elles sont situées sur la face interne des joues. Le semis de Sonkin est un piqueté visible au fond d'œil.

Le tellure est obtenu comme sous-produit de l'extraction de l'or et de l'argent. Ce n'est pas par hasard que le célèbre brigand Buch Cassidy a « braqué » sa première banque dans une ville qui s'appelait Telluride... Le tellure et ses dérivés sont employés pour la fabrication d'aciers spéciaux et d'alliages résistant à la corrosion, de lampes électriques, de semi-conducteurs. Ils servent de pigments et de catalyseurs; ils constituent un additif utile pour la vulcanisation (opération qui consiste à ajouter du soufre au caoutchouc pour améliorer sa résistance tout en lui conservant son élasticité). L'intoxication aiguë par le tellure se traduit par une odeur alliacée de l'haleine et de la sueur, un goût métallique, une sécheresse de la bouche, une somnolence, des nausées, des vomissements, une coloration vert sombre de la langue. Chez l'animal, l'administration répétée de dérivés minéraux du tellure provoque une encéphalopathie et une neuropathie périphérique démyélinisante, une irritation des voies respiratoires en cas d'inhalation, ou des muqueuses digestives en cas d'ingestion, une stéatose hépatique, une atteinte rénale. Le tellure provoque des malformations chez le rat et provoque une hydrocéphalie.

Le thallium bien connu des neurologues, est détesté des malades intoxiqués : il provoque une authentique torture du pied. La moindre irritation sensitive provoque une douleur effroyable et angoissante. L'intoxication fait suite à l'ingestion de doses massives de certains raticides. Elle cause aussi des sensations anormales — fourmillements, picotements, fatigue, délirium, convulsions puis coma — suivies, en peu de jours, d'insuffisance respiratoire et de mort. Une intoxication légère peut ne se caractériser que par une nausée, une anorexie, des vomissements ou des douleurs abdominales. Par la suite apparaît une neuropathie, avec ses douleurs, une démarche difficile, une paralysie faciale, une chute de paupière (appelée ptosis), des mouvements oculaires non synchrones. Des troubles du sommeil, une instabilité émotionnelle, des hallucinations, voire un syndrome paranoïaque peuvent aussi être observés.

L'intoxication chronique était due à l'usage thérapeutique du thallium contre la syphilis, la gonorrhée, la dysenterie, et à son emploi comme dépilatoire. Actuellement les personnes travaillant à la production de rodenticide, de verre optique, des aliments artificiels, ou dans des fonderies de cuivre, de zinc et de plomb, des centrales thermiques au charbon peuvent être intoxiquées.

IX

Les toxiques et les additifs : l'obligation de subir, le droit de savoir

Les additifs, ou la chimie au menu

Le besoin alimentaire est fondamental pour tout être vivant, et l'homme ne manque pas à cette règle, même si notre civilisation faite de pléthore et de gaspillage tend à esquiver cet aspect. L'homme a toujours eu le souci de son alimentation, mais il faut dire que nos ancêtres n'étaient pas spécialement gâtés. Au Moyen Age, par exemple, le désordre social provoqué par les climats incertains, les guerres et les invasions, a créé de graves difficultés. La famine était endémique, les intoxications alimentaires régulières. La consommation de viandes ou de poissons plus ou moins putréfiés, celle de céréales contaminées par des moisissures, comme le seigle ergoté, ont été à l'origine d'une mortalité considérable, à laquelle s'ajoutaient celle des guerres, des maladies, de la sous-alimentation, des épidémies. C'est seulement avec l'arrivée de nouveaux aliments comme le haricot, la pomme de terre, le maïs, que la famine a régressé en Europe occidentale. La peur de manquer, justifiée, était obsédante. Auparavant il fallait donc trouver un moyen pour conserver la nourriture. On a boucané, on a fumé, on a salé, on a salpêtré depuis des temps immémoriaux. Ainsi, l'art de la salaison serait-il né dans les déserts de l'Asie Centrale voici plus de cinq mille ans avant notre ère; des écrits font mention de l'usage du sel par les Sumériens, quatre mille ans avant Jésus-Christ, en Mésopotamie, trois mille ans avant Jésus-Christ, et par les Hébreux, mille six cents ans avant Jésus-Christ, qui utilisaient l'eau très salée de la mer Morte. Les Grecs et les Romains possédaient un art raffiné de l'utilisation du sel mélangé à des épices, du vinaigre, de l'huile; ils connaissaient l'usage du salpêtre. De même, les Égyptiens et les Romains utilisaient déjà la combustion du soufre pour désinfecter leur matériel de vinification. A ces procédés chimiques de conservation se sont adjoints progressivement des procédés physiques concrétisés par Nicolas Appert, puis l'usage de nouvelles techniques, la congélation par exemple.

La vertu essentielle demandée aux premiers additifs était de préserver les aliments, de les conserver. Par la suite, diverses pratiques culinaires ont favorisé l'emploi d'additifs. Même si au début il s'agissait d'une alimentation traditionnelle : gelée à partir d'un bouillon d'os, émulsion avec le jaune d'œuf, dans la mayonnaise. Mais ces résultats peuvent aussi être obtenus par l'usage d'additifs, dont l'emploi remonte donc loin dans l'histoire, et qui ont vu leur développement à partir du siècle dernier quand la notion d'additifs chimiques a fait son apparition, associée au principe de la liste d'autorisation, en 1912. Pour faciliter le travail de préparation culinaire, pour gagner du temps, pour garantir la conservation et la présentation des aliments, on les aromatise, colore, texture, épaissit, protège.

Définir un additif alimentaire n'est pas simple, la définition française est la suivante, elle est filandreuse et indigeste : « Toute substance qui n'est pas normalement consommée en tant qu'aliment ou qui n'est pas normalement utilisée comme ingrédient caractéristique d'une denrée alimentaire, et dont l'addition intentionnelle à une denrée ou à une boisson destinées à l'alimentation de l'homme dans un but technologique, ou organoleptique, ou nutritionnel, entraîne ou peut entraîner, directement ou indirectement, son incorporation ou celle de ses dérivés dans la denrée. Sont notamment considérées comme additifs, les substances employées pour le traitement en surface des denrées destinées à l'alimentation de l'homme. »

Le terme « aliment » désigne, je le rappelle, toute matière qui sert à l'entretien et au développement de l'organisme. Il s'agit le plus souvent de produits naturels, de composition complexe. En revanche le terme « additif » désigne toute substance qui n'est pas un constituant normal des aliments et dont l'addition intentionnelle a un but qui peut être technologique, organoleptique et nutritionnel. Leur emploi est limité à la concentration maximale de 1 % sauf quelques cas particuliers.

Le terme d'auxiliaire de fabrication, distinction importante, est utilisé pour des additifs technologiques qui n'ont qu'un effet passager. Ils ne persistent pas dans l'aliment, sauf à l'état de traces.

Dans la CEE, les additifs qui restent, eux, dans les aliments, sont classés par catégorie, avec un numéro conventionnel qui doit figurer sur l'étiquette des aliments. Si le nom de l'additif est donné en toute lettre dans la liste des ingrédients, le numéro est alors inutile. La classification concerne les colorants, les conservateurs, les antioxygènes, les émulsifiants (stabilisants, épaississants, gélifiants), les agents antiagglomérants, les agents de texture, les agents de sapidité, les agents d'aromatisation, les adjuvants de fabrication. Tout un programme, tout un plat. De quoi faire jaillir une chimiophobie alimentaire patentée...

D'ailleurs, ces additifs, consommés en excès, peuvent provoquer des troubles du comportement chez certains enfants.

Les additifs sensoriels principaux sont les arômes. Il ne faut pas oublier que la plupart des additifs sont sensoriels à des degrés divers : les colorants pour la vue, les agents de texture pour la sensation en bouche, même les antioxydants évitent le goût repoussant du rance. Ils réagissent avec des cellules olfactives pour les molécules volatiles et avec le site gustatif pour les molécules dissoutes. L'arôme joue un rôle capital dans notre relation avec l'aliment, il en accentue l'identité. Une substance aromatisante peut aussi conférer un nouvel arôme. On divise les arômes en trois classes : les arômes « sucrés », les plus répandus, rassemblant les arômes de fruits et agrumes et des produits divers, dont le miel, la vanille, le café, le caramel, d'autre part les arômes « salés », soit végétaux, bulbes, fruits, épices, soit viandes, poissons, lait..., et enfin l'ensemble mal défini des arômes « divers », notamment les alcools, les produits amers...

Selon leur origine, on distingue d'abord les extraits naturels, huiles essentielles et essences déterpenées, oléorésines, jus concentrés; les produits de réaction sont dérivés de produits naturels par traitements thermique, enzymatique ou microbiologique, telle la fermentation. Les produits de synthèse, purs produits artificiels, sont extrêmement nombreux : plus de dix mille molécules ; leur structure est en général simple, elle est très souvent comparable aux molécules isolées de produits naturels.

Les conservateurs

Les agents antioxygènes qui sont utilisés pour lutter contre la dégradation oxydative des aliments, par l'oxygène de l'air, protègent essentiellement des constituants de nature lipidique. Ils miment l'activité de la vitamine E. En effet, la dégradation oxydative présente des inconvénients à la fois aux plans organoleptique, nutritionnel et hygiénique. Comme l'a bien souligné Gérard Pascal, les antioxygènes agissent à la manière d'un catalyseur négatif, capable d'interrompre la réaction en chaîne d'autoxydation. La liste européenne des agents antioxygènes proprement dits comporte quatorze substances ; cinq sont l'acide ascorbique et ses dérivés et quatre les tocophérols naturels ou de synthèse, c'est-à-dire les vitamines E. Ces neuf substances, qui sont pour la plupart dotées chez l'homme de propriétés vitaminiques et qui sont donc des nutriments indispensables, n'ont pas attiré prioritairement l'attention de l'hygiéniste. Par contre, les cinq molécules qui complètent la liste des antioxygènes pouvant être utilisées en alimentation humaine ont monopolisé les efforts des toxicologues au cours des vingt dernières années. (Ces substances sont toutes de nature phénolique. Il s'agit des gallate de propyle, gallate d'octyle, gallate de dodécyle, butylhydroxyanisol (BHA), butylhydroxytoluène (BHT)). Leur innocuité n'est pas aussi évidente qu'on voudrait bien le faire croire. Sans doute serait-il souhaitable de les supprimer pour n'utiliser que le produit naturel, la vitamine E ?

La liste des agents conservateurs autorisés en France comprend 29 molécules : l'acide sorbique et des sels de sodium, potassium et calcium, l'acide benzoïque et ses sels de sodium, potassium et calcium, des esters méthylique, éthylique et propylique de l'acide p-hydroxy benzoïque et leurs dérivés sodiques, l'anhydride sulfureux et toute une gamme de sulfites de sodium, de calcium et de potassium, le diphényle, l'orthophénylphénol et son sel de sodium, le thiabendazole, l'acide formique et ses sels de sodium et calcium et l'hexaméthylène tétramine. Ouf, on a eu peur !

L'anhydride sulfureux et les sulfites antimicrobiens puissants sont autorisés dans de nombreux aliments comme les fruits secs, les fruits destinés à la fabrication de confitures, les langoustines, les filets de morue, les moutardes, ...et des boissons comme la bière, le cidre et le poiré, les jus, concentrés et déshydratés de certains fruits et, bien évidemment, les vins et mousseux.

Les exhausteurs de goût

Les exhausteurs de goût, bien qu'ils n'aient peu ou pas de goût par eux-mêmes, augmentent celui du produit final. C'est d'abord le cas du glutamate de sodium, sel d'un acide aminé très répandu, obtenu à partir du gluten du blé. Très utilisé, en particulier dans la nourriture asiatique et dans les potages préparés, il peut entraîner à fortes doses des troubles bénins mais désagréables : le syndrome « du restaurant chinois », avec bouffées de chaleur et maux de tête. En outre, son emploi a été discuté car il est parfois, c'est un euphémisme, utilisé pour masquer une qualité insuffisante. Mais, avec l'aspartate, c'est un neuromédiateur, dit excitateur. Or ces acides aminés excitateurs, en excès, sont extrêmement toxiques pour le cerveau! Il ne faut pas oublier que certaines régions cérébrales ne sont pas protégées par la barrière hémato-encéphalique, le glutamate pourra donc pénétrer et agir, de manière néfaste. Un exemple est l'hypothalamus endocrinien : on utilise le glutamate, administré par voie orale, pour le détruire chez l'animal expérimental! De nos jours, le glutamate n'est plus toléré dans l'alimentation pour bébé, heureusement. En effet, certains produits contenaient le quart de la dose nécessaire pour détruire les neurones hypothalamiques de la jeune souris. Le glutamate et l'aspartate agissent de façon synergique, leurs effets font plus que s'additionner. Or on les trouve encore dans certaines boissons... à surveiller de près.

Les neurotoxiques alimentaires

Le nombre des produits toxiques répertoriés est impressionnant : on ne peut que se féliciter et remercier le ciel et ses anges gardiens d'être encore en bonne santé, malgré les trois prises alimentaires quotidiennes et les grappillages intermédiaires! C'est une chance inouïe, presque un miracle que nous puissions échapper aux substances toxiques naturellement présentes dans les aliments, à celles apportées par les contaminations, les protections phytosanitaires et les traitements vétérinaires. C'est un bonheur que nous ne soyons pas trop sensibles aux dérivés qui apparaissent au cours des manipulations technologiques et culinaires, comme le souligne avec humour Eugène Neuzil. Plus de six millions de produits chimiques sont répertoriés dans les catalogues des chimistes! Bien peu sont physiologiques, même s'ils sont naturels. Les toxiques apportés par les aliments doivent tout d'abord traverser la paroi intestinale. Ils se heurtent donc à la spécificité des processus d'absorption. Après ce premier barrage, le foie joue ensuite le rôle d'une véritable fortification de défense. Des cellules sont en effet capables de réaliser de très nombreuses réactions de détoxication, elles s'attaquent aux molécules étrangères à l'organisme. Mais ces défenses peuvent être percées ou contournées. Le cerveau, quant à lui, ne peut être atteint qu'après le franchissement de la barrière hémato-encéphalique, dernier rempart. Toutes ces étapes limitent donc heureusement le nombre de substances neurotoxiques d'origine alimentaire susceptibles de perturber le fonctionnement cérébral, en particulier neuronal.

Dans toutes les sociétés qui nous ont précédés, le risque alimentaire majeur était la pénurie. L'aptitude à la supporter, en particulier en stockant l'énergie dans le tissu adipeux lorsque la nourriture était abondante, constituait un facteur sélectif pour l'espèce, particulièrement chez les femmes qui avaient à mener à bien leur grossesse sans apport alimentaire suffisant. Depuis quelques générations, au contraire, la nourriture est présente en quantité suffisante, voir pléthorique, en permanence. Ainsi les risques nutritionnels ont-ils changé de nature. Aux toxiques naturels contenus de tout temps dans les aliments, aux pollutions microbiennes ou chimiques liées à la conservation, se sont ajoutés les risques liés aux polluants accidentels écologiques, technologiques. Sans parler de toute la gamme des additifs alimentaires destinés à rendre les aliments plus attrayants, plus appétissants, plus faciles à conserver. L'excès lui-même constitue d'ailleurs la nuisance alimentaire la plus importante.

Les neurotoxiques se rencontrent dans les aliments d'origine végétale et animale, comme dans ceux d'origine marine. Malheureusement, la contamination microbienne peut également transformer un aliment sain en un aliment neurotoxique.

Les champignons : mortelles séductions

Cette forme d'intoxications est connue depuis l'Antiquité : le mot latin *fongus* dériverait, pour certains, du mot *funus,* qui signifie funérailles! Étymologie suggestive! Les substances neurotoxiques se rencontrent partout chez les champignons supérieurs, mais aussi chez certaines moisissures des champignons inférieurs.

L'intoxication par l'amanite phalloïde est la plus courante en France. Elle défraye la chronique tous les automnes. L'empoisonnement phalloïdien apparaît en moyenne dix à douze heures après l'ingestion de diverses variétés d'amanites (phalloïdes verna ou virosa) ou de certaines lépiotes (brunneoincarnata ou helveola). Les symptômes digestifs (diarrhée, vomissements, déshydratation intense) précèdent une atteinte hépatique grave. Les troubles nerveux (principalement des crampes des membres inférieurs associées à un état de prostration puis de coma) sont secondaires à une insuffisance hépatique aiguë.

En revanche, l'atteinte rapide du système nerveux est caractéristique de l'intoxication par l'amanite tue-mouches (Amanita muscaria), ou par l'amanite panthère. Les signes digestifs restent relativement discrets (diarrhée, vomissements, douleurs abdominales, sécheresse de la bouche), mais les troubles neurosensoriels se manifestent quelques heures après le repas. Ils sont variés : délire, excitation, ivresse, vertiges, hallucinations visuelles, agitation, confusion mentale, dilatation pupillaire.

Ce syndrome est dû en partie à la présence de muscarine dans ces champignons.

On doit rapprocher de l'intoxication psychique par l'amanite tue-mouches la consommation rituelle, au Mexique, de différents champignons hallucinogènes. Beaucoup plus au nord, les Esquimaux du Kamtchatka utilisent l'amanite tue-mouches comme hallucinogène au cours de fêtes rituelles. Bien plus, en raison de la rareté de cette espèce sur leur territoire, ils recueillent après la cérémonie l'urine des heureux élus qui ont pu consommer ces champignons, afin de réutiliser les principes hallucinogènes qu'elle contient.

Le *coprinus atramentarius* contient une toxine, la coprine, qui est métabolisée en un inhibiteur réversible d'une enzyme qui métabolise l'éthanol. La consommation de divers autres champignons, clitocybe blanc (ou clitocybe à couleur de céruse), inocybe de Patouillard et inocybes voisins (à lamelles couleur de terre, maculées, à spores étoilées), provoque également une atteinte du système nerveux, temporaire, et de pronostic favorable. Ces espèces sont riches en muscarine dont la concentration peut atteindre une valeur cinquante fois supérieure à celle rencontrée dans l'amanite tue-mouches. Après une incubation courte, on observe une hypersécrétion glandulaire généralisée, avec surtout une transpiration énorme. Les signes digestifs, frustes, sont toujours accompagnés de signes neurologiques : fourmillements et sensations anormales, sensation d'angoisse, rétrécissement des pupilles, troubles de l'accommodation.

Les moisissures : Feu de Saint-Antoine!

Tout le Moyen Age a subi des « épidémies », qui survenaient de préférence les étés humides et qui se caractérisaient par un tableau clinique spectaculaire : des douleurs atroces des membres inférieurs, associées à des sensations intenses de brûlures, d'où le nom de peste de feu. Puis apparaissait progressivement une gangrène qui atteignait souvent le cerveau et donnait en particulier des convulsions. La mortalité était élevée : on évalue à plus de quarante mille le nombre de décès dans le sud-ouest de la France pour les cinquante années qui encadrent l'an mille. Si une guérison miraculeuse, au bourg de Saint-Antoine – où le zona et l'ergotisme se disputaient les douleurs – avait remplacé la dénomination de « Mal des Ardents » par celle de « Feu de Saint-Antoine », il a fallu attendre le XVIIe siècle pour que la maladie soit reliée à la consommation de céréales contaminées par une moisissure, l'ergot de seigle, c'est-à-dire l'ergotisme. Encore fréquent au XIXe siècle, il a progressivement disparu, bien que plusieurs cas aient été encore signalés en Irlande au début du XXe siècle, en Russie et en Angleterre avant la Seconde Guerre mondiale, et plus près de nous, il y a vingt ans, à Pont-Saint-Esprit, village curieusement dénommé pour cette occasion morbide.

Les principes toxiques du seigle sont des agents pharmacologiques puissants qui dérivent de l'acide lysergique, tristement connu sous le nom de LSD! L'ergotisme a pratiquement disparu de nos contrées sauf chez ceux, les migraineux par exemple, qui usent et abusent de certains médicaments dont la molécule active est un dérivé d'une substance présente dans l'ergot de seigle.

Des habitudes végétales neurotoxiques

La noix de muscade contient un hallucinogène qui est un inhiquibiteur des enzymes détruisant les neuromédiateurs après leur action (les monoamine-oxydases). Comme ils ne sont pas détruits, leurs effets persistent, provoquant des courts-circuits. D'autres enzymes, les cholinestérases, interviennent dans la transmission des influx nerveux, et des inhibiteurs de ces enzymes sont présents dans de nombreux végétaux comestibles, aussi anodins que la pomme de terre, l'aubergine et la tomate! Mais il faudrait en ingurgiter des tonnes avant de percevoir les prémices de l'annonce du début des premiers symptômes de l'intoxication.

Il ne faut pas oublier trois stimulants de grande consommation : le café, le thé, le cacao, qui doivent une grande part de leur action à la caféine et à la théobromine.

De nombreux toxiques végétaux perturbent le fonctionnement de la thyroïde, et nul n'ignore que chez le fœtus et chez les jeunes enfants les hormones thyroïdiennes contrôlent l'utilisation de l'énergie dans le cerveau. Malheureusement, des antithyroïdiens sont présents dans les fruits de nombreuses espèces de plantes : le tapioca et le manioc, par exemple, qui constituent un aliment de base en Afrique. La plante contient une molécule (la linamarine), qui libère de l'acide cyanhydrique sous l'action d'une enzyme. Normalement, un kilo de manioc frais peut libérer environ quatre cents milligrammes d'acide cyanhydrique, mais les traitements traditionnels destinés à sa préparation divisent opportunément ce taux par dix. Malgré cela, les cas de goitres dans certaines régions du Cameroun, du Nigeria, et du Zaïre, à forte consommation de manioc, sont nombreux.

Le neurolathyrisme est une intoxication hélas classique causée par une ingestion excessive de graines de vesce ou Lathyrus. Le lathyrisme, connu depuis Hippocrate et Pline et jadis très fréquent, se rencontre encore en Europe du Sud et en Inde, particulièrement pendant les périodes de disette. Le lathyrisme produit une maladie neurologique aiguë. Douleurs dorso-lombaires, crampes, raideur et sensations anormales annoncent l'installation d'une paralysie des membres inférieurs. En quelques semaines ces perturbations s'effacent, mais des séquelles sont fréquentes.

Enfin, l'addition à l'eau de boisson de poudres de réglisse à concentration excessive, telle que la pratique en particulier des alcooliques désintoxiqués, qui restent fréquemment des grands buveurs maladifs d'eau, provoque une fuite rénale du potassium et des paralysies.

Les poissons poisons

On a remarqué depuis longtemps, dans de nombreuses régions du globe, l'apparition de véritables flambées épidémiques d'intoxications consécutives à l'ingestion de coquillages. Ces poussées sont associées à la prolifération d'algues marines unicellulaires, si nombreuses à certaines périodes de l'année qu'elles communiquent à l'eau de mer une coloration orangée ou rouge, les marées rouges. Il s'agit de dinoflagellés planctoniques, qui constituent la nourriture de nombreux mollusques. Les huîtres, les moules, les palourdes ou les coquilles Saint-Jacques peuvent ainsi accumuler des quantités importantes de ces algues unicellulaires riches en neurotoxines.

Lorsque l'homme ingère des fruits de mer contaminés, il ressent au bout de quelques minutes des picotements ou des brûlures au niveau des lèvres, de la langue et de la face. Les sensations anormales s'étendent peu à peu au cou et aux extrémités des membres, elles entraînent un engourdissement musculaire. Dans les formes sévères, une paralysie des membres supérieurs et inférieurs peut apparaître, accompagnée d'une sensation de constriction de la gorge, de troubles de l'élocution et de la vue. En cas d'intoxication massive, la paralysie des muscles respiratoires peut même entraîner la mort.

La saxitoxine constitue le plus important facteur neurotoxique. Elle doit son nom à une palourde de l'Alaska *(Saxidomus giganteus)* qui en renferme de grandes quantités, et qui, se fixant sur les membranes axonales, bloque la propagation de l'influx nerveux.

Par ailleurs, on a décrit en Floride d'autres troubles neurologiques consécutifs à l'ingestion de palourdes : fourmillements et sensations anormales, alternance de sensation de froid et de chaud, difficulté à réaliser des mouvements volontaires. Mais on n'a pas observé de manifestations paralytiques et, de ce fait, de formes graves de la maladie.

Ce sont également les neurotoxines de certains flagellés qui sont responsables de la *Ciguatera*, maladie rencontrée dans les régions intertropicales, notamment aux Antilles et en Polynésie. Si son nom provient de celui d'un mollusque cubain, la *cigua*, cette affection est toutefois le plus souvent consécutive à l'ingestion de poissons herbivores (poisson perroquet ou poisson chirurgien) ou de leurs prédateurs, de gros poissons carnivores (barracuda et mérou). Ces poissons herbivores sont contaminés par les algues des récifs coralliens sur lesquelles se sont fixés et développés les dinoflagellés qui produisent une ciguatoxine. L'apparition d'une flambée d'intoxications est généralement consécutive à des agressions de l'écosystème corallien, d'origine naturelle lors des perturbations climatiques, ou d'origine humaine à la suite d'aménagements côtiers. L'ingestion de poisson contaminé est suivie, après des troubles gastro-intestinaux, par l'apparition de signes neurologiques : sensations anormales, douleurs musculaires. Dans les formes sévères de la maladie, on peut noter des troubles de la marche, de la vue, du rythme cardiaque et une hypotension artérielle.

Mais si une injection de sang d'anguille, de congre ou de murène provoque une paralysie respiratoire, la consommation alimentaire de ces poissons ne présente aucun danger.

Les poissons gymnodontes du genre Tetraodon sont répandus dans les mers chaudes. La chair de certaines espèces, le fameux *fugus* japonais, est même très recherchée. Elle n'est pas dangereuse lorsqu'elle est soigneusement séparée des viscères, des organes sexuels et de la peau. Les intoxications consécutives à l'ingestion de mets mal préparés se rencontrent essentiellement dans les régions côtières du Japon et de la Chine, mais aussi ailleurs, puisque des poissons toxiques congelés ont été exportés vers d'autres contrées et vendus sous de fausses appellations. Les manifestations classiques sont graves par suite de l'atteinte des muscles respiratoires et de la musculature vasculaire, ce qui explique que l'on dénombre chaque année au

Japon de nombreuses intoxications mortelles. Il est remarquable de constater que les tétraodons élevés en pisciculture sont dépourvus de toxicité mais que celle-ci se manifeste à nouveau après contact avec d'autres poissons « sauvages » eux-mêmes vénéneux. Cette toxicité pourrait s'expliquer par la présence de bactéries (du genre *Pseudomonas*) qui vivent en symbiose sur la peau du tétraodon.

Enfin, bien sûr, des intoxications peuvent apparaître après absorption de poissons qui, à la suite de pollutions industrielles, ont accumulé, par exemple, du mercure dans leur chair. Nous avons déjà abordé le problème.

Les animaux de la terre

Les morsures de serpent, les piqûres d'insectes ne sont pas des causes d'intoxications alimentaires, sauf si l'on suce une plaie, puis avale le produit et que, comble de malchance, on a un ulcère.

Il est bien connu que divers troubles neurologiques, psychiatriques et végétatifs, caractérisent les intoxications par la ciguë, l'ellébore, la belladone. La ciguë, plante proche de l'anis, peut être ingérée par certains animaux pour lesquels elle est sans danger, mais qu'elle rend toxiques pour l'homme. Ce sont les cailles empoisonneuses de nos contes et histoires régionales; les manger donne une maladie qui s'appelle le coturnisme, et présente des analogies avec le favisme. La maladie est caractérisée par une jaunisse, une fatigue, des troubles digestifs et de la fièvre. Elle peut entraîner la mort par anémie ou insuffisance rénale. Du point de vue épidémiologique, le coturnisme se trouve localisé dans le bassin méditerranéen, comme le favisme qui s'observe chez certains individus prédisposés par un déficit enzymatique héréditaire du globule rouge. Dans cette région on retrouve à la fois une fréquence élevée du déficit génétique et une présence de plantes contenant des toxiques analogues à ceux des fèves.

Les microbes

Le botulisme est dû à l'ingestion d'aliments contaminés par une bactérie anaérobie *(Clostidium botulinum)* productrice de neurotoxines, dont certaines bloquent la transmission de l'influx nerveux et la libération de neurotransmetteurs. Le tableau clinique débute par des troubles de l'accommodation de l'œil (difficulté à voir de près et de loin).

La neurotoxine botulinique est sécrétée sous la forme d'une longue chaîne polypeptidique; il s'agit en fait d'une protoxine, inactive, qu'une coupure transforme en forme active. La neurotoxine se fixe sur la membrane d'un neurone qui fonctionne à l'acétylcholine, au niveau d'un récepteur (riche en gangliosides, des molécules très complexes, appelées glycolipides car formées à la fois de sucres et de lipides. Ces molécules sont les cartes d'identité des membranes cellulaires, les exemples en sont les groupes sanguins). A ce stade, le fonctionnement du neurone n'est pas encore perturbé, la toxicité ne se manifestant qu'à la suite du passage à l'intérieur de la cellule du couple neurotoxine-récepteur. La neurotoxine botulinique inhibe la libération d'acétylcholine au niveau de la jonction neuromusculaire par un mécanisme qui demeure encore au stade des hypothèses : certains ont proposé l'intervention des ions calcium, d'autres ont suggéré un rôle enzymatique de la neurotoxine.

Les pesticides

Le terme pesticide dérive du mot anglais « pest » qui désigne tous les organismes susceptibles d'être nuisibles à l'homme et à son environnement. Ce sont des substances chimiques, naturelles ou de synthèse, utilisées en agriculture pour contrôler les différentes sortes de « nuisibles », à l'exception des produits à usage vétérinaire. Certains sont neurotoxiques, mais, il est vrai, à très fortes doses! Leurs résidus, dans les aliments, sont pratiquement toujours négligeables, sauf accident. En revanche, ils présentent un risque certain pour les agriculteurs qui en manipulent des quantités importantes. Certains organo-phosphorés sont des gaz de combat. D'autres, des herbicides et des insecticides qui peuvent être des grenades à retardement, démolissant insidieusement le système nerveux, comme l'a montré dans mon laboratoire Étienne Fournier.

Dépression et suicide des neurones :
alimentation et neurotoxiques endogènes

Des molécules normales, présentes à l'état physiologique, élaborées par le métabolisme cellulaire, peuvent cependant être neurotoxiques lorsque leur concentration s'élève en raison d'un processus pathologique. Leur accumulation est due à des erreurs innées, héréditaires, du métabolisme.

Ces dernières voient leur expression clinique *in utero* modulée par l'environnement maternel. Dans certains cas, en effet les déficiences de l'enfant sont d'abord annulées par le fonctionnement normal de la mère, de sorte que l'enfant peut se développer normalement avant la naissance. Les manifestations cliniques ne s'expriment donc qu'après celle-ci.

Ce phénomène est observé dans les maladies par « intoxication » dont le type même est la phénylcétonurie. Dans cette maladie, l'absence congénitale d'une enzyme (la phénylalanine hydroxylase, qui transforme la phénylalanine en tyrosine), a comme conséquence une accumulation de phénylalanine, qui s'installe dès les premières tétées. La forte concentration en cet acide aminé est préjudiciable au développement du système nerveux du nouveau-né, un régime diététique pauvre en phénylalanine doit donc rapidement être institué, sinon l'arriération mentale s'installe.

Mais dans certains cas, c'est la mère qui est porteuse d'une erreur innée du métabolisme susceptible d'interférer avec le développement de l'embryon puis du fœtus dont l'équipement enzymatique par ailleurs normal est néanmoins insuffisant pour faire face aux conséquences de l'anomalie maternelle. Le type en est la phénylcétonurie maternelle de la femme enceinte.

Dans d'autres enfin, l'équipement enzymatique maternel est inefficace pour éviter que le développement cérébral de l'embryon ne soit perturbé.

L'alcool

L'alcool, qu'en dire? Du mal! Mais certes pas d'anathème à l'égard du bon vin. Il aiguise et affine la joie du repas. Une étude a même montré que l'alcool, qui fluidifie les membranes des cellules, des neurones, rend plus sensible aux odeurs... Si le premier verre alcoolise, il le faut, pour que le deuxième ait un merveilleux bouquet et nous satisfasse... Le vin est, dit la tradition, un stimulant qui permettrait de répondre aux appétits psychiques et affectifs de l'humanité depuis qu'elle existe. Paul Bocuse, un connaisseur, un esthète, dit que le vin contente parfaitement les cinq sens : la vue par sa couleur, l'odorat par son bouquet, le toucher par sa fraîcheur, le goût par sa vapeur, et l'ouïe quand il remplit notre verre.

L'alcool a fait couler beaucoup... d'encre. Les médecins, ceux qui s'occupent du corps, ceux qui se penchent sur l'esprit, ceux qui se préoccupent de l'âme, les sociologues, les historiens et les philosophes, les linguistes et les légistes, les toxicologues, les épidémiologistes, tous ont écrit, répété, jugé, excusé, pardonné, condamné.

Le même œcuménisme d'une efficacité discutable touche les disciplines de la neurobiologie. Chacune a trouvé que son clocher était perturbé, parfois amélioré, toujours changé, par l'alcool. Certains voudraient y voir un aliment, d'autres un violent toxique. Plus que jamais, c'est la dose qui fait le poison.

Mais l'alcool reste une drogue – utilisée en autothérapie, physique ou comportementale, depuis des millénaires – que de nombreuses sociétés tolèrent, et dont de nombreux gouvernements vivent, au moins partiellement. Charles Peguy ne disait-il pas que deux grands partis, mais deux grands partis vrais et sincères, profonds et réels gouvernent la France : les bouilleurs de cru et les antibouilleurs. Les forcenés de l'alambic, les Stakhanov de la distillation ont toujours été redoutables depuis les temps les plus anciens : la Bible contient deux cents allusions à la vigne et aux vins. Elles ne sont pas toutes négatives.

Les effets de l'alcool sont imprévisibles. Il touche tous les organes avec une intensité qui est propre à chaque buveur. Il est dangereux, car il affaiblit celui qui en abuse et peut même le pousser à des actes, dits répréhensibles, quand on manipule l'euphémisme. La loi fixe une limite pour le degré d'alcool dans le sang : malgré cela un accident mortel sur deux en voiture est dû au dépassement de cette limite, mais aussi plus de la moitié des accidentés de la vie courante, au travail, en vacances, en tondant la pelouse ou en peignant les volets. La faute « à pas de chance » et le hasard ont bon dos, c'est l'alcool le criminel. Le permis de conduire arrosé se transforme en un permis de port d'arme chargée et déréglée. Le prétoire, le législateur et le parlementaire l'oublient trop souvent. L'ignorent aussi, avec une hypocrisie forcenée, les publicitaires, comme les producteurs d'alcool : ils vendent un produit, ils ne veulent pas se faire reprocher l'usage que le public en fait.

Bacchus ou Dionysos ont ruiné des santés, des vies, des familles. Mais comme le remarque Jean-Charles Sournia, au milieu d'un univers en mouvement où tout est réglé par l'électronique, où les communications sont immédiates, on est frappé par la survivance de comportements et d'adorations archaïques, qui ont fait preuve de leur inutilité et de leur danger.

Les générations ignorent les déceptions des ancêtres, comme si l'information circulait beaucoup mieux dans l'espace que dans le temps.

Assez curieusement la pathologie liée à l'alcool n'est connue que depuis peu, tant les producteurs zélés et les consommateurs masochistes et joyeux en ont nié les effets délétères. Pour les attribuer jusqu'à l'eau qui dilue et pollue le précieux liquide. Et pourtant, la liste des malheurs provoqués par l'alcool est apocalyptique !

Les concepts d'alcoolisation aiguë et chronique, de quantification de la consommation d'alcool, la distinction entre la dépendance physique et la dépendance psychologique sont admis depuis peu. Dans le même ordre d'idée, la distinction entre les conséquences organiques de l'alcoolisation chronique et la dépendance n'a été discernée que récemment.

Comme d'ailleurs beaucoup d'anesthésiques, il exerce un effet qui dépend de sa quantité. A faible dose, il est euphorisant, il stimule les facultés intellectuelles, paraît-il. A forte dose, au-delà d'un seuil qui varie d'un individu à l'autre, il produit un effet dépresseur et devient toxique. Mais l'analyse, la compréhension de ses effets est extraordinairement difficile, car aucun animal, sauf le chimpanzé, n'accepte de boire spontanément de l'alcool, sous quelque forme que ce soit. Tout au plus, existe-t-il des souches de souris et de rats qui acceptent de boire un peu, mais il faut toujours faire appel à des artifices pour administrer de l'alcool à des animaux (injection intraveineuse, intragastrique, maintien dans une atmosphère saturée de vapeurs d'alcool). On est donc loin de la consommation spontanée de l'homme. Ce privilège est-il dû à son volumineux cortex cérébral qui sait apprécier les plaisirs d'un grand cru, se donner du cœur à l'ouvrage, supporter un entourage repoussant? Ou bien oublier?

En fait l'alcool est redoutable parce qu'il provoque tolérance et dépendance. La première pousse à ingérer des doses croissantes, pour produire les mêmes effets. La seconde rend esclave. Elle est physique : arrêter de boire donne parfois le redoutable syndrome de sevrage, avec son cortège d'inénarrables douleurs physiques. Mais la dépendance est aussi psychologique, un mystère pour le médecin et le chercheur. Quel est le moteur qui pousse celui-là à boire peu, avec constance, tel autre à se transformer en éponge, avec une égale énergie? Bien curieusement, lors de la dépendance psychique, arrêter de boire ne donne pas alors obligatoirement de syndrome de sevrage. L'alcoolo-dépendance physique est bien reproduite chez l'animal, mais pour l'alcoolo-dépendance psychologique, il s'agit d'une autre paire de manches!

Les données les plus récentes, en particulier celles obtenues dans mon laboratoire par Françoise Beaugé, suggèrent que la dépendance est liée aux modifications physico-chimiques des membranes, en particulier de celles de neurones et de leurs terminaisons, les synapses. L'alcool les fluidifie et les rend donc inutilement souples. Chez l'alcoolique, un mécanisme adaptatif apparaît, et les membranes deviennent plus rigides à mesure que la quantité d'alcool absorbée augmente. Ainsi, elles s'adaptent pour redevenir à peu près normales sous alcoolisation. Sans alcool, l'ivrogne se sent alors mal car ses membranes sont anormalement rigides. Il lui faut les fluidifier pour les ramener à un état normal,... et donc boire.

L'alcool touche donc d'abord la membrane de la cellule. Non seulement il la fluidifie, mais il la désorganise, altère ses canaux ioniques, et donc bouleverse la conduction nerveuse et la transmission de l'information dans le cerveau. Toutefois, la fluidité des membranes dépend pour une large part de leur contenu en cholestérol, et surtout d'acides gras qui dérivent de ceux qu'on retrouve dans l'alimentation. Il est donc légitime de penser que l'on pourrait moduler les effets de l'alcool en jouant sur les lipides que nous mangeons. Certains prétendent même que les Bretons sont plus résistants à l'alcool, car ils consomment plus de poisson, source importante d'acides gras!

Mais l'alcool affecte aussi les neuropeptides, molécules servant de neurotransmetteurs, qui jouent un rôle central dans tous les mécanismes régulateurs de la faim, de la soif, du sommeil, et plus généralement du comportement et de la douleur. On comprend donc l'ampleur de ses effets. D'abord, l'homme prend un verre, puis progressivement, le verre prend l'homme. Du rêve au cauchemar!

Des criminels doucereux
aux armes grasses et sucrées

Les croisades en faveur d'une alimentation plus saine sont innombrables, qui ont pour cibles la pollution, les contaminants, les additifs. Mais la toxicité de ces derniers est ridiculement faible à côté de quelques grands criminels de la santé et de la culture du monde alimentaire. Les « fast-food » et certaines boissons délivrées par des distributeurs automatiques ont rendu obèses des millions de gens, en ont fait mourir prématurément par maladie cardiovasculaire d'autres millions. Combien de cimetières ont-ils rendu bossus, en flattant, en avilissant, en exagérant le penchant naturel pour le sucre et pour le gras? Les producteurs se déclarent irresponsables, avec leurs publicitaires, de l'usage qui est fait de leur chimie prétendument alimentaire. En plus, ils étouffent les traditions, qui sont, je le rappelle, les réformes qui ont réussi, la culture, et peut-être l'organisation sociale. Inscrivez, Greffier...

Si l'on n'est plus capable que d'apprécier seulement le sucré excessif des crèmes glacées, le gras salé des chips, la chimie insipide du pain trop blanc, lorsque l'on n'est plus apte à goûter l'amer, le fromage bien fait, le poisson relevé, les choux de Bruxelles et le petit salé, on est prêt à subir tous les conditionnements intellectuels et physiques. On n'est sûrement plus un homme libre.

X

Les lipides : l'âme des membranes, les piliers du palais

Tout le long et pénible travail accompli par les humains depuis le néolithique pour domestiquer plantes et bétail nous permet aujourd'hui de disposer de richesses que nous pouvons savourer. A la satisfaction physique de la faim peut désormais s'ajouter le plaisir plus intellectuel de la gourmandise. Mais dans l'alimentation, avant même que la cuisine sophistiquée ne vienne la perfectionner à l'infini, les graisses occupaient une place importante. Si souvent décriés aujourd'hui, et bien à tort, les lipides furent ainsi pendant des millénaires particulièrement recherchés. Le chasseur de la préhistoire n'avait pu manquer de remarquer que la graisse qui coulait du gibier en train de rôtir enflammait et illuminait le bois. Il sut ainsi assurer son éclairage, tout comme il apprit à mêler de la graisse à la cendre pour nettoyer ses outils, ses vêtements, sa peau. Mais surtout, nos ancêtres comprirent bien vite que les lipides constituent la forme la plus concentrée d'énergie, grâce, en termes modernes, aux acides gras. Accompagnés par les vitamines, indispensables à la vie, ils donnent son agrément, sa plénitude, au repas grâce aux plaisirs sensoriels qu'ils procurent et aux propriétés culinaires qu'ils possèdent. Le soja, le maïs et l'olive ont ainsi eu leurs traditions, leurs dieux et leurs rites, depuis des temps très anciens, en Chine, en Amérique du Sud ou sur les rives de la Méditerranée, tout comme l'œillette, cet ancêtre du colza, qui a sauvé le Moyen Age européen. Le colza est sans doute l'avenir du XXIe siècle. Il fallut toutefois attendre les années 1880 pour qu'un chimiste tourangeau,

Eugène Chevreul, décrive enfin la nature des lipides, sans lesquels les membranes cellulaires – et donc la vie – seraient impossibles. Il vécut d'ailleurs cent trois ans. Il faut croire que les lipides, judicieusement choisis pour l'alimentation et étudiés avec talent, conservent...

La pérennité de la vie repose sur la bonne coordination de mécanismes très complexes, parmi lesquels le contrôle de l'action, assuré par le système nerveux, et la distribution des nutriments aux organes, assumée par le système vasculaire. Tous deux dépendent en fait des lipides, tout particulièrement le système nerveux. Plus de la moitié de sa matière déshydratée en est en effet constituée. La concentration en lipides dans le système nerveux vient juste après celle du tissu adipeux. Il est donc indispensable d'assurer aux cellules, au cours de leur différenciation, de leur multiplication et de leur existence, l'apport lipidique qui convient. C'est vrai pour tout le corps, mais surtout pour le cerveau, qu'il faut également approvisionner à point nommé, puisque l'horloge biologique de son élaboration est très précise. Aucun artifice ne peut précipiter le développement de ses structures, et aucune compensation corriger après coup les effets d'une carence sur son élaboration progressive.

Dans la cellule, c'est la membrane qui confère l'individualité et qui supporte un grand nombre d'activités physiologiques essentielles comme, par exemple, la transmission nerveuse, base du fonctionnement neuronal et des interactions avec les autres cellules. Or, la membrane est composée d'un double film d'huile, de lipides, toujours les mêmes dans le règne végétal ou animal, mais en proportion différente, sur lequel se trouvent des protéines. Une anomalie lipidique altérera donc le fonctionnement des membranes, les rendra plus fragiles et plus sensibles aux agressions.

Selon leur degré de complexité, les lipides se rangent en trois catégories : des molécules élémentaires d'abord, d'autres, dites simples, formées de deux – ou plusieurs – molécules élémentaires, et enfin des lipides complexes composés de plusieurs molécules simples et qui, outre de l'oxygène, de l'hydrogène et du carbone, contiennent du phosphore, de l'azote ou du soufre.

Parmi les lipides élémentaires, on trouve surtout le cholestérol. Il est présent en quantité importante dans les membranes nerveuses, en particulier dans la myéline (où, comme Claude Cassagne et moi-même l'avons remarqué, il côtoie les alcanes, molécules spécifiques du pétrole). Pour les diététiciens, il est chargé de tous les maux. C'est le bouc émissaire, l'empêcheur de bien manger en rond. Or, sans lui, pas de membranes. Il contrôle leur fluidité. Leurs propriétés peuvent être annihilées par une augmentation de leur contenu en cholestérol. Mais à l'inverse, il a été prouvé que l'inhibition de sa synthèse peut perturber le fonctionnement cérébral. Ce qui est gagné pour le cœur, est alors perdu pour le cerveau qui devient plus fragile si le médicament qui empêche la synthèse passe la barrière hémato-encéphalique. Donc, point d'excommunication à l'encontre du cholestérol cérébral.

Les lipides élémentaires sont principalement représentés par les triglycérides, molécules formées d'acides gras et de glycérol qui, presque absentes du système nerveux, constituent les réserves souvent disgracieuses du tissu adipeux. Le cerveau est donc dépourvu de réserves lipidiques. D'autres lipides simples, les esters du cholestérol apparaissent au cours de son développement normal. Leur augmentation est en fait un signe de dégénérescence et même de destruction du système nerveux.

Les lipides complexes (phospholipides et sphingolipides principalement) renferment des acides gras qui constituent le squelette de la membrane cellulaire et qui, pour plus d'un tiers, sont directement issus de l'alimentation. Quand on sait qu'un neurone ou un oligodendrocyte qui cesse d'exister n'est pas remplacé, on voit l'importance de l'apport alimentaire en acides gras.

Dans le cerveau, les lipides complexes contiennent deux types d'acides gras que j'ai étudiés avec Serge Pollet, Marion Jouas et Odile Dumont. Les premiers sont appelés saturés et monoinsaturés. Ce sont des chaînes moléculaires qui contiennent de seize à vingt-huit atomes de carbone. Le cerveau les synthétise lui-même pour la plupart, mais certains, comme Olivier Morand et moi-même l'avons découvert, ont une origine sanguine. Les acides sériques peuvent également venir du foie ou de l'alimentation, comme c'est le cas de l'acide lignocérique : nous devons en consommer puisque la synthèse cérébrale, comme celle du reste de l'organisme, ne suffit pas. Les acides polyinsaturés, proviennent, quant à eux, exclusivement de l'alimentation : ce sont principalement les acides linoléique et alpha-linolénique.

En fait, les acides gras polyinsaturés, présents dans les membranes ont généralement vingt et vingt-deux atomes de carbone avec, respectivement, quatre et six insaturations. Ils sont en principe élaborés par les mammifères, y compris l'homme, obligatoirement à partir de deux acides essentiels qui proviennent exclusivement de la nutrition : les acides linoléique et alpha-linolénique, leur mélange s'appelait la vitamine F. Le premier possède dix-huit atomes de carbone, et deux insaturations. Il est le premier maillon d'une série d'acides gras, plus insaturés, et de chaînes carbonées plus longues. C'est la famille linoléique. Les principaux sont les acides arachidonique (vingt atomes de carbone) et adrénique (vingt-deux atomes de carbone). L'acide alpha-linolénique, deuxième acide gras essentiel, possède aussi dix-huit atomes de carbone mais trois insaturations. Il est à l'origine de la famille alpha-linolénique, dont le principal représentant est l'acide cervonique (qui comporte vingt-deux atomes de carbone et six insaturations). Les mammifères sont totalement incapables de transformer l'acide linoléique en acide alpha-linolénique. Ils doivent donc se les procurer impérativement tous les deux.

Dès 1929, des expériences sur des animaux qui présentaient des carences en acides gras ont mis en évidence des symptômes fâcheux (troubles cardiaques et circulatoires, peau très abîmée et inefficace, mauvaise cicatrisation des plaies, stérilité, troubles cardio-vasculaires, assèchement des conduits lacrymaux et tarissement des glandes salivaires, défaillance de la fonction immunitaire, mais aussi perturbation dans le développement du cerveau). Si ces carences duraient, c'était la mort. L'importance alimentaire des acides gras polyinsaturés est donc reconnue depuis un demi-siècle. Une pathologie de carence a même été mise en évidence chez le singe et l'homme, en particulier pour l'acide alpha-linolénique. Les traitements industriels trop intenses ou mal menés (ce qui est, fort heureusement, extraordinairement rare sous nos climats gaulois) peuvent faire disparaître cet acide et ses dérivés, engendrant un syndrome caractéristique des sociétés modernes (dû à l'absorption d'aliments peu variés et pauvres en acide alpha-linolénique), en particulier les États-Unis, où sévissent les « fast-foods ». Mais des carences peuvent également apparaître chez tous ceux, enfants mais surtout vieillards, qui sont soumis à un régime artificiel ou chez les opérés, dont les besoins sont plus importants.

Dans le cerveau, plus du tiers des acides gras sont polyinsaturés. Ils viennent donc directement des acides gras essentiels de l'alimentation. Un tiers de la structure lipidique des membranes neuronales dérive donc de l'alimentation. C'est pourquoi une carence alimentaire des deux acides gras essentiels altère très gravement le cours du développement cérébral, période où le besoin est particulièrement important. Le système nerveux tente bien de compenser ce déficit en trouvant des substituts, mais ceux-ci sont insuffisants, et des anomalies commencent à apparaître dans le fonctionnement du cerveau, car le déséquilibre de la teneur en acides gras dans les membranes du cerveau perturbe leur fonctionnement. La relation est en effet directe entre les acides gras polyinsaturés et le fonctionnement biochimique et physiologique des membranes dont ils contrôlent la composition et la fluidité, donc l'activité. Les besoins en acides linoléique et alpha-linolénique sont particulièrement importants lors de la période néonatale. Bien plus, les longues chaînes qui en dérivent ne sont pratiquement pas synthétisées par le cerveau lui-même. Elles ne sont pas non plus produites et transférées par le placenta, avant la naissance. C'est donc l'alimentation qui les apporte. Le lait humain contient ainsi des quantités appréciables d'acide alpha-linolénique, mais aussi de son dérivé, l'acide cervonique. Ce n'est hélas pas toujours le cas des laits artificiels. Ils risquent donc d'engendrer des carences particulièrement préjudiciables au nouveau-né.

De même, celui-ci, s'il est prématuré, ne possède que peu de tissu adipeux. Ses réserves sont donc tout juste suffisantes pour fournir à son organisme les acides gras polyinsaturés nécessaires pendant trois à quatre jours. A supposer que ces stocks soient tous employés par le cerveau seul, ils peuvent assurer son développement pendant soixante jours pour ce qui est de l'acide linoléique et seulement treize pour l'acide alpha-linolénique. On voit donc que tous ceux qui ont reçu des laits artificiels inadaptés, c'est-à-dire toute une génération, ont probablement perdu quelques points de quotient intellectuel! D'une manière générale, les études sur des modèles animaux montrent que le déséquilibre entre acides saturés, mono-insaturés et polyinsaturés est responsable d'anomalies des membranes neuronales, qui sont sûrement à l'origine chez l'homme également de troubles intellectuels et comportementaux.

Si, comme on vient de le voir, ces précieux lipides peuvent être toxiques par défaut, ils peuvent l'être également par excès, tout le monde ne le sait que trop bien. Leurs dérivés, en particulier oxydés, sont redoutables. Si le système nerveux contient d'importantes quantités d'acides gras polyinsaturés, il est en effet grand consommateur d'oxygène. L'interaction entre eux devrait logiquement donner naissance à des radicaux libres dont la toxicité est bien connue. Or, ce n'est pas le cas. Des mécanismes complexes qui nous sont encore inconnus, nous en protègent donc, tout comme ils nous préservent des effets toxiques de certains médicaments et du vieillissement. On peut toutefois noter que des acides gras peroxydés présents dans l'alimentation, dans les bains de friture (trop chauffés, trop utilisés et malmenés), les chips ou les beignets par exemple, peuvent être captés par le cerveau et perturber son fonctionnement. Quoi qu'il en soit, comme on l'a vu, c'est avant tout l'apport équilibré et convenable en acides gras qui défend le cerveau contre les agressions toxiques, immunologiques et virales et qui empêche un vieillissement prématuré. La barrière hémato-encéphalique joue sûrement à cet égard un rôle privilégié.

Un seul acide vous manque et tout est dépeuplé

Les effets d'une carence en acide alpha-linolénique sur la composition et l'architecture des membranes sont dévastateurs. Les dérivés de cet acide ont en effet un rôle privilégié dans toutes les membranes et surtout dans le système nerveux : toutes les cellules et les organites en sont extrêmement riches. Chez l'animal, par exemple, j'ai trouvé, avec Odile Dumont et Georges Durand, qu'une carence alimentaire en acide alpha-linolénique provoque des perturbations qui mettent parfois plusieurs mois à disparaître une fois les besoins normaux de nouveau satisfaits. Bien que le cerveau puisse être considéré comme l'organe le mieux protégé du corps, face à une carence de ce type, les membranes cérébrales, comme les autres, sont démunies.

C'est ainsi que l'enzyme sans doute la plus importante pour

l'organisme, la Na-K-ATPase, se trouve diminuée de moitié dans les terminaisons nerveuses des animaux carencés en acide alpha-linolénique. Or, cette enzyme qui contrôle les transports ioniques lors de la transmission nerveuse, consomme près de la moitié de l'énergie utilisée par le cerveau et donc près d'un dizième de celle du corps tout entier. Nul doute que ses perturbations viennent troubler les conductions nerveuses et altérer les paramètres électrophysiologiques, comme semblent l'indiquer les électrorétinogrammes. En effet, la rétine, qui est une partie du système nerveux central, est riche en acides gras polyinsaturés, en particulier en acide cervonique, comme l'a montré Nicolas Bazan. On peut ainsi constater chez des rats carencés de quatre semaines (l'équivalent de sept ans pour un humain) des modifications dramatiques de l'électrorétinogramme qui révèlent une efficacité oculaire diminuée. Il leur faut dix fois plus de lumière pour réagir! Heureusement l'œil, avec l'âge et si l'anomalie biochimique persiste, semble s'adapter.

Si une pénurie combinée en acides linoléique et alpha-linolénique risque d'entraîner la mort, une carence de l'un d'eux seulement a des effets moins meurtriers. Elle peut toutefois troubler les apprentissages, comme le montre le test dit de la « shuttle box » qui a pour but de les mesurer, presque toujours sur des rats. Une cage est divisée en deux compartiments reliés par un orifice. L'un d'eux est constitué d'un plancher électrifié et peut être éclairé par une ampoule. Dix secondes après le signal lumineux, le courant est envoyé. A raison de deux éclairements et décharges par minute. L'animal est d'autant mieux conditionné qu'il passe dans le compartiment qui n'est pas électrifié. On dispose ainsi de trois mesures : le nombre de refus de passage, celui des passages avec choc et le taux de passages sans choc. L'animal qui s'obstine à ne pas s'échapper malgré le courant est franchement stupide. Celui qui fuit au signal lumineux, mais reçoit malgré tout le choc électrique est lent à comprendre. Celui qui parvient à éviter le choc est le plus futé. A la première séance de tests, il apparaît que les animaux nourris avec de l'acide alpha-linolénique font plus rapidement l'association entre le stimulus lumineux et le choc électrique : ils évitent en moyenne sept chocs sur trente alors que les rats carencés n'en évitent que deux. L'absence de passage est très supérieure chez les animaux carencés. Mais ces différences s'estompent ensuite et disparaissent au bout de quatre séances. Les plus obtus finissent par comprendre! Phénomène curieux, les sujets carencés, une fois qu'ils ont compris, ont beaucoup de mal à « désapprendre » : si on modifie le test en envoyant cette fois le courant non pas dans le compartiment où se trouve la lumière mais dans l'autre, les rats non carencés, une fois encore, mettront le moins de temps à saisir, tandis que les autres se précipiteront avec une obstination têtue... vers le choc. Des tests complémentaires de motricité et de reconnaissance d'espace montrent que ce ne sont pas les capacités oculaires qui sont en cause, non plus qu'une moindre sensibilité à la douleur, mais bel et bien la capacité d'apprentissage.

A l'inverse, une alimentation riche en acide alpha-linolénique confère une plus grande résistance face aux toxiques. On peut ainsi diminuer les effets fluidifiants de l'alcool. Des huiles judicieusement choisies, remèdes contre l'alcool?

Où sont les lipides indispensables au cerveau?

Restons modeste. L'homme plus qu'un roseau pensant, est un mammifère pensant. Les compositions biochimiques des mêmes régions cérébrales chez l'homme et la souris sont pratiquement identiques. Compte tenu de leur poids métabolique relatif, de leur vitesse de développement et du rapport propre à chacun entre poids cérébral et poids corporel, les résultats expérimentaux obtenus sur la souris ou le rat sont donc nécessairement valables pour l'homme. On peut ainsi démontrer, comme je l'ai fait avec Georges Durand, que chaque jour, pour avoir un cerveau bien huilé, il nous faut absorber deux grammes d'acide alpha-linolénique et dix grammes d'acide linoléique. A vos huiles, à vos graisses!

L'équilibre des huiles végétales

Les matières grasses végétales sont issues de fruits comme l'olive, la palme dont l'amande donne l'huile de palmiste, la noix de coco dont la pulpe donne le coprah, l'amande ou la noix, mais aussi des

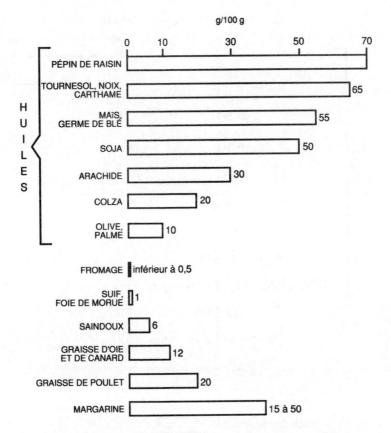

g/100 g

PÉPIN DE RAISIN	
TOURNESOL, NOIX, CARTHAME	65
MAÏS, GERME DE BLÉ	55
SOJA	50
ARACHIDE	30
COLZA	20
OLIVE, PALME	10
FROMAGE	inférieur à 0,5
SUIF, FOIE DE MORUE	1
SAINDOUX	6
GRAISSE D'OIE ET DE CANARD	12
GRAISSE DE POULET	20
MARGARINE	15 à 50

HUILES

ACIDE GRAS ESSENTIEL : ACIDE LINOLÉIQUE

graines, comme l'arachide, le colza, le maïs, le tournesol ou encore le coton, le carthame et les pépins de raisin.

Les tables donnent en général, pour les principales huiles, une teneur en acides gras qui est moyenne, mais des différences importantes peuvent être constatées suivant les variétés et les régions, par exemple entre les huiles d'olive de France, d'Espagne ou d'Italie, ou entre les huiles d'arachide d'Afrique ou d'Amérique. Leur composition en acides gras permet toutefois de distinguer quatre familles de corps gras végétaux suivant qu'il s'agit d'acides à chaînes courtes, d'acide oléique, d'acide linoléique ou d'acide alpha-linolénique. Les premiers se trouvent essentiellement dans les huiles de coprah et de palmiste. Les huiles d'arachide, de colza et d'olive

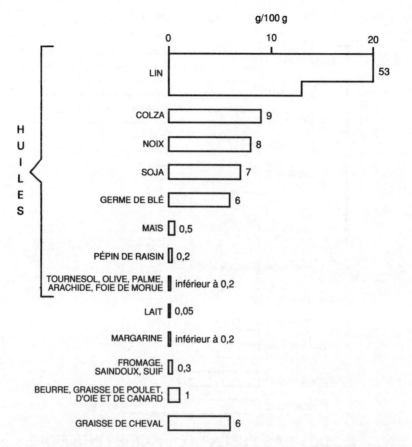

g/100 g

LIN	53
COLZA	9
NOIX	8
SOJA	7
GERME DE BLÉ	6
MAÏS	0,5
PÉPIN DE RAISIN	0,2
TOURNESOL, OLIVE, PALME, ARACHIDE, FOIE DE MORUE	inférieur à 0,2
LAIT	0,05
MARGARINE	inférieur à 0,2
FROMAGE, SAINDOUX, SUIF	0,3
BEURRE, GRAISSE DE POULET, D'OIE ET DE CANARD	1
GRAISSE DE CHEVAL	6

ACIDE GRAS ESSENTIEL : ACIDE ALPHA-LINOLÉNIQUE

contiennent les deuxièmes, mais aussi les troisièmes dans les huiles de tournesol, de maïs, et de pépins de raisin. Les huiles de colza et de soja sont pratiquement les seules à apporter de l'acide alpha-linolénique. Elles sont donc particulièrement conseillées puisqu'elles contiennent l'une et l'autre les deux acides essentiels, mais le gourmet peut avantageusement les remplacer par l'huile de noix, et l'écologiste par celle de germe de blé.

Mais sans doute, plus que de n'importe quelle huile, toujours ou alternativement, vaut-il mieux user d'un mélange. La variété en une seule fois, en quelque sorte. Chacune a son charme, son goût subtil, ses thuriféraires et ses détracteurs, sa puissance médicinale supposée et son pouvoir biologique réel ou imaginaire. Mais une seule ne peut avoir toutes les qualités. Il faut de l'acide alpha-linolénique, mais pas trop. Le soja est là, mais pas tout seul. Il faut de l'acide linoléique, mais pas en excès : donc le tournesol, mais dilué. Pour l'acide oléique, peut-être l'oléisol, un nouveau tournesol qui en contient autant que le colza ou l'olive. Pourquoi donc ne pas choisir l'huile de carthame où de pépin de raisin pour fournir une personnalité? Après tout, le mélange est peut-être la solution... C'est sans doute ainsi qu'ont été élaborés les derniers-nés de Lesieur, « équilibre 4 » et « isio 4 », une révolution... A votre huile!

Les huiles animales : la santé souvent, le pire parfois

Les graisses de viande

Le meilleur moyen de faire du muscle, c'est de déguster de la viande. Et pour le cerveau? Il faut manger de la cervelle. La tradition qui recommandait d'en donner comme premier repas solide au bébé repose sans doute sur une certaine sagesse biochimique. Le fameux mythe consubstantialiste est étayé par le fait que seule la cervelle (de bœuf, de porc ou de mouton par exemple) apporte au cerveau humain en construction une juste proportion des acides aminés dont il a besoin pour élaborer ses protéines, ainsi que les lipides et leurs acides gras essentiels nécessaires pour construire les membranes cellulaires. Le muscle, la viande, les abats (cerveau, foie, rognon et d'autres organes pour les amateurs éclairés, comme le ris de veau ou le rognon blanc par exemple) sont excellents. Mais la viande est plus ou moins entrelardée, le foie plus ou moins gras. Délices du palais, inquiétudes pour les artères! Beaucoup trop de graisses saturées avec le mouton, toujours trop dans le veau et le bœuf, trop dans le cheval. Mais pourquoi donc ces acides gras saturés sont-ils néfastes? Car s'ils ne sont pas brûlés par les muscles pour faire de l'énergie, ils s'accumulent dans le tissu adipeux – souffrance esthétique – et sont transformés en cholestérol, destruction et douleur de nos artères. Les acides gras polyinsaturés, eux, luttent au contraire contre ces phénomènes. Frères ennemis?

Diverses graisses animales sont vendues pures. De production artisanale ou industrielle, la plus utilisée pour la cuisine ou certaines conserves est la graisse de porc, ou saindoux. Le terme « saindoux pure panne » est réservé à la graisse sous-cutanée, exclusivement la panne de porc. Les graisses de bœuf, dont les meilleures portent parfois le nom de « premier jus », sont encore produites par les bouchers. Leur emploi est limité à la friture et à certaines industries alimentaires. Produits le plus souvent artisanaux, les graisses de veau, de volailles et surtout d'oie bénéficient d'une solide réputation gastronomique. Leur emploi limité à certaines régions et à certains plats est peu répandu. Leur intérêt culinaire, lui, est considérable.

Le beurre et le fromage

Le lait et ses précieux nutriments, nul ne les conteste. Il n'en est pas de même de ses dérivés, désormais objets d'une attention particulière, voire, dans le cas du beurre d'une réprobation, en grande partie imméritée. Le raffinement de Fontenelle est moins connu que ses talents littéraires. Il n'en vécut pas moins centenaire, malgré un goût prononcé pour les asperges au beurre. Même si, fort heureusement, on redécouvre aujourd'hui ce qu'une récente publicité a appelé « un coulis de vitamines », il n'en a pas moins un défaut d'importance : celui de contenir de grandes quantités d'acides gras saturés. Mais certains préfèrent mourir à force de tartines beurrées que périr d'ennui en chipotant avec les allégés. Ont-ils vraiment tort ?

Quant au fromage, inutile d'en faire l'apologie. Un repas sans fromage est une belle à qui il manque un œil. Certes ils sont gras, mais leurs lipides sont peu absorbés par l'intestin, car, privilège de la gastronomie, leurs acides gras saturés forment avec le calcium présent dans le fromage des sels insolubles.

Les margarines et les graisses émulsifiables

Inventée en 1869 par Mège-Mouriès, la margarine était préparée à l'origine avec des graisses animales émulsionnées avec de l'eau et du lait ou de la crème. Par la suite, certaines graisses végétales, issue du coprah, de la palme ou du palmiste, ont pris une place de plus en plus grande. Aujourd'hui, on la fabrique parfois avec des matières grasses qui vont des huiles hydrogénées de poisson aux huiles végétales plus ou moins hydrogénées. En fait, actuellement, les margarines sont préparées en réalisant des mélanges d'huiles solides (ou faiblement hydrogénée) et d'huiles très insaturées. Mais il existe différents types de margarine, suivant qu'elles servent à l'usage domestique ou industriel (pour les pâtisseries), certaines sont dites « basses calories » (les pâtes à tartiner). La composition change en fonction des usages, des progrès scientifiques et technologiques, de la législation... qui le plus souvent s'efforce de suivre sans trop de retard. Reconnaissons que l'avènement des margarines riches en acides gras polyinsaturés a sûrement été un fantastique progrès, qui a permis de sauver une multitude d'artères et de cœurs !

Le poisson

Celui-ci fut souvent un symbole de fécondité et de régénération. L'Inde ancienne en avait fait un instrument de la révélation qui permet de renaître de soi-même pour une autre vie. Le Christ lui-même est souvent évoqué comme un pêcheur et les chrétiens utilisaient comme signe de reconnaissance le poisson, parce que les lettres du mot grec pour poisson, *iktus*, sont l'acronyme de *Iesus Kristus Theou Uios Soter*, Jésus l'Oint, Fils de Dieu, Sauveur. Et lorsque le Christ réapparut aux apôtres après sa résurrection, ils Lui proposèrent du poisson grillé et du pain. La tradition arabe, quant à elle, considère de très bon augure un rêve de poisson. Et dans l'Égypte ancienne, les amulettes en forme de poisson étaient particulièrement prisées.

Mais le poisson a souvent symbolisé également la prospérité et la fécondité. En Amérique centrale, on prêtait sa forme au dieu du maïs, sans doute parce qu'elle rappelle celle de l'épi, autre symbole phallique. En Afrique occidentale, la circoncision se dit d'ailleurs parfois « couper le poisson ».

De nos jours, les noms de poissons forment plutôt, en argot, le bottin mondain de la pègre, un chapelet de noms... d'oiseaux. Depuis toujours l'homme a donné aux mets qu'il absorbe des noms évocateurs de délices. Le poisson, chez nous, semble plutôt avoir été mis... au ban.

Les poissons comestibles, par le large éventail d'espèces qu'ils présentent, par la variété des préparations et des transformations auxquelles ils se prêtent et par leur richesse et leur diversité diététique constituent un aliment de choix, trop peu exploité en France.

Leur composition chimique est variée, d'autant plus que leur mode de préparation peut la modifier, suivant qu'ils sont frits, bouillis, au four ou en sauce. De même, les méthodes de conservation leur confèrent non seulement des goûts différents, mais aussi des valeurs nutritives très diverses.

La quantité de lipides présents dans le poisson, excellente source de protéines également, varie selon l'espèce, l'âge, le sexe et la saison. Elle oscille entre 1 à 22 % du poids consommable. On distingue généralement trois groupes : les poissons maigres (moins de 5 %) comme saint-pierre, roussette, raie étoilée, baudroie, perche, sole, truite, merlu ou dorade, les poissons semi-gras (de 5 à 10 %) comme sardine, mulet ou rouget, et enfin les poissons gras (plus de 10 %) comme maquereau, thon, anguille.

Même les plus gras le sont généralement moins que la viande maigre. Car la répartition des lipides est différente de celle des animaux de boucherie. Peu de graisse est contenue sous la peau. Elle est plutôt diffusée dans tout le tissu musculaire. Les poissons ne régulent en effet pas leur température qui est à peu près celle de l'eau dans laquelle ils vivent (contrairement aux mammifères marins qui ont besoin d'une volumineuse protection pour rester chauds, la baleine et le dauphin en sont des exemples). Ils n'ont donc pas besoin d'une couche de lipides pour se protéger contre le froid. Une exception néanmoins, le foie, très riche en huile... pour le plus grand déplaisir de certains.

Les graisses des poissons sont surtout des glycérides, qui contiennent une forte proportion d'acides gras insaturés. Fluides, elles se digèrent bien, mais peuvent facilement rancir. Quant à la teneur en cholestérol, elle est légèrement inférieure à celle des viandes.

Attention toutefois, lors de la cuisson peu de lipides sont perdus, puisqu'ils ne se trouvent pas sous la peau, mais le poisson s'imprègne aisément des graisses de cuisson : la teneur en lipides est parfois multipliée par dix pour la sole, et par vingt pour la morue. Ce processus est évidemment néfaste si, en mangeant du poisson, on veut limiter les effets des graisses saturées. Mieux vaut donc des rougets en papillote que de la raie au beurre noir... De même que penser du haddock frit? Un délice. Mais il perd ses acides gras polyinsaturés et regorge des acides du bain de friture peu recommandables car ils peuvent être saturés, ennemis de nos artères, quand ils ne sont pas oxydés par un chauffage excessif ou trop renouvelé.

Pourtant, l'évangéliste et la tradition, qui recommandaient de faire maigre le vendredi en mangeant du poisson étaient diététiciens. Il est aujourd'hui démontré que du poisson deux fois par semaine diminue considérablement les risques cardio-vasculaires. Laissons-nous tenter, puisque comme le dit le proverbe : « Pour un foie de lotte, l'homme vend sa culotte, et pour la moitié d'une lotte, la femme trousse sa culotte. »

Les huiles ésotériques... un intérêt discutable

L'huile d'onagre est tirée d'une plante, originaire d'Amérique du Nord, qui arriva clandestinement en Angleterre dans des bateaux qui transportaient du coton, mêlée à la terre qui leur servait de ballast. On en voit d'ailleurs encore à proximité des grands ports, Liverpool en particulier. Les Anglais l'appellent poétiquement « primevère du soir », et les Français autrefois « belle de nuit ». Plus couramment, c'est « l'herbe aux ânes ». Sans doute ces derniers sont-ils les seuls à se laisser séduire par les appas de cette belle nocturne... Pas tout à fait cependant, car pour certains, l'huile d'onagre, très riche en acides polyinsaturés, pourrait constituer un traitement de choix contre la sclérose en plaque, voire la schizophrénie...

L'huile de bourrache est parée des mêmes vertus affriolantes, pour les mêmes raisons... mais sans plus d'arguments.

L'huile de pépin de cassis est encore plus excitante. Elle contient en effet à la fois des dérivés de l'acide linoléique et de l'acide alpha-linolénique. Pour l'alcoolique et le diabétique, certains voudraient voir en elle la panacée, celle qui permet de compenser des enzymes fatiguées.

Mais quels sont les acides gras essentiels pour le cerveau?

Les acides gras essentiels pour le cerveau pourraient être les chaînes très longues. Elles sont probablement synthétisées dans le foie à partir des acides alpha-linolénique et linoléique. Elles peuvent aussi provenir directement de l'alimentation, on les trouve dans les viandes, les abats, les poissons et leurs succédanés (les huiles de poisson). Mais attention, un excès alimentaire en huile de poisson peut s'avérer toxique en perturbant la composition des membranes cérébrales! Un léger excès alimentaire en acides gras polyinsaturés n'entraîne pas une accumulation de ceux-ci dans le système nerveux, comme l'a montré dans mon laboratoire Jean Chaudière. Par contre j'ai trouvé, avec Huguette Lafont, qu'un fort contenu alimentaire en huile de saumon ou de foie de morue altère gravement la composition en acides gras des membranes cérébrales, et donc leurs fonctions.

Pourquoi faut-il absorber des très longues chaînes? Parce qu'elles sont réellement essentielles à certaines périodes de la vie. Mais aussi parce que j'ai trouvé, avec Michèle Piciotti, que les enzymes chargées d'allonger les acides gras « fatiguent » avec l'âge. D'où de possibles perturbations dans le fonctionnement des membranes. Garder les acides gras polyinsaturés des membranes intacts c'est garder la volonté, et lui donner les moyens d'agir, c'est un peu permettre au fameux pépé marcheur de Gérard Briche de cabotiner activement à cent ans.

En effet, avec Annie Faivre nous avons démontré que les cellules cérébrales en culture, pour se différencier, pour se multiplier, pour être fonctionnelles, c'est-à-dire être capables de synthétiser et de délivrer des neuromédiateurs, doivent croître en présence de très longues chaînes, acides arachidonique et cervonique. En revanche, les précurseurs linoléique et alpha-linolénique sont totalement inefficaces. Cette démonstration n'est pas absolue mais, dans l'état actuel des techniques, elle est la seule. En effet on ne peut évidemment pas faire pousser un cerveau dans un tube à essai, il est tout aussi impossible de faire survivre un cerveau isolé. Il est par conséquent irréalisable d'étudier la physiologie d'un cerveau indépendamment du reste de l'organisme, au moins sur des temps dépassant quelques minutes. Il est très difficile de maintenir en vie plusieurs semaines un animal privé de son foie, donc très délicat de déterminer si les métabolites hépatiques des acides gras participent à l'élaboration des membranes cérébrales. On est donc obligé de rester sur des conjectures. Un peu le fameux pari de Pascal!

Du singe à l'homme, grâce aux lipides

Il est intéressant de constater que la chaîne débute avec les deux précurseurs, au niveau des végétaux. Elle se poursuit avec des chaînes plus longues chez les ruminants et se termine chez les carnivores avec une concentration maximale d'acide cervonique et arachidonique. D'une manière générale chez les mammifères, les carnivores ont un poids cérébral supérieur à celui des herbivores, si on se réfère, bien sûr, au poids corporel. Le mode de vie des carnivores est censé être d'une qualité supérieure à celle des herbivores. Cette remarque, du reste, est aussi valable pour les oiseaux : l'aigle n'est-il pas mieux considéré que le moineau ?

Les espèces carnivores, au cours de l'évolution, ont eu à leur disposition les acides gras polyinsaturés à très longues chaînes qui leur ont permis d'accroître leur poids cérébral. En revanche les herbivores ont pu faire de plus en plus de muscle, pour atteindre parfois une monstruosité qui leur a été fatale dans leur lutte pour la vie. D'ailleurs, la composition en acides gras essentiels des herbivores est proche de celle que l'on peut observer chez les carnivores carencés en acides gras polyinsaturés. Peut-être cette pseudo-carence est-elle due chez les herbivores, aux bactéries hydrogénantes de leur système digestif, qui transforment les acides gras polyinsaturés essentiels efficaces en acides gras saturés, inertes sinon nuisibles. N'est-il pas d'ailleurs intéressant d'observer que tous les mammifères, fussent-ils herbivores, sont en fait des « carnivores » pendant le début de leur vie, c'est-à-dire pendant l'élaboration de leur système nerveux, car ils se nourrissent, avant de naître, du sang de leur mère, et après la naissance ils usent de leur lait...

Entre parenthèses, les acides gras polyinsaturés ont très probablement joué un rôle important dans le cours de l'évolution. En effet, la vie primitive était marine, les premiers animaux se sont repus de plancton, très riche en acide alpha-linolénique. Les acides gras principaux des poissons furent, et restent, ceux de la famille alpha-linolénique. Par contre, après leurs premiers pas, et leurs premiers repas sur le sol terrestre, les animaux aquatiques ont absorbé des plantes, qui, elles, contenaient principalement de l'acide linoléique. Ils ont ainsi incorporé cet acide dans leurs membranes, et le jeu du rapport entre les deux familles a permis de moduler les fonctions des membranes et de donner un avantage sélectif. Pour que le singe devienne homme, la nature a peut-être aidé le Créateur en ramenant les premiers hommes, ou les derniers singes, dans un milieu marin, où la famille alpha-linolénique est très riche. L'homme n'est pas un singe descendu de l'arbre, selon l'aphorisme répété, mais les premiers hommes sont venus dans l'eau, comme en témoignent nombre de particularités : peu de poils (au froid, une toison mouillée perd totalement son efficacité), implantation des poils compatibles avec la nage, réflexe unique dans le monde des mammifères qui ralentit le cœur quand la face est plongée dans l'eau, pour épargner l'oxygène lors de chasse sous-marine, graisse sous-cutanée isolante, famille alpha-linolénique puissante dans toutes les structures de l'organisme, y compris le cerveau.

L'importance considérable des deux familles d'acides gras est attestée par le maintien du taux caractéristique des mammifères de la famille linoléique chez la baleine et plus encore le dauphin, bien que ces espèces vivent en milieu marin où la famille alpha-linolénique est très riche. En fait, les mammifères marins sont issus de mammifères terrestres qui sont complètement retournés à la mer : la nature de leur acide gras en est la preuve, et la puissance du cerveau du dauphin n'a pu se maintenir qu'en gardant les acides gras de deux familles.

Si le cerveau de l'homme veut durer, progresser, il ne doit pas oublier cette histoire millénaire, il doit consommer de tous les acides gras polyinsaturés : acides linoléique, alpha-linolénique, arachidonique et cervonique. Tous les quatre sont présents dans le lait de femme, très rarement dans les laits animaux, jamais dans les laits artificiels prétendus adaptés. Le cerveau de nos bébés ne boit pas du petit lait...

Les huiles essentielles ou la pharmacie du Bon Dieu

Il existe, de par le monde, un nombre incalculable de plantes dont beaucoup sont encore vierges de toute étude. Le monde végétal est un chimiste organicien beaucoup plus adroit et original que les plus éminents des humains. La phytothérapie reste donc pleine de possibilités encore inexploitées. Les pâturages et les collines, les bosquets et les futaies, la pharmacie du Bon Dieu, ont encore des trésors à nous livrer.

Mais il ne faut pas oublier que, comme certains médicaments, les huiles essentielles, à doses massives ou en cure prolongée, peuvent être toxiques. C'est le cas surtout avec le camphre, l'absinthe, l'hysope — souvent citée dans la bible, et opposée au cèdre : du cèdre à l'hysope signifie du plus grand au plus petit —, la sauge officinale, le thuya, l'anis, le fenouil, le carvi, le romarin ou la menthe. En particulier chez des personnes sensibles, elles peuvent provoquer des accidents nerveux, des convulsions, des crises d'épilepsie. L'absinthe fut un bouc émissaire servant à blanchir la consommation d'alcool qui faisait des ravages au début du siècle. On a voulu faire croire que, dans les boissons alcoolisées, le toxique était l'absinthe, exclusivement! Mais elle n'est pas exempte de soupçon.

Les huiles essentielles représentent une quantité non négligeable de la plante elle-même, qu'elles soient fraîches ou séchées, épices ou aromates (de 1 % dans le thym à 15 % dans le clou de girofle). Les extraits sont obtenus de mille manières suivant les régions, les traditions : par macération (extraction à froid), par digestion (extraction à chaud), par décoction (extraction à l'ébullition du solvant), par infusion (extraction par le solvant après qu'il ait été porté à ébullition), par lixiviation (passage du solvant à travers la poudre). Les teintures, elles, sont obtenues par action d'alcool sur les poudres végétales.

Les extraits, les poudres et les huiles essentielles sont assurément des facteurs de plaisir, mais ils peuvent avoir des vertus thérapeutiques. L'angoisse pourrait être calmée par l'aubergine, par des nébulisats de lotier, de mélitat, de passiflore selon certains, de lavande, de mélisse, de sarriette ou de valériane pour d'autres. Les maux de dents sont apaisés par des pansements d'huiles essentielles de girofle et de thym, par des bains de bouche à base de décoctions de plantain, de valériane ou de guimauve, les névralgies soignées par la camomille romaine, les insomnies par des infusions de coquelicot, de lotier, de passiflore, mais aussi de reine-des-prés, de tilleul, de thym, de nénuphar, de houblon ou même de laitue. La légende veut même que cette dernière entretienne la chasteté. On en consomme pourtant beaucoup en France... Quant au chou, Caton disait que grâce à lui, les Romains avaient pu se passer de médecin pendant des siècles. L'herbier est miraculeux. Mais comment les principes actifs agissent-ils sur le métabolisme des neuromédiateurs? Les réponses sont encore loin d'être claires.

Les acides gras et les radicaux libres

L'usage important d'oxygène dans le système nerveux et la présence d'acides gras polyinsaturés devraient logiquement concourir à la destruction des membranes. Or, celles-ci ne se renouvellent que lentement et ne se régénèrent pas. Pourtant, le tissu nerveux est le moins sujet à l'oxydation. Pour éviter, en quelque sorte que ses membranes ne rancissent, le cerveau possède donc vraisemblablement des mécanismes de protection très puissants contre les molécules toxiques dérivées de l'oxygène, qui font partie de la redoutable famille de ce que l'on appelle des radicaux libres. Comprendre ces mécanismes pourrait permettre de prévenir et de traiter le vieillissement cérébral, l'ischémie et même peut-être la maladie d'Alzheimer. Le renouvellement neuronal étant nul, l'intégrité structurelle et fonctionnelle du tissu nerveux dépend en effet étroitement de son potentiel de protection.

Un radical libre est une molécule, ou un atome, qui comporte un électron seul, non apparié, donc très instable. La recherche d'un autre électron fait des radicaux libres des réactifs très puissants et des toxiques redoutables. L'électron est le plus souvent arraché avec l'atome d'hydrogène d'une chaîne carbonée voisine. Une rupture se produit donc au niveau d'un atome de carbone. Et le radical libre ainsi formé réagit sur une autre molécule et ainsi de suite. Le plus souvent cette réaction en chaîne s'arrête, heureusement! Quand ce n'est pas le cas, les radicaux libres sont responsables de la mort cellulaire. Leurs cibles sont les acides nucléiques qui, à l'intérieur du noyau, contiennent le matériel génétique, mais aussi les protéines, le squelette de la cellule, le milieu situé à l'intérieur et à l'extérieur de la cellule et surtout les acides gras polyinsaturés membranaires. Une membrane est composée de deux couches qui n'ont la même composition ni de lipides ni de protéines. Cette asymétrie est indispensable à son bon fonctionnement. C'est précisément elle qu'une oxydation, dont l'action est similaire à celle de détergents, peut altérer, accélérant ainsi le vieillissement.

L'oxygène, une épée à double tranchant

L'oxygène est, bien sûr, absolument nécessaire à la vie, mais son utilisation par l'organisme a pour conséquence indirecte la production de radicaux libres et de peroxydes. La durée de la vie pourrait ainsi être prolongée de cinq à dix ans si les peroxydes et les molécules qui engendrent des radicaux libres étaient contrôlés dans l'environnement et la nourriture.

L'oxygène atmosphérique est un biradical : sa molécule comporte deux électrons célibataires. Il est cependant très stable, sinon la vie ne serait pas possible. Par acquisition d'un électron, moyennant un apport énergétique extérieur, l'oxygène peut apparier un de ses électrons libres, il acquiert ainsi une charge négative. L'énergie nécessaire pour vaincre l'inertie de l'oxygène est généralement d'origine enzymatique. La durée de la vie de l'anion superoxyde ainsi produit est très courte, car il se dismute (un processus d'oxydo-réduction entre molécules de même nature). Il se forme donc de l'oxygène et de l'eau oxygénée. La réaction de dismutation a une vitesse spontanée très faible, qui est multipliée par dix milliards en présence d'une enzyme, la superoxyde dismutase. La cellule annihile donc avec puissance, diligence et promptitude les anions superoxydes dès qu'ils sont formés, déchets obligatoires du moteur vivant fonctionnant à l'oxygène. Le résultat de la neutralisation de cet anion est la production d'eau oxygénée, dont il faut se méfier. Mais, fort opportunément, l'eau oxygénée est détruite par d'autres enzymes, la catalase ou la glutathion peroxydase. L'eau oxygénée, appelée aussi peroxyde d'hydrogène, ne présente pas d'électron célibataire, mais en présence de fer, elle subit une réaction au cours de laquelle elle se décompose en un radical hydroxyle extrêmement réactif, capable d'attaquer les structures organiques les plus stables. Aucun matériel biologique ne lui résiste ! La présence d'oxygène et d'eau oxygénée dans des milieux biologiques, contenant inévitablement du fer, est dangereuse.

Alimentation, sport et oxygénation

Une atteinte de la cellule peut, sans la tuer, provoquer la destruction de certaines de ses parties. La destruction des mitochondries libère alors dans la cellule des radicaux libres. Les mitochondries sont donc impliquées dans le processus du vieillissement et dans la mort cellulaire. Attaquées par les radicaux libres qu'elles produisent elles-mêmes, leurs enzymes s'affaiblissent au point d'entraîner la mort de la cellule. Ses déchets peroxydés vont ensuite en tuer d'autres. On peut toutefois noter que les mitochondries des muscles sportifs habitués à des efforts de pointe très importants vieillissent mieux. Elles travaillent en sous-régime et sont donc équipées pour détruire les radicaux libres. En revanche, les mitochondries peu exercées fonctionnent toujours en sur-régime. Elles s'épuisent et s'auto-intoxiquent. Ce qui est vrai des muscles ne peut manquer de l'être pour le cerveau. Un judicieux jogging de l'esprit et une alimentation appropriée peuvent donc le maintenir...

Une chaîne de lipides et de protéines redoutable

Une peroxydation produit des pontages entre lipides et protéines, véritables réactions chimiques parasites qui sont responsables des taches brunes de la peau vieillissante et, ce qui est plus grave, des plaques séniles dans le cerveau. L'attaque des radicaux libres oxyde les acides gras et produit des macromolécules qui ne sont que partiellement dégradées car les brûleurs des déchets du métabolisme ne sont pas équipés pour les détruire. Les résidus ainsi obtenus sont les témoins du vieillissement.

La gendarmerie mobilisée contre les radicaux libres

Les systèmes de protections contre les peroxydations sont des enzymes (superoxydases dismutases, glutathion peroxydase, catalase) ou des piégeurs de radicaux libres (vitamine A, C et E). Il faut noter que ces systèmes de protections sont probablement redondants : parfois, une carence héréditaire de l'un d'eux ne perturbe pas l'organisme. Elle ne se traduit même pas par une hypertrophie compensatoire des autres. Toutefois, il faudrait que ces mécanismes augmentent leur capacité pour lutter contre les agents peroxydants de plus en plus nombreux et efficaces avec l'âge. De même, le renouvellement des acides gras après qu'ils aient été peroxydés s'effectue de plus en plus lentement au fil des ans. Le vieillissement paraît donc dû à deux facteurs conjoints : des acides gras de plus en plus facilement détruits et de plus en plus difficilement remplaçables. Une spirale infernale! Il convient de l'enrayer par une alimentation judicieuse, entre autre.

XI

Suite et faim?
sûrement pas les maux de la faim

Les expressions populaires et les proverbes sont les rêves du langage. Et il n'en manque pas qui font référence à la nourriture, comme au sexe ou à l'argent. Parfois même aux trois ensemble. Comme le spectre de la disette a disparu de nos contrées, nous pouvons nous payer le luxe d'en avoir « ras le bol ». Et même si la coupe n'est pas pleine pour tous, nous pouvons aujourd'hui nous préoccuper non plus de quantité, mais de qualité et d'équilibre, pour être bien dans notre corps comme dans notre tête.

Chacun, en matière d'alimentation, doit aujourd'hui exercer son autonomie, conquérir une nouvelle liberté, dans un domaine où les contraintes matérielles – à l'ère de l'abondance – et le poids des traditions tendent à s'effacer. Avec les techniques nouvelles, les plats cuisinés et les conseils diététiques, la préparation culinaire glisse des cuisines à l'usine et à la pharmacie. Mais prendre en charge son comportement alimentaire exige une éducation qui reste à faire. Une éducation scientifique pour équilibrer, morale pour être équilibrée. « Seul l'homme d'esprit sait manger », disait déjà Brillat-Savarin. Il nous faut donc faire reculer cette forme moderne d'analphabétisme que constitue l'inculture scientifique et technique. Peu de domaines sont en effet aussi surpeuplés de faux concepts et de contre-vérités que la médecine et, plus particulièrement, la nutrition. Il faut donc non seulement savoir, mais le faire savoir. Tâche fascinante pour tous, chercheurs ou enseignants, éducateurs ou... politiques. La culture scientifique doit commencer, pour la biologie de la nutrition, dès l'école maternelle. Point de jachère ensuite, jusqu'à l'Université! Le primaire fait germer, le collège bine et bouture, le lycée laboure et balive, l'adulte récolte et engrange pour pouvoir semer. L'éducation alimentaire se fait à l'école, autant qu'à la maison. Le restaurant scolaire devrait donc être un lieu pédagogique au même titre que les autres locaux, un espace social autant que récréatif. La cantine n'est pas un endroit où l'on s'empiffre des calories!

L'acquisition et la culture individuelle du goût, la connaissance, l'appréciation, la reconnaissance et le profit personnel et collectif de l'immense diversité des perceptions sensorielles forment un ensemble de libertés, un espace, une identité, qui sont autant de droits de l'homme. Peinture, musique, gastronomie, tous trois des arts.

L'existence de médias qui ne servent pas la culture scientifique mais font la une avec des éclats aussi bruyants qu'éphémères et trompeurs constitue également une dramatique démission culturelle. Halte aux campagnes obscurantistes, à ces formes de régressions moyenâgeuses face à une science qui fait peur parce qu'elle est mal comprise. L'information continue est un droit. En biologie et en nutrition également. Et ceux qui la détiennent ont le devoir de la délivrer.

Cessons de nous interroger un instant sur l'existence de l'âme, la localisation de l'esprit, le fonctionnement de la pensée et la physiologie de l'intelligence. Commençons par nous efforcer de comprendre comment se fabrique, se renouvelle et fonctionne une membrane cérébrale, comment les lipides contrôlent ses propriétés, comment travaillent les enzymes, les récepteurs, les transporteurs, quel rôle jouent les vitamines, les oligo-éléments et les minéraux dans son développement, ou encore comment les médicaments peuvent la pénétrer pour lutter contre ce qui l'attaque. Autant de questions, qui valent pour tous les organes et tous les tissus, et qui constituent, pour le cerveau, un défi qu'on peut aujourd'hui commencer à relever. Ce livre en aura convaincu le lecteur, je l'espère.

Évidemment, jamais on ne pourra effectuer de prélèvements sur le foie, les reins ou le cerveau d'un homme sain, pour étudier les effets d'un aliment. Seul le sang est accessible. Mais on ne juge pas des qualités d'une maîtresse de maison en pesant le contenu de son réfrigérateur, en dépouillant ses carnets de compte, ou en disséquant le contenu de sa poubelle. A défaut d'expérimentation sur les animaux, c'est précisément ce qui se passe dans l'étude de la nutrition humaine. L'analyse du sang de l'Homme, en effet, ne permet pas, à elle seule, de saisir les multiples aspects du métabolisme propre à chaque tissu, de sa vie intime.

Pour la santé de notre corps et celle de notre esprit, l'expérimentation animale est donc absolument indispensable. Le prix en est ridiculement modeste. Pour chaque Français, et durant toute sa vie, la recherche médicale et para-médicale utilise dix animaux. Huit rats et souris, beaucoup moins que n'en trucide la « mort aux rats » de nos caves et de nos greniers. Quelques chats et chiens hélas, mais moins que n'en tuent les voitures sur nos routes. Songe-t-on à renoncer aux voitures parce qu'elles tuent hérissons, batraciens et insectes, à l'électricité, parce que les câbles qui la transportent coûtent la vie chaque année à des millions d'oiseaux? Chaque Français mange, durant une vie, quelques bœufs, vaches, veaux, cochons et moutons, des lapins et des lièvres, des dizaines de poulets, des centaines de poissons. Un obèse antivivisectionniste : un comble!

*
* *

Aucune alimentation n'est parfaite, le plaisir de la bouche, le poids des habitudes ancestrales coûtent parfois à notre santé. Les pays polyglottes en sont un bon exemple : en Belgique, en Suisse, au Canada, les frontières linguistiques sont aussi culinaires. Elles délimitent la géographie de certaines maladies. Le Wallon mange trop gras et le Flamand trop salé : la limite entre leurs langues dicte celle de l'athérome et de l'hypertension. Tout plaisir a sa contrepartie. L'alimentation n'échappe pas à cette règle.

La diététique du cerveau doit donc préciser ce qu'il faut à notre système nerveux : son énergie, ses vitamines, ses oligo-éléments, ses protéines et ses lipides. Mais pas de médecine, pas de diététique, pas d'alimentation « scientfric ». L'homme de laboratoire ne doit pas devenir un alibi. Il faut au contraire manger bien, sainement, et bon, allier santé et joie de vivre.

Alimentation d'aujourd'hui, cerveau de demain? Une nourriture judicieuse augmente spectaculairement la taille d'une population, bien plus vite que la sélection et l'adaptation millénaire. On peut donc moduler l'expression des gènes. Et le cerveau n'échappe pas à cette règle. Raison de plus pour considérer avec attention la diététique du cerveau gastronome, puisque, malgré les progrès foudroyants de la biologie moléculaire et de la neurobiologie, sa structure reste encore mal connue, son fonctionnement encore mystérieux, puisque dans la chaîne qui va des nutriments à l'exercice conscient de la pensée, une multitude de maillons nous manquent. La biochimie a encore beaucoup à faire, les explorateurs de la recherche médicale ont faim de savoir.

La vie est désir; vivre c'est chercher à comprendre, à savoir, c'est découvrir et nourrir le cerveau. La diététique du cerveau est indissociable de celle de l'intelligence, de celle de l'esprit.

Fait à Bugeat et à Paris
juillet 1989

XII

Un esprit et un corps sains : ce qu'il leur faut

La science est un évangile en perpétuel renouvellement. La nutrition n'échappe pas à cette règle. Les valeurs données ci-dessous sont des moyennes, à titre indicatif, pour l'Homme adulte de soixante-dix kilos, qui n'a pas d'activité physique importante. Pour les femmes enceintes, les enfants, les malades, les besoins peuvent être nettement supérieurs. Pour les vieillards on ne sait pas encore.

Les tables nationales et internationales donnent des chiffres qui peuvent varier du simple au double, parfois plus. L'important à retenir est qu'il faut un minimum de tout, ce qui ne peut être obtenu que par la variété des aliments. Enfin, il faut bien garder en mémoire que l'utilisation d'un nutriment dépend de l'aliment dans lequel il se trouve : certains végétaux contiennent des antivitamines, le calcium du fromage est peu absorbé par l'intestin (car il est éliminé avec les acides gras saturés, comme on l'a vu au chapitre X), le fer peut n'être que très peu absorbé, les protéines doivent être variées pour éviter qu'un acide aminé majeur ne soit trop utilisé et n'empêche la captation des autres, l'équilibre des acides gras essentiels doit être respecté sinon l'excès de l'un s'oppose à l'usage de l'autre. Mais les modes de préparation peuvent également éliminer, voire détruire : par exemple la vitamine C est annihilée aux trois quarts par un chauffage à l'ébullition d'une heure, tandis que les minéraux fuient dans l'eau de cuisson.

Quoi qu'il en soit, l'alimentation n'est jamais idéale. Il faut brûler les déchets. La gymnastique du corps et celle du cerveau garantissent un esprit sain dans un corps sain.

QUANTITÉS JOURNALIÈRES
ce qu'il faut absolument!

LIPIDES	VITAMINES
acide linoléique : 10 g acide alpha-linolénique : 2 g acide arachidonique : ? acide cervonique : ?	A : 2 mg C : 80 mg D : 0,01 mg E : 15 mg F : acides linoléique et alpha-linolénique K : 3 mg
GLUCIDES : 250 g au plus	B1 (thiamine) : 1,5 mg B2 (riboflavine) : 2,0 mg
sucres « rapides » : un peu (en morceaux, miel, fruits)	B3 (PP, niacine) : 20 mg B5 (acide pantothénique) : 10 mg B6 (pirydoxine) : 2,2 mg
sucres « lents » : beaucoup (amidon et autres : pain, pâtes, féculents)	B7 (inositol) : ? B8 (biotine) : 0,2 mg B9 (acide folique) : 0,4 mg B12 : 0,005 mg
PROTÉINES : 80 g au moins	MINÉRAUX
acides aminés essentiels : (lysine(0,8), thréonine (0,5), tryptophane (0,2), valine (0,8), leucine (1,1), isoleucine (0,7), méthionine (en l'absence de cys- téine 1,1; en sa présence 0,3), phénylalanine (en l'absence de tyrosine 1,1; en sa présence 0,3)	calcium : 800 mg sodium : 5 g potassium : 1 g iode : 0,12 mg magnésium : 350 mg fer : 10 mg zinc : 10 mg cuivre : 3 mg
mélange varié de protéines ani- males, végétales, et de poisson	manganèse : 3 mg sélénium : 0,1 mg (?) cobalt : ?
EAU : 2,2 litres au moins	chrome : 0,1 mg (?) molybdène : 0,2 mg (?)
1 litre dans les aliments 1,2 litre à boire	et d'autres encore : nickel, étain, bore, arsenic?

Glossaire

Acide linoléique : Acide gras essentiel, donc obligatoirement apporté dans l'alimentation, car l'homme, comme tous les mammifères, ne peut pas le synthétiser. La molécule possède dix-huit atomes de carbone, et deux doubles liaisons. La première double liaison est sur le sixième carbone à partir de l'extrémité méthyl, biochimiquement inerte. Le métabolisme cellulaire allonge la chaîne carbonée et ajoute des doubles liaisons supplémentaires, mais obligatoirement à l'autre extrémité, réactive, carboxylique. Tous les acides gras ainsi synthétisés auront en commun d'avoir la première double liaison sur le sixième carbone à partir de l'extrémité méthyl : ils seront dénommés sous le générique de (n-6), la famille linoléique. Une double liaison est une insaturation. Un corps est d'autant plus insaturé qu'il contient plus de doubles liaisons.

Acide alpha-linolénique : Acide gras essentiel, comme l'acide linoléique. La molécule possède dix-huit atomes de carbone, et trois doubles liaisons. La première double liaison se situe sur le troisième atome de carbone à partir de l'extrémité méthyl. Les homologues supérieurs synthétisés par désaturation et allongement de la chaîne carbonée seront dénommés sous le générique de série (n-3), la famille alpha-linolénique.

Acide arachidonique : Acide gras polyinsaturé, formé de vingt atomes de carbone et possédant quatre doubles liaisons. Il est dérivé de l'acide linoléique, qui est obligatoirement alimentaire. Il pourrait être conditionnellement essentiel dans certains états physiologiques (développement et vieillissement) et pathologiques. Très important dans la formule des phospholipides, il participe à la structure, à la fluidité, aux propriétés physiques et biologiques des membranes. C'est le précurseur des prostaglandines, il est aussi un deuxième messager dans la cellule.

Acide cervonique : Appelé en nomenclature chimique acide docosahexaénoïque, est un acide gras polyinsaturé formé de vingt-deux atomes de carbone et contenant six doubles liaisons. Il est dérivé de l'acide alpha-linolénique, obligatoirement alimentaire, comme son nom l'indique, le cerveau en contient de fortes quantités. Il y joue un rôle très important, tant au niveau de sa structure qu'à celui de ses fonctions.

ADN : acide desoxy-ribo-nucléique : Molécule de haut poids moléculaire, formée de deux chaînes enroulées en double hélice. Chaque chaîne est un polymère de mononucléotide, dont le sucre est le déoxy-ribose. Les mononucléotides, que l'on appelle les bases, sont l'adenine, la thymine, la guanine et la cytosine. L'ADN est un constituant quasi universel de la matière vivante. Il se situe au niveau des noyaux des cellules, dans les chromosomes, où il est associé, entre autres, à des protéines. Cet ADN sera contretypé en un ARN messager. Lors de la traduction (en anglais : translation) la synthèse des peptides et des protéines se fera par décodage du message porté par l'ARN messager.

Aérobie : Unité vivante, bactérie ou cellule, dont la vie n'est possible qu'en présence d'oxygène.

Afférent : Du latin *Adfere*, signifiant apporter à, produire, qui est destiné. Synonyme de centripète, transportant ou conduisant vers une région centrale.

Agoniste : Se dit principalement d'un muscle qui exerce l'action principale dans un mouvement donné. En terme de biochimie, il s'agit d'une substance qui agit dans le sens normal, elle est physiologique ou artificielle (notion importante en pharmacologie). Un agoniste d'un neuromédiateur agira dans le même sens que celui-ci. S'oppose à antagoniste, qui agit dans le sens inverse ou s'oppose à l'action.

Anabolisme : Ensemble des processus qui permettent la transformation des aliments et leur utilisation en vue d'élaborer la matière vivante, cellulaire principalement. Il regroupe tous les processus de synthèse et consomme de l'énergie. Il s'agit, globalement, de la synthèse par les cellules vivantes de molécules complexes à partir de molécules simples. S'oppose à catabolisme.

Antagoniste : Pour un muscle, il s'agit de celui ou de ceux qui s'opposent au mouvement donné. Une molécule antagoniste s'oppose à l'action d'une autre, ou en annule les effets. Concernant des médicaments, il s'agit de l'action simultanée de deux médicaments se traduisant par une diminution ou une annulation de leurs effets respectifs.

Anaérobie : Unité vivante, surtout des bactéries, dont la vie est possible en l'absence d'oxygène.

ARN : Polymère de ribonucléotides dont le sucre est le ribose et les bases sont l'adénine, la guanine, l'uracile et la cytosine. Ils peuvent avoir un rôle structural (dans les ribosomes), être adaptateurs du code génétique (ARN de transfert) ou messagers intermédiaires entre les gènes et les protéines qu'ils spécifient.

Astrocyte : Cellule gliale, dont le rôle est mal défini. Les astrocytes représentent cependant la moitié des cellules du cerveau.

ATP : Mononucléotide très important, transporteur d'énergie de base de la cellule. C'est le donneur universel d'énergie dans la cellule, grâce à l'hydrolyse de ses liaisons phosphates, riches en énergie.

Axone : Prolongement unique et constant du neurone, entouré ou non d'une gaine de myeline, et qui assure la conduction centrifuge de l'influx nerveux. Différent de dentrite.

Béta lipoprotéines : voir lipoprotéines.

Calorie : Quantité de chaleur nécessaire pour élever la température d'un gramme d'eau de un degré (abréviation : cal.). On utilise plus souvent la kilocalorie, élevant de un degré un kilogramme d'eau (abréviation : Cal. ou kcal). Les unités internationales utilisent maintenant les joules et kilojoules. Mais le poids des habitudes fait que les Calories sont toujours utilisées. 1 000 calories = 1 kilocalorie = 4 810 Joules = 4,18 Kilojoules.

Catabolisme : Il s'agit de l'ensemble des processus réalisant des réactions de dégradation des composés organiques de la matière vivante. Il produit de l'énergie chimique sous forme de liaisons dites riches en énergie, de l'énergie thermique, et des déchets qui sont éliminés par l'organisme.

Catalyse : Augmentation de la vitesse d'une réaction, sans modification de la réaction elle-même. Elle est due à une substance appelée le catalyseur, qui n'est pas consommé pendant la réaction. Les catalyseurs biologiques sont les enzymes.

Catécholamines : Terme générique regroupant des neuromédiateurs, adrénaline, noradrénaline et dopamine.

Codon : Triplet de nucléotides définissant, dans le cadre du code génétique, soit un acide aminé, soit un signal de début ou de fin de lecture, démarrant ou stoppant la synthèse de la protéine.

Coenzyme : Molécule qui se combine à une protéine enzymatique, et qui lui permet d'exercer son activité catalytique. Plusieurs sont des vitamines.

Conduction saltatoire : Voir Myéline.

Cortex : Par définition, il s'agit de la portion d'un organe qui entoure la partie centrale. S'agissant du cerveau, le cortex est une lame de substance grise étalée à la surface des hémisphères cérébraux. Cette particularité lui a valu aussi les noms de manteau, de pallium, d'écorce. Cette substance grise est formée des corps cellulaires, des dendrites et des synapases des neurones; elle contient aussi des cellules gliales. La substance grise s'oppose à la substance blanche, ainsi dénommée car constituée principalement des axones myélinisés.

Cytoplasme : Substance du corps cellulaire, à l'exception du noyau et de la membrane cellulaire. De structure hétérogène, on y distingue une substance fondamentale, appelée hyaloplasme, dans laquelle baignent les organites.

Cytosol : Fraction fluide, sans organite, du cytoplasme cellulaire.

Cytosquelette : Squelette de la cellule, composé de l'assemblage de protéines spécifiques, qui constituent les microfilaments des microtubules et les filaments intermédiaires.

Dendrite : Prolongement du neurone conduisant l'influx nerveux centripète. Un neurone reçoit, en provenance de plusieurs centaines d'autres neurones, des informations sous forme de messages chimiques qui sont traduits en impulsions électriques au niveau des points de jonction, les synapses, situées sur les dendrites. Ce neurone transmet une information à un autre neurone, ou à un muscle, par une impulsion électrique qui parcourt l'axone et va permettre la libération d'un message à sa terminaison.

Efférent : Du latin : *e* = hors de; *ferre* = porter. Qui est issu d'un organe, ou qui s'en éloigne. S'oppose à afférent.

Enzyme : Au féminin, selon la recommandation de l'Académie des Sciences. Molécule protéique permettant la catalyse de réactions biochimiques. Comme tous les catalyseurs, elles augmentent considérablement les vitesses de réaction par abaissement de l'énergie d'activation.

Épigenèse : Deux sens voisins mais distincts :
Théorie selon laquelle le développement de l'organisme résulte d'une diversification progressive des parties par des créations nouvelles. L'organisme adulte résulte d'une séquence d'événements de réactions causales successives. Cette conception s'est opposée à celle de la préformation.
Théorie expliquant les phénomènes biologiques de manière non imposée par les gènes. A la rigidité des gènes s'oppose la souplesse de l'épigenèse. Évolution individuelle provoquée par les interactions avec l'environnement. Au cours du phénomène le patrimoine génétique reste, en principe, inchangé. L'épigenèse se superpose à l'ontogenèse, chez un individu elle sera l'empreinte d'un environnement précis.

Épistémologie : Étude des sciences pour déterminer leur origine logique, leur portée et leur valeur; leur développement, leur méthode et leur résultat. A l'origine, philosophie de la science voulant énoncer la valeur et garantir le fondement de la vérité scientifique.

Eucaryote : désigne les organismes constitués de cellules dont le noyau est limité par une membrane. La dénomination s'applique aussi aux cellules elles-mêmes. S'oppose à procaryote.

Gène : Suite de nucléotides codants soit pour une protéine, soit pour un ARN (ribosomal ou de transfert). Chez les eucariotes, les séquences codantes, appelées exons, peuvent être interrompues par des séquences non codantes, appelées introns. Le gène transmet un message héréditaire.

Génome : Ensemble des gènes présents dans une cellule. Toutes les cellules d'un même organisme ont le même génome. Mais selon le type cellulaire, seulement certains gènes sont exprimés.

Glie : Cellule non neuronale appartenant au système nerveux. Les principales cellules gliales sont les oligodendrocytes, les cellules de Schwann, les astrocytes et les cellules microgliales.

Glycogène : Polymère de glucose, de poids moléculaire élevé, et constituant une forme de réserve de glucose rapidement mobilisable.

Hédonisme : Doctrine qui prend pour principe de morale la recherche du plaisir, de la satisfaction.

Histologie : Un aspect des sciences biologiques étudiant à l'échelle du microscope la morphologie des cellules, tissus et organes, leur composition chimique et, éventuellement, leurs propriétés fonctionnelles.

Homéostasie : Tendance de l'organisme à maintenir ses divers paramètres, sinon à des valeurs constantes, du moins à des valeurs ne s'écartant pas trop de la normale. Par exemple, le maintien de la température, du sucre dans le sang, du débit liquidien, de la tension artérielle, de la composition chimique du milieu intérieur.

Hormone : Molécule soluble et diffusible ayant un rôle régulateur. Elle se fixe sur un récepteur cellulaire, généralement membranaire mais qui peut être nucléaire, et modifie l'activité biochimique et donc physiologique de la cellule. La substance est dotée d'une activité spécifique, elle est généralement transportée par le sang vers d'autres organes.

Hydrolyse : Rupture d'une liaison chimique par l'eau, clivant ainsi les molécules. La digestion des lipides, protéines et sucres relève d'un tel phénomène. Comme son nom l'indique, cette réaction se fait en présence d'eau; un hydrogène et un groupe OH de l'eau se répartissant à chaque extrémité de la molécule biologique cassée.

Hydrophobe, hydrophobie : Se dit de molécules ou de structures qui n'ont aucune affinité pour l'eau.

Hydrophile, hydrophilie : État d'affinité de certaines substances ou molécules pour l'eau.

Ionophore : Molécule capable d'induire le passage spécifique d'ions à travers les membranes biologiques.

Ischémie : Diminution ou arrêt de la circulation artérielle dans un territoire donné, et donc arrêt de l'oxygénation.

Krebs : Cycle tricarboxylique, cycle citrique. Voie métabolique cyclique commune au catabolisme final des glucides, des acides aminés et des acides gras. Il fonctionne dans les mitochondries des cellules aérobies. Au cours de ce cycle, l'acétyle-coenzyme A provenant de la dégradation des glucides, des lipides et des acides aminés, s'unit à l'acide oxalo-acétique pour former de l'acide citrique; au cours d'une suite de réactions, l'acide oxalo-acétique est régénéré. Le bilan final d'un tour de cycle est la production de molécules de gaz carbonique et d'ATP.

Levogyre : se dit des substances qui dévient le plan de polarisation de la lumière vers la gauche. Il s'oppose à dextrogyre.

Libidinal, libido : Recherche instinctive du plaisir, et surtout du plaisir sexuel.

Lipofuschine : Pigments qui s'accumulent dans les tissus, produits de la dégradation incomplète de macromolécules.

Lipophile, lipophilie : État d'affinité de certaines substances ou molécules pour les lipides, les graisses.

Lipoprotéines : Association moléculaire de protéines et de lipides. Les lipoprotéines sériques contiennent la totalité des lipides sanguins (sauf les acides gras non estérifiés). Elles sont séparées par diverses techniques en lipoprotéines de haute densité (HDL, alpha-lipoprotéines, qui portent le « bon cholestérol »), de basse densité (LDL, béta-lipoprotéines, qui portent le « mauvais cholestérol ») et d'autres encore.

Mitochondrie : Organite cellulaire dont l'une des fonctions principales est d'assurer la production d'énergie sous forme d'ATP par les processus de respiration cellulaire (voir Krebs).

Myéline : Structure lamellaire faite de l'accumulation et de l'accolement de membranes très riches en lipides autour des axones, quand ils sont myélinisés. Dans le système nerveux central cette gaine de myéline est élaborée par les oligodendrocytes, dans le système nerveux périphérique par la cellule de Schwann. La myéline forme une gaine interrompue régulièrement au niveau des nœuds de Ranvier, qui correspondent à la limite entre les cellules de Schwann dans le système nerveux périphérique. Cette interruption rend possible la conduction saltatoire.

Néoténie : Maintien chez l'adulte sexuellement mature de traits normalement présents chez l'embryon, le fœtus, ou l'individu prématuré.

(n-3) : Voir famille de l'acide alpha-linolénique.

(n-6) : Voir famille de l'acide linoléique.

Œdème : Infiltration liquidienne d'un tissu ou d'un organe. Le liquide a une composition chimique proche du sérum sanguin.

Oligodendrocyte : Voir Myéline.

Ontogenèse : Étapes du développement de l'individu, de la conception à la maturité. Elle se distingue de la phylogenèse, qui est l'évolution de l'espèce.

Organite : Structure spécialisée de la cellule, située forcément dans son cytoplasme, et assurant des fonctions particulières. Exemple : mitochondries, noyau, appareil de Golgi, etc.

Organoleptique : Capable d'impressionner les récepteurs sensoriels : goût, odorat, sensibilité tactile, mais aussi la vision.

Ose : Synonyme de sucre. Ils appartiennent à la famille des glucides. Selon le nombre de carbone on distingue les pentoses, les hexoses, etc.

Osides : Composés donnant par hydrolyse plusieurs oses. On distingue les polyosides, exclusivement formés d'oses; et les hétérosides, qui fournissent, par hydrolyse, des oses ainsi qu'une fraction non glucidique, appelée aglycone.

Palatabilité : Ensemble des qualités d'un aliment qui produisent des sensations agréables lors de sa consommation. Interviennent les différents paramètres organoleptiques : odeur, goût, consistance et même couleur.

Paresthésies : Sensations anormales non motivées par un stimulus extérieur ou un contact normal (engourdissement, fourmillement, picotement, brûlure, etc.).

Peroxydation : Addition d'oxygène sur une molécule, au niveau de ses insaturations en général, lui faisant perdre toutes ses propriétés biologiques. Le type en est le rancissement des huiles et des graisses.

Phéromone : Substance chimique agissant sur un individu de même espèce, mais de sexe opposé. Elle est perçue par l'olfaction et modifie les comportements, principalement sexuels, et éventuellement, certains paramètres biologiques.

Phospholipides : Ensemble de molécules d'intérêt biologique considérable, particulièrement au niveau des membranes. Elles sont formées de glycérol, dont deux fonctions alcool sont estérifiées par des acides gras, et la troisième par de l'acide phosphorique, lui-même lié à divers composés (sérine, choline, éthanol-amine, etc.), permettant de définir autant de classes de phospholipides. Les acides gras de ces phospholipides, selon leur degré d'insaturation, contrôlent la fluidité des membranes, et donc leurs propriétés physiologiques et fonctionnelles.

Phylogenèse : Évolution des espèces vivantes selon un mode continu et progressif dont le déterminisme et les mécanismes sont mal connus. Elle désigne, dans le cadre de l'évolution des espèces, les rapports généalogiques existant entre ces espèces.

Protéine : Polymère d'acides aminés. Les glycoprotéines contiennent en plus des sucres; les protéolipides des lipides, généralement des acides gras.

Radicaux libres : Espèces moléculaires possédant un électron libre (célibataire, non apparié). Leur réactivité chimique est très grande, car ils captent les électrons du matériel biologique. Le piégeur de radicaux libres dans les membranes des cellules est la vitamine E.

Récepteur : Molécule capable d'en fixer une autre de manière spécifique. Ensemble de molécules situées dans les membranes biologiques et ayant pour fonction de recevoir une molécule spécifique; l'activation du récepteur active la machinerie cellulaire.

Formation spécialisée répartie au sein des téguments, des muscles, des vaisseaux, des viscères, capable de transformer une stimulation mécanique, thermique, chimique ou électrique en message afférent.

Réticulum : Signifie réseau, et désigne les compartiments membranaires intracellulaires. Il s'agit en fait d'un organite cellulaire réalisant un réseau tridimensionnel de vésicules et de fins canalicules anastomosés entre eux et bordés de membranes.

Rhodopsine, pourpre rétinien : Protéine spéciale appelée chromoprotéine, contenue dans les cellules en bâtonnet de la rétine qui intervient dans la vision crépusculaire. Cette chromoprotéine est donc constituée d'une protéine appelée opsine et d'un pigment caroténoïde, le rétinal (aldéhyde de la vitamine A).

Schwann : Voir Myéline.

Siccatif : Propriété des huiles et des corps gras qui se polymérisent en « séchant » à l'air, par oxydation. Les huiles sont très utilisées dans les peintures. Cette propriété n'est pas, comme l'indique l'étymologie du mot, la dessiccation, c'est-à-dire le simple dessèchement par déshydratation.

Substance grise : voir Cortex.

Substrat : Substance ou molécule sur laquelle agit une enzyme ou un réactif en catalysant sa transformation chimique. Chaque enzyme possède un ou plusieurs substrats. Par extension on désigne par substrat tout élément sur lequel se feront des modifications, ou ce sur quoi s'exerce une action.

Synapse : Aire de jonction entre deux neurones. Actuellement la synapse est définie comme une région de relation, de contact, entre deux neurones. Elle est constituée par des différentiations cellulaires, structurales et fonctionnelles. L'élément nerveux qui exerce l'action est dit pré-synaptique, celui qui la reçoit est dit post-synaptique. Le terme de synapse s'applique aussi aux régions de contact entre un neurone et une cellule effectrice, musculaire par exemple, ou entre une cellule sensorielle et un neurone.

Transduction : Ce mot a deux significations :
En biologie moléculaire, il s'agit du transfert de matériel génétique d'une bactérie à une autre, par l'intermédiaire d'un bactériophage. Par extension, il définit le transfert de tout matériel génétique, ADN exogène, quelle qu'en soit l'origine, à une cellule eucariote (toute cellule dont le noyau est limité par une membrane).
En physiologie, sur la membrane de la cellule, il s'agit de la transformation d'un message chimique en un signal généralement électrique. Elle est associée à l'apparition d'un potentiel électrique au niveau de la membrane de la cellule sensorielle.

Trophique : Qui se rapporte à l'aspect dynamique de la nutrition des tissus.

Les écrits du cerveau

Adrian J., *Clefs pour la diététique*, Éditions Seghers, 1978.

Aigrain P., *Simples propos d'un homme de science*, Éditions Hermann, éditeurs des sciences et des arts, 1983.

Apfelbaum M., Forrat C. et Nillus P., *Diététique et nutrition*, Abrégés, Éditions Masson, 1982.

Ariès P., *Histoire des populations françaises*, Éditions Points, 1971.

Barzach M., *Le paravent des égoïsmes*, Éditions Odile Jacob, 1988.

Baumann N., *Neurological mutation affecting myelination*, Symposium INSERM n° 14, 1980.

Baxter K. et Mac Donald I., *Comparative nutrition*, John Libbey Ed., 1988.

Bazan N., Horrocks L. et Toffano G., *Phospholipids in the nervous system*, Liviana Ed., Springer Verlag, 1989.

Bernard J., *C'est de l'homme qu'il s'agit*, Éditions Odile Jacob, 1988.

Bezanger-Beauquesne L., Pinkas M. et Torck M., *Les plantes dans la thérapeutique moderne*, Éditeur Maloine, 1986.

Bismuth C., Baud F., Conso F., Frejaville J.-P. et Garnier R., *Toxicologie clinique*, Éditions Flammarion, Médecine-Sciences, 1987.

Bour H. et Dérot M., *Guide pratique de diététique*. Éditions J.-P. Baillière, 1974.

Bourdieu P., *La distinction. Critique sociale du jugement*, Éditions de Minuit, 1979.

Bourre J.-M., Morand O., Chanez C., Dumont O., Flexor M. et Baumann N., *Influence of intrauterine malnutrition on brain development : alteration of brain cell lipid composition associated with defective myelination; Physiological and Biochemical Basis for Perinatal Medicine*, Samuel Z. Levine Conf., Paris, 323-333, 1981.

Bourre J.-M., « Origine des acides gras cérébraux. Synthèse in situ et apports nutritionnels », *Revue française des Corps Gras*, 1984.

Bourre J.-M., Dumont O., Piciotti M., Pascal G. et Durand G., « Contrôle par les acides gras polyinsaturés (acide alpha-linolénique en particulier) de la composition des membranes nerveuses, de paramètres enzymatiques, électrophysiologiques, comportementaux et toxicologiques, minimum alimentaire nécessaire en acide linoléique et linolénique », *Bulletin de la Société scientifique d'Hygiène alimentaire* 73, 43-56, 1988.

Bourre J.-M., Dumont O., Piciotti M., Pascal G. et Youyou A., « Composition of nerve biomembranes and nutritional fatty acids », *Nutrition* 5, 266-270, 1989.

Braudel F., *L'identité de la France. Les hommes et les choses*, Éditions Arthaud-Flammarion, t. 2, 1986.

Briche G., *Pépé marcheur*, 1988.

Brillat-Savarin, *Physiologie du goût*, Collection Savoir, 1975.

Buser P. et Imbert M., *Psycho-physiologie sensorielle. Neurophysiologie fonctionnelle*, Éditions Hermann, Collection Méthodes, 1982.

Changeux J.-P., *L'homme neuronal*, Éditions Fayard, Le Temps des Sciences, 1983.

Changeux J.-P., *Molécule et mémoire*, Éditions D. Bedou, 1988.

Chapouthier G., « Mémoire et cerveau. Biologie de l'apprentissage », *Science et Découvertes*, Éditions Le Rocher, 1988.

Cheftel J.-C., Cheftel H. et Besançon P., *Introduction à la biochimie et à la technologie des aliments*, Ingénieurs Praticiens, t. 1 et 2, 1977.

Chevreul E., *Recherches chimiques sur les corps gras d'origine animale*, Imprimerie nationale, Paris, 1889.

Christen Y., *L'homme bioculturel de la molécule à la civilisation*, Éditions Rocher, 1986.

Clergeaud C. et L., *Mystères et secrets des huiles végétales alimentaires*, Éditions La Vie Claire, 1984.

Comelade E., *Technologie des aliments et hygiène alimentaire*, 2e cahier, Éditions J. Lanore, 1987.

Contamin F. et Sabouraud O., *Éléments de neurologie*, pathologie 2, Éditions Flammarion, 1970.

Craplet C. et Craplet-Meunier J., *Dictionnaire des aliments et de la nutrition*, Éditions Le Hameau, 1982.

Crawford M.A., Hassam A.G. et Stevens P.A., « Essential fatty acid requirements in pregnancy and lactation with special reference to brain development », *Progress in Lipid Research* 20, 31-40, 1981.

Cunnane S., *The aquatic ape reconsidered*, Medical Hypothese 6, 49-58, 1980.

Dagognet F., « La maîtrise du vivant », *Histoire et Philosophie des Sciences*, Éditions Hachette, 1988.

Danchin A., « L'œuf et la poule », *Histoires du code génétique*, Éditions Fayard, Le Temps des Sciences, 1983.

Debray-Ritzen P., *Psychologie de la création*, Éditions Albin Michel, 1979.

Delacour J., *Neurobiologie des comportements*, Hermann, Éditeurs des Sciences et des Arts, 1984.

Delaveau P., *Les épices. Histoire, description et usage des différents épices, aromates et condiments*, Éditions Albin Michel, 1987.

Delmas A., *Voies et centres nerveux*, Éditions Masson et Cie., 1969.

Deniker P., *Psycho-pharmacologie. Les médicaments et drogues psychotropes*, Éditions Ellipses, 1987.

Depaillat A., « Troubles circulatoires périphériques », *Pédiatrie*, 4078 H10, 1-10, 1968.

Derache R., *Toxicologie et sécurité des aliments*, Éditions TEC et DOC, Collection Sciences et Techniques Agro-alimentaires, 1986.

Derouesné P., *Pratique Neurologique*, Éditions Flammarion Médecine Science, 1983.

Desportes F., *Le pain au Moyen Age*, Éditions Olivier Orban, 1987.

Devaquet A., *L'amibe et l'étudiant*, université et recherche : l'état d'urgence, Éditions Odile Jacob, 1988.

Dhopeshwarkar A., *Nutrition and brain development*, Éditions Plenum Press, 1983.

Dictionnaire de Médecine, Éditions Flammarion, 1989.

Douste-Blazy L. et Mendy F., « Biologie des lipides chez l'homme », *De la physiologie à la pathologie*, Éditions TEC et DOC Lavoisier, 1988.

Dupin H., *Apports nutritionnels conseillés pour la population française*, Éditions TEC et DOC, 1981.

Durand G., Pascal G., Legrand P. et Gounelle de Pontanel H., *Effets comparés d'huiles végétales et d'huiles de poisson sur la cholestérolémie du rat*, Relations entre la composition en acides gras des lipides de la ration, celle des lipides sériques et la cholestérolémie, *Médecine et Nutrition* 21, 6, 391-405, 1985.

Durlach J., *Le magnésium en pratique clinique*, Éditions J. Baillière, 1985.

De Closets F., *Tous ensemble. Pour en finir avec la syndicratie*, Éditions Seuil, 1965.

Edelman G., *Neural darwinism*, Basic Book, N.Y., 1987.

Enjalbert A. et Epelbaum J., *Le cerveau hormonal*, Éditions Le Rocher, Sciences et Découvertes, 1986.

Essmann W.B., *Nutrients and brain function*, Karger Ed., 1987.

Evrard P. et Minkowski A., « Developmental neurobiology », *Nestlé Nutrition Workshop series*, Raven Press Ed., vol. 12, 1989.

Farb P. et Armelagos G., *Anthropologie des coutumes alimentaires*, Éditions Denoël, 1980.

Ferniot J. et Le Goff J., « La cuisine et la table », *5 000 ans de gastronomie*, Éditions Seuil, l'Histoire, 1981.

Feurbach L., *Manifeste philosophique*.

Finger P.E. et Silver W.L., *Neurobiology of taste smell*, John Willey & Sons, 1986.

Fourier, *Le nouveau monde amoureux*, Œuvres complètes, Éditions Anthropos, 1968.

Fromentin G., *Les substitutions des matières premières au sein des aliments*, Diet and Life Style, New Technology, Ed. M.F. Moyal, pp. 233-241, 1988.

Gentil R. et Jollivet P., *L'équilibre alimentaire*, Flammarion, 1989.

Gouazé A., *Neuroanatomie clinique*, 1988.

Graham J., « Primevère du soir », *Une maladie de civilisation : la sclérose en plaques*, Éditions Épi, 1983.

Gros F., *Les secrets du gène*, Éditions Odile Jacob, 1986.

Gros F., *La civilisation du gène*, Éditions Hachette, 1984.

Guesnet P., Pascal G., et Durand G., « Effect of dietary alpha-linolenic acid deficiency during pregnancy and lactation on lipid fatty acid .composition of liver and serum in the rat », *Reproduction Nutrition et Developpement* 28, 275-292, 1988.

Guthrie H.A., *Introductory nutrition*, ed. Times mirror, Mosby college Publishing, 1989.

Hambuger J., *Le miel et la ciguë*, Éditions Seuil, 1986.

Hecaen H., et Lanteri-Laura G., *Les fonctions du cerveau*, Édition Masson, 1983.

Horisberger M. et Bracco V., « Lipids in modern nutrition », *Nestlé Nutrition Workshop Series*, Raven Press, vol. 13, 1987.

Hubel D., Wisel T., *Functional architecture of macaque visual cortex.* Proceedings of the Royal Society, Londres, 198, 1-59, 1977.

Jacob F., *La logique du vivant*, Éditions Gallimard, 1970.

Jacob F., « Le jeu des possibles », *Essai sur la diversité du vivant*, Éditions Fayard, le temps des sciences, 1981.

Jacob A., *La nutrition?* Éditions Presses Universitaires de France, Que sais-je? 1987.

Jacotot B. et Le Parco J.-Cl., *Nutrition et alimentation*, Abrégés, Éditions Masson, 1983.

Jeannerod M., *Le cerveau-machine. Physiologie de la volonté*, Éditions Fayard, le Temps des Sciences, 1983.

Kant E., *Anthropologie d'un point de vue pratique.*

Karli P., *L'homme agressif*, Éditions Odile Jacob, 1987.

Klarke R., *L'homme mutant*, Éditions Robert Laffont, 1987.

Laborit H., *Dieu ne joue pas aux dés*, Éditions Grasset, 1987.

Lair M., *A la fortune du pot*, Éditions Acropole, 1989.

Lands W., *Fish and human health*, Academic Press, 1986.

Lantéri-Laura G., *Clefs pour le cerveau*, Éditions Seghers, 1987.

Laplane D., « La mouche dans le bocal », *Essai sur la liberté de l'homme neuronal*, Éditions Plon, 1987.

Lazar P., *Les explorateurs de la santé*, Éditions Odile Jacob, 1989.

Lazorthes G., *Le cerveau et l'esprit*, Éditions Flammarion, 1982.

Lazorthes G., *L'ouvrage des sens*, Éditions Flammarion, 1986.

Le Guerer, *Les pouvoirs de l'odeur*, Éditions F. Bourin, 1988.

Le Magnen J., *Bases neurobiologiques du comportement alimentaire.* In : *Bases neurologiques du comportement alimentaire.* Hermann et Delacour éd., pp. 3-54, 1984.

Le Poncin M., *Gym cerveau*, Éditions Stock, 1987.

Lederer J., *Sélénium et vitamine E*, Éditions Maloine-Paris et Menwelaerts-Louvain, 1986.

Lesieur, *Lipides et santé, quelles vérités?* 1987.

Levi-Strauss C., *La pensée sauvage*, Éditions Plon, 1962.

Lorenz K., *Les fondements de l'éthologie*, Éditions Flammarion, 1978.

Louisot P., *Biochimie générale et médicale*, Éditions SINEP, 1983.

Mac Leod P., Sauvageot F. et Chevalier G., « Bases neurophysiologiques de l'évaluation sensorielle des produits alimentaires », *Les cahiers de l'ENSBANA*, Éditions TEC et DOC, 1986.

Mazliak P., *Les modèles moléculaires des biomembranes*, Éditions Hermann, 1987.

Mead J.F., Alfin-Slater R.B., Howton D.R. et Popjak G., « Chemistry », *Biochemistry and Nutrition*, 1986.

Meininger V., *Abrégés*, Éditions Masson, 1983.

Mennell S., *Français et Anglais à table, Du Moyen Age à nos jours*, Éditions Flammarion, 1985.

Mendy F., Hirtz J., Berret R., Rio B. et Rossier A., *Annales de Nutrition et de métabolisme* 22, 267-281, 1968.

Meyer Ph., *Le Mythe de jouvence*, Éditions Odile Jacob, 1987.

Meyer Ph., Chaouloff F., Gilbert J.-C. et Rolland Y., *Médicaments et comportements alimentaires*, Éditions Masson, Actualités de Pharmacologie clinique 15, Hôpital Necker-Enfants malades, 1988.

Monod J., *Le hasard et la nécessité, Essai sur la philosophie naturelle de la biologie moderne*, Éditions Seuil, Paris, 1970.

Morgan B. et Morgan R., *Brain-food*, The Body Press, 1987.

Munnich A., Ogier H. et Saudubray J.-M., *Les vitamines, Aspects métaboliques, génétiques, nutritionnels et thérapeutiques*, Éditions Masson, 1987.

Nahas G., *Les guerres de cocaïne*, Éditions France-Empire, 1987.

Nietzsche F., « Le gai savoir », *Œuvres complètes*, Éditions Gallimard.

Ninio J., *L'empreinte des sens*, Éditions Odile Jacob, 1989.

Numa S., *Fatty acid metabolism and its regulation*, New comprehensive biochemistry, Éd. Elsevier, vol. 7, 1984.

Onfray M., *Le ventre des philosophes*, Éditions Grasset, 1989.

Papon P., *Pour une prospective de la science, Recherche et technologie, les enjeux de l'avenir*, Éditions Seghers, 1983.

Pauling L., *Abusez des vitamines*, Éditions Tchou, 1968.

Pehaut Y., *Les oléagineux dans le monde*, Éditions Économica, bibliothèque des Matières premières, 1986.

Poilâne, *Guide de l'amateur de pain*, Éditions R. Laffont, 1981.

Polonovski M., *Biochimie médicale*, Éditions Masson, 1971.

Prigogine I. et Stengers I., *La nouvelle alliance*, Folio, Essais, 1979.

Proceedings of the AOCS *Polyunsaturated fatty acids and eicosanoïds*, Edited by W. Lands. American oil Chemists' Society, 1987.

Prochiantz A., *Les stratégies de l'embryon*, Éditions PUF, Pratiques théoriques, 1988.

Proust M., *Du côté de chez Swann, A la recherche du temps perdu*.

Rakic P., *Limits of neurogenesis in primate*, Science 227, 1054-1056, 1983.

Randoin L., Le Gallic P., Dupuis Y. et Bernardin A., *Table de composition des aliments*, Éditions Jacques Lanore, 1985.

Rassin O., Haber B. et Drujan B., « Basic and clinical aspects of nutrition and brain development », *Currents topics in nutrition and disease*, Éditions Alan Lisse, vol. 16, 1987.

Renaud S. et Attié M., *Table de composition des aliments*, Astra-Calvé Information-Lipo-Diététique, 1986.

Revel J.-F., *Un festin en paroles*, Éditions Pluriel, 1979.

Répertoire général des aliments, 1. Table de composition des corps gras, INRA, 1987.

Répertoire général des aliments, 2. Table de composition des produits laitiers, INRA, 1987.

Robert J.-M., *Comprendre notre cerveau*, Éditions Seuil, 1982.

Robert L., *Les horloges biologiques*, Éditions Flammarion, 1989.

Rodwell-Williams S., *Nutrition and dict therapy*, ed. Times Mirror, Mosby College publishing, 1989.

Rousseau J.-J., *La nouvelle Héloïse*.

Ruffié J., *Le sexe et la mort*, Éditions Odile Jacob, 1986.

Salomon M., *L'avenir de la vie*, Éditions Seghers, 1981.

Sandoz Lectures in Gerontology, *Crossroads in aging*. Édité par M. Bergener, M. Ermini, H.B. Stahelin, 1988.

Sartre J.-P., *L'être et le néant*, Éditions Gallimard, 1988.

Sauvy A., *Mondes en marche*, Éditions Calmann-Lévy, 1982.

Schauenberg P. et Paris F., *Guide des plantes médicinales*, Éditeurs Delachaux et Nestlé, 1977.

Serres M., *Les cinq sens*, Éditions Grasset, 1985.

Servier J., *Le médicament. Inventer ou mourir*, Éditions la Table Ronde, 1982.

Skrotwski N., « L'homme multi dimensionnel », *Science et communication*, Éditions Bellefond, 1988.

Sorman G., *La solution libérale*, Éditions Fayard, 1984.

Sournia A., « Dix milliards de neurones », *Encore un essai sur l'Homme!* Éditions la Pensée universelle, 1980.

Sournia J.-C, *Histoire de l'alcoolisme*, Éditions Flammarion, 1986.

Snyder S.H., Sklar P.B., Hwang P.M. et Pevsner J., « Molecular mechanisms of olfaction », *Trends in Neurological Sciences*, 12, n° 1, 1989.

Tchobroutsky G. et Guy-Grand B., *Nutrition, métabolismes et diététique* (2ᵉ édition), Éditions Flammarion Médecine, 1979.

Thoulon-Page C., « Pratique diététique courante », *Abrégés* (2ᵉ édition), Éditions Masson, 1984.

Tillinac D., *L'été anglais*, Éditions R. Laffont, 1983.

Toussaint-Samat M., *Histoire naturelle et morale de la nourriture*, Éditions Bordas, 1987.

Trémolières J., *Partager le pain*, Éditions R. Laffont, 1975.

Trémolières J., *Nutrition. Physiologie. Comportement alimentaire*, Éditions Dunod, 1973.

Trémolières J., Serville Y., Jacquot R. et Dupin H., *Manuel d'alimentation humaine. Les bases de l'alimentation*, tome 1, Éditions ESF, 1984.

Trémolières J., Serville Y., Jacquot R. et Dupin H., *Manuel d'alimentation humaine. Les aliments*, tome 2, Éditions ESF, 1984.

Vincent J.D., *Biologie des passions*, Éditions Odile Jacob, 1986.

Walford R., *La vie la plus longue*, Éditions R. Laffont, 1984.

Winter R., *Le livre des odeurs*, Éditions Seuil, 1978.

Table des matières

CET OUVRAGE A ÉTÉ COMPOSÉ
ET ACHEVÉ D'IMPRIMER SUR ROTO-PAGE
PAR L'IMPRIMERIE FLOCH À MAYENNE
POUR LE COMPTE DE FRANCE LOISIRS
EN SEPTEMBRE 1990

N° d'édition : 25182.
N° d'impression : 29688.
Dépôt légal : septembre 1990.
Imprimé en France.